말하기 전 아이가 하는 말

아이가 보내는 아홉 가지 감정 신호

WHAT BABIES SAY BEFORE THEY CAN TALK by Paul Holinger and Kalia Doner
Copyright © 2003 by Paul C. Holinger, M.D., and Kalia Doner
Photographs included on pages 26, 151, 154, 173, 189, 190, 192, 195, 212, and 251 are © 2003 Paul C. Holinger, M.D.
Photographs included on pages 26, 157, 166, 180, 186, 192, 198, 237, and 250 are © 2003 Retrofile.com
Original artwork on page 55 © 2003 Jeremy Sherer Oberle
All rights reserved.

This Korean edition was published by Uriga in 2011 by arrangement with Fireside, a Division of Simon & Schuster, Inc., New York through KCC(Korea Copyright Center Inc.), Seoul.

이 책은 (주)한국저작권센터(KCC)를 통한 저작권자와의 독점계약으로 우리가에서 출간되었습니다.
저작권법에 의해 한국 내에서 보호를 받는 저작물이므로 무단전재와 복제를 금합니다.

말하기 전
아이가 하는 말
아이가 보내는 아홉 가지 감정 신호

폴 C. 홀링어·칼리아 도너 지음
이경아 옮김

우리가

차례

프롤로그 --- 008

제1부 아기와 나 자신 이해하기

제01장 아기 세상에 오신 걸 환영합니다 --- 018
    아이의 성격: 유전자의 영향 --- 021
    아이의 성격: 환경의 영향 --- 023

제02장 감정의 토대: 아홉 가지 기본 신호 --- 027
    신호의 의미 이해하기 --- 028

제03장 아이의 신호에 반응하는 다섯 가지 포인트 --- 034
    듣고, 이해하고, 반응하기 --- 036
    행복하고, 유능하고, 책임감 있는 아이로 키우는 다섯 가지 포인트 --- 038
    신호를 처리하는 다양한 방법 --- 049
    무엇이 아기의 버릇을 망칠까? --- 052
    통제에 대한 새로운 시각: 아이가 긴장조절력을 키우도록 돕는 법 --- 053

제04장 성장 초기 아이의 신호에 반응하기: 점점 복잡해지는 이휘 관찰하기 --- 058
    생후 0~18개월: 조금씩 자라나는 자의식 --- 059

제05장 공존 가능성 키워주기: 신호를 이해하면 아기와 더 잘 지낼 수 있는 이유 --- 070
    공존 가능성은 어떻게 나타나는가 --- 073
    공존 가능성을 어떻게 높여야 할까 --- 078
    공존 가능성의 이점 --- 079

제06장 장난기 격려하기 --- 080
  장난기가 어떻게 화를 가라앉혔을까 --- 083
  장난기가 고의적인 것처럼 보일 때 --- 087

제07장 "나는 엄마, 아빠처럼 되고 싶어요!": 아이는 어떻게, 왜 부모를 닮는가 --- 089
  아이는 부모를 어떻게 보고 있을까 --- 091
  의사결정 과정 가르치기 --- 096
  누구나 하는 오해 --- 097
  문제가 될 수 있는 상황: 아이가 어른의 '잘못된 행동'을 따라 할 때 --- 099
  따라 하기: 너무 많이 하면 안 되는 또 다른 이유 --- 102
  아이는 당신을 닮고 싶어 하지만, 아이는 당신이 아니다! --- 102
  아이가 자랄수록 --- 103

제08장 아기의 자존감 키우기 --- 106
  아기의 자존감을 키우려면 어떻게 해야 할까 --- 110
  자존감은 어떻게 훼손되는가 --- 113

제09장 타성에 젖은 양육 방식에서 벗어나기: 엄마 혹은 아빠에 대한 당신의 선입견을 파악하고 올바르게 바꾸기 --- 115

제10장 개념 있는 부모 되기: 내 아이 알기 --- 136
  아기의 관점에서 세상 보기 --- 137
  질보다 양: 함께하는 시간이 완벽해야 할 필요는 없다 --- 140
  속도 늦추기 --- 142
  아기의 속도에 어떻게 맞출까 --- 143
  읽어주기 --- 144
  세상이 따뜻한 곳이라는 느낌 심어주기 --- 144

제2부 아홉 가지 신호

재미를 나타내는 신호: 흥미, 즐거움, 놀라움 --- 150

제11장 흥미 --- 152
흥미를 극대화하는 법 --- 158
아기가 "안 돼"를 "나쁘다"로 받아들이는 이유 --- 161
흥미를 최대한 키워줘야 하는 이유 --- 163
변해가는 흥밋거리 --- 164
아기의 관심에 맞추는 법 --- 167
아이의 관심거리에 간섭해야 한다면 어떻게 해야 할까 --- 167
조기교육 --- 169
계속되는 아이의 흥미 찾기 --- 170

제12장 즐거움 --- 172
즐거움 신호 이해하기 --- 174
즐거움 키워주기 --- 175
즐거움은 장난기의 중요한 요소 --- 179
변해가는 즐거움 --- 180
즐거움을 키워주면 무엇이 좋을까 --- 181
아이의 버릇을 망친다는 걱정은 하지 않아도 된다 --- 183

제13장 놀라움 --- 185
놀라움을 조절하는 법 --- 187
놀라움을 잘 처리해주면 무엇이 좋을까 --- 189

도움을 요청하는 신호: 스트레스, 분노, 두려움, 수치심, 역겨움, 악취 혐오 --- 191

제14장 스트레스 --- 193
스트레스를 다루는 방법 --- 196
스트레스에 관심을 기울이면 좋은 점 --- 208

제15장 분노 --- 210
분노에 대처하는 법 --- 217

제16장 두려움 --- 224
        두려움에 대처하는 법 --- 228
        학대나 폭력에 대처하는 법 --- 232
        두려움을 잘 처리해주면 무엇이 좋을까 --- 234

제17장 수치심 --- 235
        수치심을 일으키는 일반적인 원인 --- 238
        아이의 행동 바로잡기 --- 243
        수치심은 다른 감정에 어떻게 영향을 미치나 --- 245

제18장 역겨움과 악취 혐오 --- 249
        역겨움과 악취 혐오에 대처하는 법 --- 252
        신호가 은유로 바뀔 때 --- 253

제19장 신호 이후의 시기: 아이가 말을 배워 신호가 언어로 바뀔 때 --- 256
        말의 빛과 그림자 --- 257
        더 많은 도전과 기회 --- 260
        아이의 말에 숨은 메시지 이해하기 --- 267
        아이가 말을 열심히 배우도록 하려면 --- 268
        아이가 행동으로 감정을 표현할 때 --- 271

제20장 훈육과 한계에 대하여 --- 273
        아이를 때리면 안 되는 이유 --- 274
        "안 돼!"가 정말 안 된다는 뜻일 때 --- 277
        정말 화가 날 때 --- 278
        그래도 못 믿겠는가 --- 280
        더 많은 자기 성찰이 필요한가 --- 281
        보상으로 착한 행동 강화하기 --- 282

에필로그 --- 283

도표 --- 286

참고자료 --- 287

프롤로그

행복하고, 유능하고, 책임감 있는 아이로 키우는 길 위에서

사람은 다양한 신호를 가지고 태어난다. 최신 연구 결과를 보면 이 신호는 성장 초기에 흥미, 즐거움, 놀라움, 스트레스, 분노, 두려움, 수치심, 역겨움(불쾌한 맛에 대한 반응), 악취 혐오(불쾌한 냄새에 대한 반응) 등 아홉 가지 형태로 나타난다. 시간이 지날수록 이 신호는 서로 혹은 다양한 경험과 결합해 복잡한 감정 세계를 형성한다. 이 신호의 개념과 작용 원리를 잘 이해하면 당신과 아이는 지금과 다른 세상을 만들 수 있다. 이 책은 바로 그 이야기를 한다.

우선 내가 누구이며 어쩌다 아동발달 분야를 연구하게 되었는지 이야기하고자 한다. 나는 정신의학과 심리분석을 전공한 의사다. 나는 운동을 즐기고 배우기를 좋아한다. 무엇보다 열 살 난 아들을 둔 아빠다. 나는 부모가 아이를 이해하도록 돕는 일을 무척 중요하게 생각한다. 그런 부모 밑에서 자란 아이가 충분한 자질을 갖춰 행복하고, 유능하고, 책임감 있는 사람으로 성장할 수 있기 때문이다.

나는 어릴 때부터 심리학에 관심이 있었다. 우리 부모님은 좋은 분이셨지만, 왠지 내 기분만은 잘 이해하지 못하셨다. 내가 심리학에 관심을 둔 데는 이런 환경도 작용했을 것이다. 나는 대학에서 심리학을 전공한 후 의대로 가 정신과 의사가 되었다. 시카고에서 정신의학을 공부하고 보스턴의 하버드공공보건대학원에서 정신장애의 발병 횟수와 분포를 연구하는 정신역학을 공부했다. 그러던 중 정신적 문제를 단순히 치료하는 데서 그치지 말고 예방도 하자는 생각에 관심을 두게 되었다. 감정적 혼란을 예방하자는 생각은 청소년을 치료하고 십 대의 폭력과 자살을 연구하면서 더욱 강해졌다. 하지만 또 다른 정신적 문제를 예방하려면 또 다른 퍼즐 조각을 맞춰야 했다. 시카고로 돌아와 개업을 한 후 아동과 성인의 심리분석에 매달렸다. 나는 아이와 어른의 감정 세계를 심층적으로 이해해 내 환자들을 돕고 싶었다.

그때부터 성인은 물론 아동 치료도 시작했다. 일주일에 다섯 번씩 상담치료를 해야 하는 환자도 있었다. 이렇게 집중적인 치료를 통해 환자들은 자신의 내면을 들여다볼 수 있었고 다른 치료법으로는 불가능했던 진전도 보였다. 하지만 내 머릿속에는 여전히 예방의 중요성이 떠나지 않았다. 그때 문득 이런 생각이 들었다. '다섯 살의 에릭(25세의 환자)을 만났다면 어땠을까? 그때로 돌아가 에릭과 에릭의 부모님을 치료했다면?', '마지(35세의 환자, 7년간 일주일에 네 번씩 치료해 예후가 좋았다)가 아기일 때 그녀의 부모님을 만났다면 어땠을까?' 에릭과 마지가 십 대와 성인이 된 후 겪을 고통을 조금이라도 덜어줄 수 있었을까?

나는 사람의 성격과 인격이 어떻게 형성되는지 궁금했다. 개인의 타고난 특질이 감정 발달에 어떤 영향을 미치는지 알고 싶었다. 부모와 사회 환경이 아이들이 미래에 겪을지도 모를 감정 문제에 어떤 역할을 하는지도 궁금했다. 문제를 겪고 있는 가족과 아이들을 치료하는 것만으로는 부족했다. 물론 치료가 안 돼서가 아니다. 환자들 삶의 질이 무척 향상된 것을 보면 말이다. 단지 치료 이전에 문제의 근원을 차단해야 한다고 확신했다. 고등학교 시절 나에게 화학을 가르쳐주신, 현명하고 멋진 여성이었던 헬렌 C. 보이든 선생님의 말씀이 지금도 종종 기억난다.

"문제에 말려들지 않으면 문제에서 헤어 나올 필요도 없다!"

정신의학과 심리분석 분야의 연구자들은 지금껏 놀라운 성과를 거두었다. 하지만 두 가지 면에서는 아직도 모자란 점이 많다. 첫째, 예방에 대한 연구는 아직도 미진하다. 둘째, 아동발달 분야의 축적된 지식이 아직도 대중에게 많이 알려지지 않았다. 감정 문제의 예방에 대해 이야기할 때 나는 오해와 서툰 감정 조절로 빚어진 갈등과 우울, 불안 등을 언급한다. 정신분열증이나 조울증 같은 생물학적 측면을 지닌 정신병에 대해서는 굳이 언급하지 않는다. 물론 앞서 말한 초기 감정을 잘 이해하면 이런 질병 치료에도 도움이 된다. 나는 내 분야 동료들이 이 점에 주목했으면 한다. 나는 아직 말하지 못하는 아기의 정서 세계와 관련해 아기와 부모, 긴장조절 문제의 다양한 특징을 쉽게 전할 수 있는 책을 쓰고 싶었다.

20세기에 진행된 여러 연구와 임상 성과를 보면 감정 문제를 단순히 치료하는 데서 나아가 예방도 할 수 있다는 희망이 마음속에서 꿈틀거린다. 나는 아이의 초기 감정 발달과 소통 방식에 관한 온갖 자료와 이론들을 연구하고 또 연구했다. 에인스워스Ainsworth, 보울비Bowlby, 데모스Demos, 엠데Emde, 그린스팬

Greenspan, 리히텐베르크Lichtenberg, 메인Main, 팬크셉Panksepp, 플럿칙Plutchik, 쇼어Schore, 스피츠Spitz, 스턴Stern을 비롯한 수많은 연구자들이 거둔 눈부신 성과 덕분에 인간 감정의 발달과 신경생물학을 이해할 수 있는 무대가 마련되었다. 한편 바쉬Basch, 프로이트Freud, 게도Gedo, 골드버그Goldberg, 컨버그Kernberg, 코헛Kohut, 모델Modell, 위니코트Winnicott와 같은 임상의들은 아이와 어른이 겪는 감정 문제의 치료 분야에서 엄청난 성공을 거두었다. 궁극적으로 나는 어른과 아이의 임상 자료, 유아 연구, 진화학 연구, 뇌 연구, 조기 치료와 예방 프로그램으로 알아낸 사실들을 바탕으로 이 책에서 설명할 결론을 도출했다.

인간 감정을 연구하는 일은 매우 복잡하다. 온갖 관점과 이론, 자료가 존재한다. 하지만 이 책에서는 세 명의 과학자와 그들의 연구 내용을 주로 다루었다. 나는 자녀를 행복하고, 유능하고, 책임감 있는 사람으로 키우려는 부모를 돕기 위해 이들의 연구에 많은 도움을 받았다.

첫 번째 연구자는 심리학자인 실반 톰킨스Silvan Tomkins다. 톰킨스는 《정서 형상화 의식Affect Imagery Consciousness》이라는 네 권짜리 저서를 썼다. 이 전집은 감정 세계를 탐구한 방대한 저술이다. 톰킨스와 그의 동료인 데모스, 에크만Ekman, 이자드Izard, 나단슨Nathanson은 다윈Darwin의 연구(《종의 기원The Origin of Species》,《인간과 동물의 감정 표현The Expression of Emotions in Man and Animals》)를 바탕으로 인간 감정의 고유 본성과 발달 과정을 연구했다. 이들은 인간은 자극을 받으면 생물학적으로 반응(정서 혹은 신호)하도록 되어 있으며, 이런 반응은 의사소통과 동기부여를 위해 필요하고, 상호작용을 하며, 경험과 결합하고 결국 우리의 행동을 결정한다고 주장했다.

유아 연구자인 다니엘 스턴Daniel Stern에게도 큰 영향을 받았다. 1985년에 발표한 《유아의 대인 관계The Interpersonal World of the Infant》는 유아에 대한 관점을 바꾼 고전 중의 고전이다. 스턴은 유아는 태어나자마자 어엿한 사회적 관계를 맺으며, 부모가 이런 상호작용을 인정하고 적절하게 반응하는 모습에 따라 아이의 감정 세계가 긍정적으로 발달한다고 주장했다.

마지막으로 알렉산더 멜초프Alexander Meltzoff의 연구도 나의 사고에 큰 영향을 미쳤다. 다윈과 프로이트의 연구를 토대로 멜초프와 여러 연구자들은 유아가 부모를 비롯한 인생에서 중요한 사람들을 모방하고, 닮고 싶어 하는 경향을 연구했다. 이런 복잡한 연구 결과로부터 우리는 아이가 부모와 닮기도 하고 그렇지 않기도 하는 의식적이고 무의식적인 과정을 이해할 수 있다.

아이들의 감정을 탐구하는 동안 내게는 아들이 생겼다. 여러 부모, 아이들과 시간을 보내는 동안 연구자와 임상의들의 통찰력이 현실에서도 통한다는 사실을 깨달았다. 자신감 넘치는 아이, 호기심 많은 아이, 낙천적인 아이, 상냥한 아이, 활기찬 아이, 회의적인 아이, 방어적인 아이 등 아이 각자의 감정적 특징은 유전적 기질, 부모와 외부 환경, 다양한 경험과 발달 과정이 거미줄처럼 얽힌 결과라는 사실을 확인했다. 하지만 무엇보다 중요한 성과는 아홉 가지 신호를 이해하면 아이의 감정 세계가 긍정적으로 변할 수 있다는 큰 깨달음이었다.

나는 연구를 통해 아이의 감정 신호를 중시하면 좋은 결과를 거둘 수 있다는 사실을 확인했다. 다섯 살 된 딸이 스트레스와 분노를 표출하지 못하도록 무조건 억누르던 부부가 있었다. 그들은 아이에게 수치심을 주어 분노를 꾹꾹 누르게 했다. 아이에게 분노를 느끼는 못된 아이라는 인식을 계속 심어주었던 것이다. 그 결과 어린 딸은 강박적으로 감정을 억누르는 매우 내성적인 아이가 되었다. 나는 약을 처방했다. 하지만 아이의 생각과 감정을 제대로 이해하는 것만이 가장 좋은 치료라고 생각했다. 나는 일단 아이가 보이는 스트레스와 분노 신호는 뇌에 각인되어 있는 당연한 반응이라는 점을 부모가 확실히 깨닫도록 했다. 이런 신호가 중요한 정보를 전하는 소중한 수단이라는 사실도 알려주었다. 치료를 받으면서 부모는 아이의 감정 신호를 인정하고 격려하는 법을 배워나갔다. 아이의 신호를 인정해주고 적절하게 반응해주자, 아이와 부모의 스트레스는 눈에 띄게 줄어들었다. 마침내 아이도 치료에 긍정적으로 반응하기 시작했다.

감정을 나타내는 신호를 이해해야 한다는 개념은 소위 고위험가족을 돕는 데도 유용하다. 즉, 가난과 열악한 교육 환경, 올바른 양육에 대한 부모의 이해 부족으로 아이가 감정발달장애를 일으킬 확률이 높은 가정을 치료하는 데도 적용할 수 있다. 콜로라도의 데이비드 올즈David Olds 연구진은 감정의 이해와 조절을 중심으로 조기 치료와 예방도 할 수 있는 성공적인 치료 전략을 개발했다. 시카고의 데보라 그로스Deborah Gross 연구진도 행동발달장애와 반사회적 문제를 안고 있는 아동을 연구했다. 연구진은 발달 과정과 감정을 이해할 수 있도록 도움을 받은 가정이 그렇지 못한 가정에 비해 아이의 발달장애가 훨씬 줄어드는 결과를 얻었다.

나는 시간이 흐르면서 감정과 신호를 이해해야 한다는 개념이 위기에 처한 가정뿐 아니라 일상에도 도움이 될 수 있음을 깨달았다. 흥미와 즐거움 같은 긍정적인 신호를 극대화하고 스트레스와 분노, 두려움, 수치심 같은 부정적인 신호를 아이가 표현하게 한 후 원인을 처리해주면, 아이와 부모는 전보다 더 행복하고 건강해진다.

제1부에서는 아이가 '아홉 가지 신호'라는 언어 이전의 의사소통 체계를 활용해 감정을 표현하는 타고난 능력을 살펴본다. 환경이 아이의 감정과 감정 표현에 미치는 영향력도 알아본다. 부모로서 감정적이며 이성적인 당신 자신의 모습을 되돌아보고, 아이의 발달에 당신이 미치는 영향력을 이해하는 계기가 될 것이다.

제2부에서는 아홉 가지 신호를 자세히 설명하고, 어른들이 지혜롭고 적절하게 신호에 대응하는 방법에 대해 알아본다.

아이 셋을 키우는 경험 많은 부모나 첫 아이를 맞아 혼란을 겪는 부모나 아이를 키우고 돌보는 사람이라면 아홉 가지 정서를 이해한 덕을 분명히 볼 것이다. 아이도 마찬가지다. 생후 24개월은 아이가 지식을 습득하는 토대가 급격히 성장하는 시기다. 이 시기, 아이에 대한 당신의 지식 또한 급격히 성장한다.

이 책은 주로 아기를 대상으로 하며, 감정 세계의 토대인 아홉 가지 신호와 아기가 말을 배우기 전까지 주변 환경과 상호작용하는 모습을 집중 조명한다. 하지만 이 책이 다룬 아홉 가지 정서와 패턴은 아기가 말을 배운 후에도 충분히 적용 가능하다. 걷기 시작하고 아동이 되고 청소년이 되어 어른이 될 때까지도 도움이 된다. 당신 자신의 감정과 심리에 대해서도 알아본다. 부모가 되는 일도 인생의 발달 단계 중 하나다. 당신은 실천한 만큼 배우고, 그 실천은 당신과 아이의 인생을 영원히 바꾸어놓을 것이다.

제1부

아기와 나 자신 이해하기

제 1 장
아기 세상에 오신 걸 환영합니다

아이가 없을 때는 다른 사람의 아기를 보면 작은 빵 덩어리 같은 수동적인 존재로 보일 수도 있다. 좋은 냄새가 나고 포동포동하고 보드랍지만 근본적으로 곁다리 같은 존재라는 점에서 말이다. 하지만 자신의 아이를 갖게 되면 아기가 덩치만 작지 강렬하고, 복잡하고, 생동감 넘친다는 점에서 어른과 조금도 다르지 않다는 사실을 금세 깨닫는다. 갓 태어난 아기도 활발하게 외부 세계로부터 감각적 자극과 정보를 받아들인다.

아기는 사회적 존재다. 생존을 위해 다른 사람이 필요하고 그들과 상호작용을 원하고 즐기기까지 한다. 태어나서 며칠 혹은 몇 주가 지나면 아기는 주변의 자극을 감지하고 그에 따라 반응한다. 당연히 최초의 외부 세계는 무척 작다. 요람과 방, 가슴, 아기를 안아주는 한 쌍의 팔이 아기가 경험하는 세계의 전부일 것이다. 그러므로 그 작은 우주에 살고 있는 부모와 돌보는 이들이 누구보다 큰 영향을 미친다.

당신이 아기를 둔 부모라면, 당신의 기분과 표현력, 목소리 톤, 반응성, 관심과 불안 수준, 이 모든 것이 아기의 미래에 영향을 미친다. 아기는 주로 당신의 행동과 세계관을 통해 의사소통 기술을 습득하고, 생각과 감정을 표현하고, 긴장감과 고통을 조절하고, 자신감이나 불안감을 느끼는 법을 배운다. 부모는 다양한 방법으로 아기의 인격과 성격 형성에 영향을 미친다.

하지만 아기는 바짝 마른 스펀지처럼 부모가 주는 것을 단순히 빨아들이기만 하지는 않는다. 아기는 자신이 필요한 것과 생각하는 것, 느끼는 것을 '똑 부러지게' 밝힌다. 아기는 이 세상에 태어나면서부터 온갖 특징을 지니고 있으며 말을 배우기 전에도 할 말이 무척 많다.

그렇다면 아기는 다급한 메시지를 어떻게 부모에게 전할까? 아기는 태어나자마자 부모와 의사소통 체계를 형성한다. 아기의 언어는 말이 아니라 최초의 감정을 표현하는 아홉 가지 신호로 이루어져 있다. 즉, 흥미, 즐거움, 놀라움, 스트레스, 분노, 두려움, 수치심, 역겨움, (불쾌한 냄새를 몹시 싫어하는) 악취 혐오 신호가 아기의 언어다. 아기가 소리 지르고, 울고, 찡그리고, 조용해지고, 사랑스럽게 품을 파고드는 것이 모두 최초의 자기표현 방식이다.

아기의 성장이 빠르듯 이러한 자기표현 방식 또한 빠르게 변하고 발전한다. 아기는 태어나서 몇 주에서 몇 달 사이에 당신과 관계를 맺으면서 어른과 같은 독립적인 성격과 특징을 형성해간다. 이런 과정을 지켜보는 것이야말로 부모가 되어 느끼는 기쁨이자 도전이다. 아기가 웃으면 당신 마음은 기쁨으로 벅차오른다. 아이가 화를 내거나 불만을 터트리면 당황스러움과 걱정이 밀려든다. 조그만 아기가 어떻게 이런 성격을 갖게 되었는지 궁금할 때도 있을 것이다.

과학자와 의사도 아기의 복잡한 발달 과정이 궁금하기는 마찬가지다. 어떤 이들은 본성이 인간의 성격과 행동 발달에 주요한 역할을 하며, 유전과 생화학적 과정이 기질을 미리 결정한다고 주장한다. 반면 양육이야말로 가장 큰 영향력을 행사하므로, 사람은 주변 환경과 상황, 주변 사람들과의 상호 관계에 따라 변할 가능성이 무척 크다고 주장하는 이들도 있다. 연구 결과에 따르면, 어느 정도까지는 두 가지 주장 모두 옳다. 본성과 양육은 모두 큰 영향을 미친다. 하지만 때에 따라서는 어느 한쪽이 다른 한쪽보다 더 큰 비중을 차지하기도 한다. 다니엘 스턴의 최근 연구와 여러 영아 연구 결과를 보면, 관찰력이 뛰어난 엄마와 아빠라면 몇 천 년 전부터 알고 있던 사실이 명확하게 나와 있다. 아이가 어떤 어른으로 성장할지는 타고난 특성과 부모의 양육 특징과 살면서 겪는 경험과 환경이 복잡하게 얽히고설킨 결과물이라는 것이다.

그렇다면 부모는 이런 말들에서 무엇을 읽어내야 할까? 무엇보다 본성과 양육의 상호 관계에 집중해야 한다. 즉, 아기와 부모의 상호 관계가 어떻게 아기의 인격 발달에 영향을 미치는지를 잘 살펴야 한다. 왜일까? 부모와 아기의 상호 관계에서 부모가 상당한 지배력을 행사하기 때문이다. 즉, 아기가 정체성을 확립하는 길의 안내자는 부모다. 부모라 해도 유전자에 입력된 내용이나 세상의 이치를 바꿀 수는 없다. 하지만 아직 말하지 못하는 아기와 교감하고 아기의 감정 발달의 틀을 짜는 일이라면 부모가 할 수 있는 일이 많다. 아기가 말을 배운 후에도 감정과 지적 발달은 엄청난 규모로 계속된다. 하지만 감정이나 행동 습관은 상당 부분 아기가 태어나서 몇 달 안에 뿌리를 내린다.

다행히도 최근에 아기의 발달을 다룬 연구가 폭발적으로 증가했다. 과학자들은 아직 말을 하지 못하는 시기가 건강한 감정 발달에 얼마나 중요한지 알게 되었다. 과학자들은 아기의 타고난 본성과 부모의 양육 태도, 환경 요소가 어떻게 결합해 아기의 성격을 형성하는지 자세히 연구하기 시작했다.

아이의 성격: 유전자의 영향

앞서 건강한 아기는 감정 신호를 표현하는 능력을 타고난다고 했다. 즉, 외부 세계에서 들어오는 자극에 따라 신호를 조절하는 자기만의 방식을 타고난다. 이런 개인적 반응과 표현력을 일반적으로 '기질'이라고 한다. 유명한 기질 이론을 보면 아기가 미리 결정된 활동 수준을 타고난다는 사실을 알 수 있다. 즉, 아이는 동작과 소란 피우는 정도를 저마다 다르게 타고난다. 이외에도 타고난 기질에는 이런 것들이 있다.

- 생체 시계 - 수면 사이클과 식이 패턴, 소화 기능, 기분 등 다양한 생물학적 기능을 다르게 타고난다.

- 미지의 상황에 대한 반응 – 부끄러움이나 대담함의 정도를 다르게 타고난다.
- 일상의 변화에 대한 적응력 – 융통성이나 질서에 순응하는 정도를 다르게 타고난다.
- 아이의 전반적인 기분 – 사색적이거나, 웃거나, 부끄럼을 타거나, 심지어 우울하거나, 공격적인 성향을 다르게 타고난다.
- 끈기를 보일 줄 아는 능력 – 절망 혹은 인내의 한계점을 다르게 타고난다.
- 아기의 감각 한계점 – 색, 소리, 냄새, 빛과 같은 감각적 자극에 민감하게 반응하는 정도를 다르게 타고난다. 어떤 아기는 소리를 극도로 참지 못하거나, 빛을 싫어한다. 맛이나 색을 감지하지 못하는 아기도 있다.
- 개인적 표현의 강도 – 기본적인 신호 표현의 능력을 다르게 타고난다.
- 화가 날 때 쉽게 감정을 푸는 능력 – 불만과 불안, 분노, 초조함을 통제하는 능력을 다르게 타고난다.

타고난 기질이 아기의 성격에 실질적인 영향을 미친다는 사실은 의심의 여지가 없다. 하지만 나는 경험도 아기의 감정 형성에 매우 빠르게 영향을 미친다고 확신한다. 타고난 감정 반응 중에 어떤 것은 더 강해지고 어떤 것은 약해진다. 그것은 아기가 세상을 어떻게 경험하고 세상은 아이를 어떻게 대하는지에 달렸다.

아이의 성격: 환경의 영향

아기의 성격을 형성하는 중요한 세 가지 환경 기제가 있다. 먼저, 부모를 비롯한 돌보는 이들이 가장 중요하다. 아기의 행복을 책임지는 사람이 아기에게 보여준 반응은 아기의 감정 기질이 발달하는 과정에 직접적으로 영향을 미친다. 나는 이 책을 통해 아홉 가지 기본 감정을 이해함으로써 감정 발달을 향상할 토대를 마련할 수 있다는 사실을 보여주려고 한다. 시끄러운 소리를 못 참는 아기가, 아기의 욕구를 우선 채워주기 위해 정성을 다하는 온화한 부모에게서 태어났다고 하자. 그들은 시끄러운 음악도 별로 듣지 않고 언성도 높이지 않는다. 그들의 천성과 맞지 않기 때문이다. 거리에서 시끄러운 경적 소리가 울리면, 아기는 울음을 터트린다. 하지만 이런 부모는 그 사실을 재빨리 알아차리고 아기를 달래고 보호한다. 이런 상황을 거듭하면서 아기는 시끄러운 소리에도 겁내지 않고 불쾌한 소리를 다스리는 법도 배운다. 그러다 보면 언젠가는 큰 소리에도 스트레스를 받지 않을 것이다.

반면, 시끄러운 소리를 못 견디는 아기가, 큰 소리로 음악 듣기를 좋아하고 아기의 욕구를 먼저 배려하지 않는 부모에게서 태어났다고 하자. 그러면 아기는 부모에게 화를 낼 수도 있다. 아빠가 볼륨을 높이면 아기는 소리를 지른다. 이런 상황에서 아빠가 방해받았다며 분노를 다스리지 못하면, 아기도 소음에 대해 반응하는 법을 배우지 못한다. 다시 말해 자신의 감정을 다스릴 줄 모르는 부모는 자녀에게도 감정을 다스리는 법을 가르칠 수 없다. 그러므로 타고난 기질과 상관없이 어른이 되는 과정은 태어나서 처음으로 만나는 사람들과 맺는 관계와 경험의 산물이기도 하다.

문화도 아기의 발달에 큰 영향을 미친다. 사회적 풍습과 관습도 아기가 감정을 느끼고 표현하는 과정에 영향을 미친다. 문화는 사람들이 남녀의 자아에 대해 생각하고, 타인과의 관계를 고찰하고, 자존감을 경험하고, 희망을 느끼는 과정에 영향을 미친다. 예를 들어, 인종주의는 희망과 자존감을 갉아먹을 수 있다. 여성의 역할과 본성에 대한 특정한 태도 때문에 많은 문화권의 젊은 여성이 심각한 감정의 고통을 겪기도 한다.

세 번째 기제는 내가 '특별한 상황'이라고 부르는 것이다. 감정이나 육체의 상처, 조실부모, 전쟁, 가난, 폭력도 아기의 감정 발달에 큰 영향을 미친다. 물론 이런 상황에 놓인 아이가 모두 똑같이 반응하는 것은 아니다. 예를 들어, 폭력 속에서 자란 아이가 폭력적인 사람이 되기도 하지만, 우울하고 수동적인 사람이 되기도 한다. 한편 불우한 환경에서 자랐다고 모두 문제가 많은 삶을 사는 것도 아니다. 정확한 이유는 모르겠지만, 간혹 끔찍한 환경이나 사건을 이겨내고 훌륭하게 성장하는 사람도 있다. 직접적인 고통과 불행한 사건을 겪은 많은 사람이 적절한 치료를 받고 감정이 긍정적으로 발달하는 경우도 있다.

아기와 함께 생활하고 사랑하고 성장하는 당신은 지금 흥미로운 사실들로 가득찬 길의 입구에 서 있다. 그 길을 가다 보면 매일 조금씩 드러나는 아기의 성격을 보게 될 것이다. 아기의 타고난 본성과 당신의 양육 태도가 결합해 성격이 만들어져가는 모습을 확인할 것이다.

나는 이 책이 여러분이 앞으로 떠날 여정에 좋은 길잡이가 되길 바란다. 당신의 아기와 한 인간이자 부모로서 당신 자신에 대해 많은 것을 깨닫기를 바란다. 그래서 평생 자녀와의 관계에서 행복과 깊은 인간적인 만족감을 느끼기를 바란다.

나도 부모이자 의사로서 비슷한 길을 걸었다. 그 여정에서 아기의 최초 감정 표현법을 제대로 이해하고 적절하게 반응하는 것이 얼마나 중요한지 누구보다 깊이 이해하게 되었다.

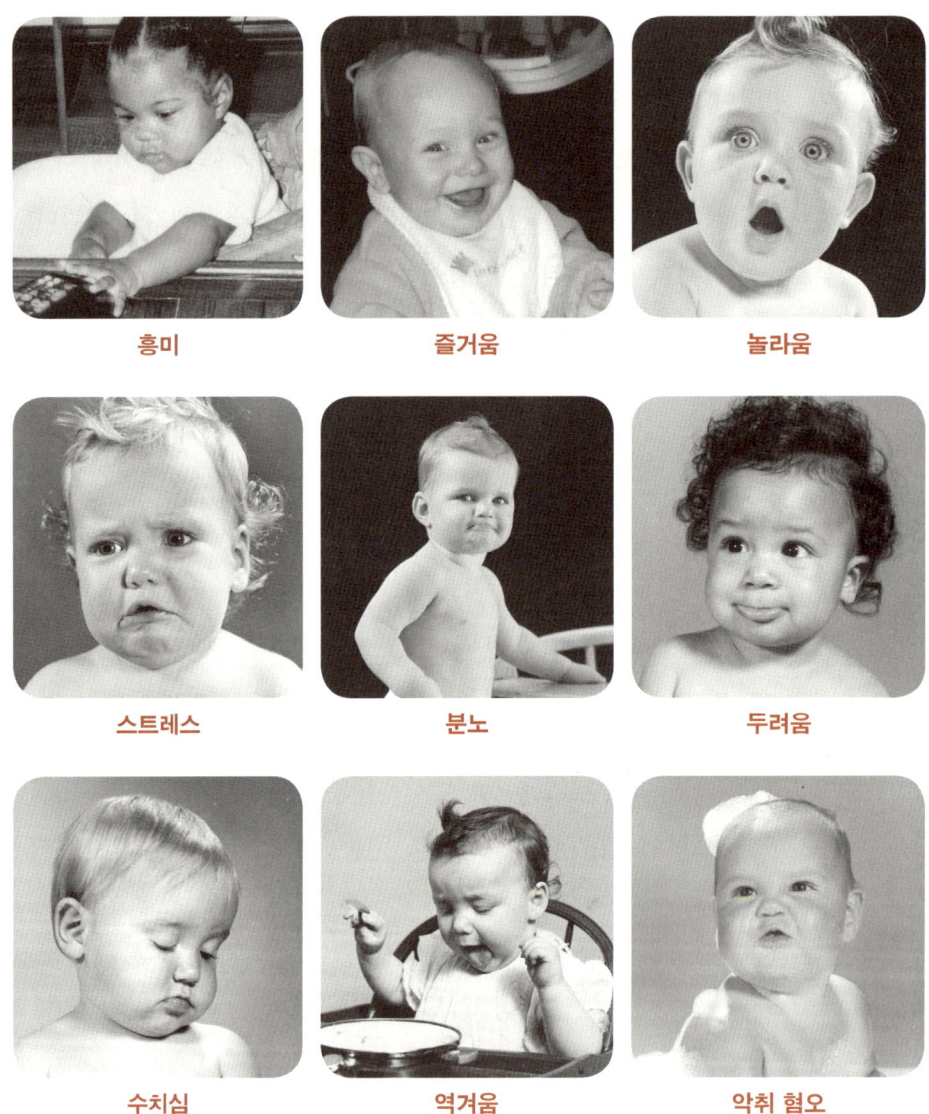

제 2 장
감정의 토대
: 아홉 가지 기본 신호

할리는 표현력이 뛰어나요. 고작 3개월일 때도 배가 고프면 가짜 기침 소리를 살짝 냈죠. "콜록, 콜록." 그러면서 저를 보고 입을 쫙 벌려요. 정말 재주가 용하죠? 할리를 안고 있다가 함께 잠이 든 후, 할리가 먼저 깨면 저를 발로 차서 깨워요. 젖을 달라고요. 할리는 이제 6개월이에요. 한 2주 전부터는 배가 고프면 제 가슴을 만져요. 기분이 나쁘면 인상을 잔뜩 찡그리고 방이 떠나가라 울어요. 폐활량이 끝내준다니까요. 제 생각보다 훨씬 더 많이 저와 교감하는 것 같아요. 아이가 어떤 감정을 느끼고 뭐가 필요한지 제게 말을 하는 것 같아요. – 셰리, 36세, 첫 아이를 둔 엄마

최근 밝혀진 흥미로운 사실을 보면 아기는 자신의 감정과 반응을 표현하는 능력을 지니고 태어나는데, 이때 사용하는 것이 언어 이전의 언어인 아홉 가지 신호다. 이 신호는 표정과 음성, 몸짓으로 표현된다. 아기는 이 신호로 내·외부 세계에서 들어오는 자극에 반응한다. 예를 들어, 배 속에 가스가 차 거북한 경우처럼

내부에서 온 자극과 재미있는 소리나 화난 목소리처럼 외부에서 온 자극에 반응하는 것이다. 그리고 이런 신호를 사용하는 모습은 지금까지 모든 문화권의 영유아와 성인에게서 똑같이 관찰되었다.

이 신호들은 아기가 태어나자마자 필요한 것과 원하는 것을 표현하는 언어다. 또한 아기의 복잡한 감정적 성격을 구성하는 기본 토대다. 이 신호들이 감정으로 변하는 것이다!

아홉 가지 신호는 두 가지 범주로 나눌 수 있다. 재미를 표현하는 신호인 흥미, 즐거움, 놀라움이 있으며, 도움을 요청하는 신호인 스트레스, 분노, 두려움, 수치심, (불쾌한 맛을 싫어하는) 역겨움, (불쾌한 냄새를 싫어하는) 악취 혐오 등이 있다.

흥미와 즐거움은 긍정적인 신호다. 놀라움은 급작스러운 자극에 대한 반응으로 신경계를 리셋한다. 스트레스와 분노, 두려움, 수치심, 역겨움, 악취 혐오는 부정적인 신호다. 긍정적인 신호보다 부정적인 신호가 더 많은 것은 진화의 결과로 보인다. 아기가 살아남으려면 문제가 없을 때보다 있을 때 외부에 그 상황을 알려야 하니 말이다. (제2부에서 각각의 신호에 대해 더 자세히 이야기한다)

신호의 의미 이해하기

나는 지금도 내 아들이 태어나던 때가 눈에 선하다. 아기의 기분과 표정을 잘 읽는 것 같다가도 아기가 무슨 말을 하는지 도무지 알 수가 없었다. 아기가 자랄수록 상황은 더 혼란스럽고 복잡해졌다. 하지만 아홉 가지 신호와 복잡해지는 감정에 대해 더 많이 알아갈수록 혼란과 어려움은 서서히 사라졌다.

당신도 나와 비슷할 것이다. 신생아실에서 집으로 데려온 순간부터 아기는 눈썹을 찌푸리고 칭얼거리고 당신을 보고 인상을 쓰거나 입을 씰룩거린다. 그러면 당신은 아기가 피곤하거나 배가 고프다는 말을 하려는 것을 쉽게 깨닫는다. 아기가 미소를 지으며 눈을 반짝인다. 그러면 즐거워한다고 생각할 것이다. 아기가 크면 감정을 표현하는 방식도 더 복잡해진다. "배가 고파요." "피곤해요." 외에도 다양한 메시지를 전달하기 때문이다. 아기는 여러 신호를 이용해 호기심에서 실망까지, 분노에서 사랑까지 다양한 감정을 표현하기 시작한다. 갈수록 신호는 해독하기 점점 더 어려워진다.

다행히도 이 신호들이 어떻게 표현되고 무엇을 의미하는지를 알아내려는 연구가 잘되어 있다. 사람의 얼굴은 25개가 넘는 근육이 있어서, 이 신호들을 표현할 무대로 적합하다. 과학자들은 고속 촬영이나 뇌 스캔 기법을 활용해 각각의 신호가 구체적으로 어떤 몸짓과 표정, 소리와 결합하는지 알아냈다. 아기에 대한 연구 자료를 살펴보면 아기는 그 어떤 자극보다 인간의 얼굴을 유심히 살핀다고 한다. 얼굴에서도 눈을 가장 많이 관찰하며 그다음이 입술이다. 아기의 뇌는 이런 표정을 살피도록 프로그램화되어 있다. 학계에서는 아기의 타고난 신호가 정확하게 몇 개이며, 어떤 특징이 있는지 활발한 논쟁을 벌이고 있다. 이 책에서는 다음 아홉 가지 신호를 중점적으로 알아보자.

- 흥미를 느끼면 눈썹을 살짝 치켜세우거나 내려뜨린다. 시청각에 집중하며 입이 살짝 벌어질 수도 있다.
- 즐거움을 느끼면 저절로 미소를 지으며 입이 활짝 벌어진다.
- 놀라움은 치켜세운 눈썹과 커다랗게 뜨고, 껌벅거리는 눈과 'O'자로 벌린 입으로 알 수 있다.
- 스트레스를 느끼면 울거나 눈썹을 아치 모양으로 치켜세우거나, 입꼬리를 축 늘어뜨리거나, 눈물을 흘리며 흐느낀다.
- 분노하면 눈살을 찌푸리고, 눈을 가늘게 뜨고, 입을 앙다물고, 얼굴이 발갛게 상기된다.
- 두려움은 시선이 고정된 채 휘둥그레 뜬 눈으로 알 수 있다. 피부가 창백해지고, 차가워지며, 식은땀을 흘린다. 얼굴 근육이 떨리고 머리털이 곤두선다.
- 수치심을 느끼면 눈을 내리깔고 얼굴과 목의 근긴장이 사라져 고개를 숙인다.
- 역겨움을 느끼면 입과 혀를 쑥 내민다.
- 악취 혐오는 윗입술과 코를 들어 올리고 얼굴을 돌리는 모습으로 알 수 있다.

이 신호들은 점점 더 강도를 더해가며 나타난다. 즉, 흥미가 흥분으로, 즐거움이 희열로, 놀라움이 화들짝 놀람으로, 스트레스가 고통으로, 분노가 격노로, 두려움이 공포로, 수치심이 굴욕감으로 확대된다. 아기를 매일같이 지켜보면 이런 신호의 강도가 어떻게 심해지는지 알 수 있다. 예를 들어, 스트레스를 나타내는 신호가 "나는 피곤하고 배가 고파요."라는 뜻일 수 있다. 그런데 비교적 약하게 허기를 표현하다가도 당신이 그 신호를 몰라서 신속히 반응하지 않으면 아기는 격렬한 고통을 표출할 수도 있다.

감정 신호가 적절한 관심을 받지 못하면 강도가 심해져 다른 신호로 바뀌기도 한다. 예를 들어, 흥미와 즐거움이 약화되거나 타인에게 방해받으면 수치심이 커질 수 있다. ('엄마가 나쁘다고 한 걸 내가 좋아하면 내가 나쁜 아이인 거야.') 스트레스가 증가하면 고통이 되고 나아가 분노로 폭발할지도 모른다.

신경학 연구 결과를 보면 아기는 한 번에 하나의 신호를 표현한다. 배고픔, 예쁜 풍선 혹은 시끄러운 소리와 같은 서로 다른 자극의 속도나 양에 따라 서로 다른 뉴런이 작용해 그에 따른 뇌의 각 부위가 활성화되기 때문이다. 느닷없이 들리는 소음처럼 갑작스럽게 자극을 받으면 아기는 놀란 반응을 보인다. 자극이 그렇게 갑작스럽지 않으면 아기는 두려움을 표현한다. 자극이 비교적 서서히 오면 아기는 흥미 반응을 보인다. 반대로 계속되는 소음처럼 뉴런의 작동이 꾸준히 증가하는 자극을 받으면 아기는 스트레스에 울음을 터트린다. 그런데 이 소음이 줄어들지 않고 점점 커지면 아예 화를 낸다. 한편 자극이 느닷없이 약해지면 아기는 본능적으로 즐거움의 미소를 활짝 짓는다. (286쪽에 나온 도표 1, 2, 3에 이러한 패턴이 잘 나와 있다)

수치심과 역겨움, 악취 혐오에서는 약간 다른 반응을 볼 수 있다. 아기들은 수치심을 다른 신호보다 늦게 표현하는 경향이 있다. 수치심은 아이의 반응을 주변에서 정당하다고 인정해주지 않을 때 나타난다. 수치심은 흥미나 즐거움 반응이 나타난 후에야 작동한다. 그리고 흥미나 즐거움 또는 둘 모두에 악영향을 미친다. 덧붙여 수치심과 부끄러움, 죄책감, 좌절감의 핵심은 하나일지 모른다. 물론 아기는 조금 크면 이 감정들을 조금씩 다르게 경험한다. 수치심은 열등감에서 비롯되며, 부끄러움은 다른 사람에 대한 낯섦에서 비롯된다. 죄책감은 도덕적 잘못과 관련 있으며, 좌절은 일시적 패배감에서 비롯된다. 수치심은 자존감과도 밀접한 관련이 있다. 아동발달 연구자들은 아이의 건강한 자아와 자존감 발달을 위해서는 흥미와 즐거움 같은 긍정적인 정서와 자신감을 키워줘야 한다고 말한다. 부적절하고 과도한 수치심은 즐거움과 흥미 신호를 방해하고 결국 자존감을 훼손하기 때문이다.

역겨움과 악취 혐오는 해로운 음식과 냄새로부터 아기를 보호하기 위해 만들어진 생존 반응으로 여겨진다. 역겨움은 맛과 소화계와 관계가 있다. 메스꺼움과 구토는 몸에서 해로운 물질을 빼내는 데 도움을 준다. 악취 혐오는 후각과 관련이 있는데, 영아기에 볼 수 있는 전형적인 회피 반응이다. 코를 통한 최초의 경고 반응은 악취 혐오다. 다음으로 나타나는, 입에서 위로 이어지는 반응이 역겨움이다. 훗날 이 신호들은 심리적인 거부와 경멸로 이어진다.

"뒷맛이 개운치 않아.", "이거 구린 냄새가 나는데."

위와 같은 표현을 보면 역겨움이나 악취 혐오와 같은 생리적 반응과 심리적인 거부와 경멸 사이의 관계를 짐작할 수 있다.

여기서 한 가지 명심해야 할 사항이 있다. 지금 설명한 아홉 가지 신호는 어떤 식으로든 연관되어 있다는 점이다. 한 가지 신호가 다른 신호를 유발하기도 하고, 여러 신호가 상호작용하기도 한다. 예를 들어, 과도한 스트레스나 두려움 혹은 수치심이 분노를 촉발할 수도 있고, 흥미를 방해할 때 스트레스가 분노로 바뀔 수도 있다.

제 **3** 장
아이의 신호에 반응하는 다섯 가지 포인트

우는 것 말씀인가요. 제시는 많이 울었어요. 쉬지 않고 울 때도 있었죠. 처음에는 병원에서 영아 산통으로 운다고 하더니 이제는 알레르기, 음식, 흡연에 노출되는 문제 때문이라고 하네요. 어찌나 우는지 아이가 무엇을 원하고 무엇이 필요한지 도무지 알 수가 없었어요. 몇 달이 지나니까 나아지더군요. 그 무렵에는 아이도 나도 진이 빠졌어요. 저는 제시 말고도 아이가 셋이나 더 있어요. 여덟 살, 네 살, 두 살이죠. 이 아이들을 키우는 일도 쉽지 않아요. 제시는 이제 6개월인데, 울거나 화를 낼 때마다 신경을 더 쓰려고 해요. 저는 아이가 그런 반응을 보일 때마다 약간 무시하는 경향이 있었어요. 이제는 아이가 조금 자라서 달래면 들을 정도는 되니까, 저도 아이에게 뭔가를 해줄 수 있을 것 같아요. 아이의 울음소리가 커지기 시작하면 귀를 막지 않는 법을 배워야겠죠. 아이가 제게 메시지를 보내고 있다는 점을 명심하고 무슨 뜻인지 알아내려고 노력해야 할 거예요. 피곤한가? 배가 고픈가? 어디가 아픈가? 불안한가? 요즘은 아이의 마음을 더 잘 읽어내는 것 같아요. 제시의 메시지를 읽을 때

다른 아이들이 큰 도움이 돼요. – 마리, 40세, 네 아이의 어머니

앞 장에서 설명한 아홉 가지 신호에 대해서는 이 책 후반부에서 더 자세히 다룬다. 이번 장에서는 신호의 의미와 반응법에 대해 알아보자. 아이가 신호를 보내기 위해 짓는 표정과 몸짓을 잘 이해하면 부모와 아이 모두 큰 도움을 받을 수 있다. 무엇보다 부모와 아이가 좋은 관계를 만들어갈 수 있다. 아이는 긴장을 조절하는 능력을 키우고 행복감과 안정감을 얻는다. 덧붙여 온갖 종류의 문제를 미연에 방지하고 아이의 잠재력을 키우는 데도 큰 도움이 된다.

아기가 보내는 신호를 알아차리고 적절하게 반응하는 법을 익히려면 아기가 이런 신호들을 타고났으며 당신과 의사소통하려고 애쓰고 있다는 사실부터 이해해야 한다. 다음으로는 아기가 보내는 메시지를 당신의 경험이나 당신이 이해한 내용 등과 내적으로 통합해야 한다. 그렇게 신호가 지닌 의미 즉, 아기가 보내는 메시지의 의미를 추려낼 수 있다. 그런 다음 최종적으로 이에 맞게 반응하는 것이다. 워싱턴 주 시애틀에서 활동하는 심리분석가인 이브리 쿠민Ivri Kumin 박사는 최근에 《객체 이전의 관계성Pre-Object Relatedness》이라는 뛰어난 책을 썼다. 박사는 이 책에서 이런 과정을 매우 상세하게 분석해놓았다.

제3장 아이의 신호에 반응하는 다섯 가지 포인트

듣고, 이해하고, 반응하기

아마 이런 경험이 있을 것이다. 빨래를 하거나, 전화를 하거나, 저녁을 먹거나, 샤워를 하는데, 아기가 울고불고 난리를 피운다. 혹시 이럴 때마다 당신은 일관성 없이 반응하지 않았는가? 예를 들어, 그때의 기분이나, 아기의 상황에 기울인 주의의 정도나, 당신이 받고 있는 중압감 혹은 만성적인 피로감에 따라서 말이다. 이렇게 말했다고 생각해보자.

"왜 그러니, 아가야? 엄마가 지금 할머니랑 통화하는 중이거든. 금방 갈게."

아기는 당신의 목소리를 듣고 울음을 그친다. 당신은 다시 마음 편히 통화를 한다. 하지만 이것이 끝이 아니다. 아기는 곧 다시 울기 시작한다. 이번에는 울음소리도 크고 쉽게 그치지 않는다. 당신은 아기가 관심을 온전히 받지 못해 기분이 상했다고 생각하면서도 아기가 그런 상황에 좀 더 익숙해져야 한다고 여긴다. 이번에는 아기를 달래지 않고 울든 말든 전화기를 가지고 다른 방으로 간다. 느닷없이 아기가 집이 떠나갈 듯 온 힘을 다해 울기 시작한다. 당신은 짜증이 치솟고 아기는 화가 난다. 급히 전화를 끊고 상황을 살피러 간다. 이번에는 달래기가 쉽지 않다. 당신은 더욱 화가 나고 좌절감마저 느낀다. 그것은 아기도 마찬가지다. 우유를 먹여본다. 기저귀도 갈아본다. 아기를 안고 방안을 거닐기도 하고, 인형도 보여준다. 당신은 아기가 어떤 신호를 왜 보내고 있는지 살핀다. 이럴 때 당신의 등을 토닥거리거나, 차 한 잔을 타주거나, 수고한다는 말을 귓전에 속삭여줄 사람이 아무도 없는 경우가 허다하다. 그러니 어쩔 수 없이 혼자서 마음을 다스려야 한다.

이 상황을 간단히 정리하자면 이렇다. 아기는 다음과 같은 신호를 보냈다.

"이봐요! 나 여기 있어요. 엄마는 어디에 있어요?"

그런데 당신은 그 신호를 무시한 채 아무 소리도 듣지 못한 척했다. 누군가 당신을 불렀는데, 그냥 무시해버린다면 그 사람은 분명 화가 나거나 자신을 무시한다고 여길 것이다. 아기도 마찬가지다.

그러므로 설령 자신만의 시간이 조금도 없다는 생각이 들더라도, 그래서 정말 너무한다 싶어도 아기에게만큼은 제대로 반응하라. 그러면 훨씬 평화로운 분위기에서 아기와 교감할 수 있다. 전화 통화 중이던 사람에게 이렇게 말하라.

"잠깐 아기 좀 보고 올게. 끊지 말고 기다려."

가보니 기저귀를 갈거나 안아서 달래야 할 상황이라면 이렇게 말하라.

"끊어야겠어. 다시 전화할게."

통화를 제대로 끝내지 못해 찝찝할 수는 있다. 하지만 제때 아기에게 관심을 쏟으면 인생이 훨씬 더 편안해질 것이다.

그렇다고 아기의 신호에 무조건 즉각 반응하라는 말은 아니다. 어쩌다 한두 번은 아기의 신호를 빨리 알아차리지 못해 아기에게 좌절감을 준다 해도 크게 문제가 되지는 않는다. 그 순간에 당신의 삶에 무슨 일이 일어나고 있는지 아무도 모를 일이니 말이다. 핵심은 정신적 충격을 받을 만큼 너무 늦게 반응하지 않는 데 있다. 아이든 어른이든 누구나 언젠가는 좌절을 겪는다. 좌절감도 살면서 겪어야 할 통과의례다. 건강한 정서 발달을 위해선 좌절감도 처리할 줄 알아야 한다. 아기가 조금만 짜증을 내도 호들갑을 떨며 달래느라 아기가 스스로 좌절을 극복할 기회를 빼앗지 마라. 하지만 무관심한 반응이 습관처럼 되거나 마음의 상처가 될 정도로 좌절감을 안겨주면 장기적으로 부정적인 영향이 미칠 수밖에 없다. 명심하라. 아기는 마음의 상처를 스스로 치유할 능력을 타고나지만, 상처가 반복되면 이 능력을 쉽게 잃어 건강한 감정 발달을 이룰 수 없다. 어쩌다 아기의 신호를 오해한다고 해서 문제가 오래가지는 않는다. 하지만 비슷한 상황이 반복되면 문제가 된다. 아기의 신호를 당신이 계속 못 알아차리거나, 무시하거나, 제대로 반응해주지 않으면, 아기는 긍정적인 자아상을 키워나가지 못한다. 당신을 믿어도 된다는 느낌도 못 받는다. 아기와 함께 보내는 시간은 아기가 관심과 사랑을 받고 있다는 메시지를 전하는 특별한 시간이다. 이 시간을 통해 아기는 자신이 소중한 존재라는 느낌을 키워나간다.

행복하고, 유능하고, 책임감 있는 아이로 키우는 다섯 가지 포인트

나는 이 책에서 최근 연구로 밝혀진 아동발달의 다섯 가지 포인트를 소개하고자 한다. 처음 네 가지 포인트에서는 아홉 가지 신호와 직접적으로 관련 있는 내용과 아기와 의사소통을 잘하는 현명한 부모가 되는 방법을 간략히 소개한다. 마지막 포인트에서는 부모와 자녀의 관계에 대해 구체적으로 소개한다. 다섯 가지 포인트는 다음과 같다. (1)긍정적이든 부정적이든 모든 신호를 적절하게 표현하도록 격려하라. (2)흥미와 즐거움처럼 재미를 표현하는 신호를 최대한 키워줘라. (3)도움을 요청하는 신호에 주의를 기울이고 그 원인을 제거하라. (4)가능한 한 빨리 신호를 말로 표현하고 아기의 감정에 '이름표'를 붙여줘라. (5)아이는 당신을 닮고 싶어 하는 강한 욕구가 있다는 사실을 명심하라.

포인트 ❶
모든 신호를 적절하고 충분하게 표현하도록 격려하라

재미와 도움을 요청하는 신호 표현을 인정하고 격려하는 것이 어쩌면 아이와의 충실한 의사소통과 아이의 건강한 정서 발달에 가장 중요한 요소일지도 모른다.

재미 즉, 흥미와 즐거움은 긍정적인 신호다. 아기가 어떤 대상에 흥미를 느끼는지 부모가 알고 이를 소중히 여기면, 아기는 자신과 자신의 잠재력을 깨닫고 자신의 모든 에너지를 쏟아부으며 만족을 얻는 삶에 한발 더 다가간다.

무엇보다 아기가 어떤 자극에 흥미와 즐거움을 느끼는지 잘 관찰하고 확인하라. 늘 그런 자극을 주는 활동과 경험을 제공할 기회를 찾아라. 아기가 제일 좋아하는 인형을 건네줄 때도 그냥 주지 말고 이렇게 말하며 주어라.

"정말 예쁜 곰 인형이네."

놀이터에서는 다음과 같은 말로 즐거워하는 아이를 더 즐겁게 할 수도 있다.

"그네 타기 정말 재미있다. 와, 신난다!"

아이가 물끄러미 책을 보고 있는 모습을 봤다면, 자기 전에 함께 책 읽는 시간을 갖는 것도 좋다.

스트레스와 분노, 두려움, 수치심, 역겨움, 악취 혐오처럼 도움을 요청하는 신호는 모두 부정적인 신호다. 아기가 이런 신호도 잘 표현하도록 자꾸 격려해야 한다. 그래야 아기가 제때에 도움을 요청해 필요한 도움을 받을 수 있다. 아기가 감정 신호를 표현하고 당신이 반응하는 과정에서 아기는 마음으로 느끼는 감정을 확인한다. 동시에 고통과 긴장을 적절하게 처리하는 기술도 배운다. 부정적인 신호를 잘 처리해준 당신에게서 아기는 이런 메시지를 받는다.

"아가야, 너는 긍정적이든 부정적이든 감정을 솔직하게 표현해도 되는 세상에 태어났단다."

이것이야말로 아기가 부모로부터 받는 최초의 긍정적인 메시지다.

가끔 아기가 고통을 극복하도록 돕는다고 이렇게 말하며 다그치는 부모가 있다.

"힘내!", "입 꼭 다물어."

이런 말은 별 도움이 되지 않는다. 다가오는 개를 보고 잔뜩 겁에 질려 울음을 터트린 수지라는 여자 아기가 있다고 하자. 아빠는 이렇게 말하며 수지를 달랜다.

"울면 안 돼.", "저 개는 안 물어. 그러니까 걱정하지 마."

이런 말은 수지에게 지금의 감정이 정당하지 않다고 말하는 것과 같다. 수지는 자신이 두려움을 느낄 만하다고 확신하고 있다. 개가 너무 크고 무슨 짓을 할지 모르기 때문이다. 그런데 아빠가 그 감정을 무시하면 아이는 자신이 느낀 감정의 정당성을 의심하게 되고, 자신감과 자존감에 상처를 입는다. 게다가 나중에 자신을 지켜달라고 직접적으로 부탁해도 무시할 것이라는 인상을 받는다. 수지는 아빠에게 두렵다는 신호를 보내는 것 외에는 도와달라고 부탁할 방법이 없다. 그런 부탁을 무시함으로써 아빠는 딸의 안전 감각과 아빠를 향한 믿음을 짓밟았다.

아이가 개의 귀를 마구 잡아당기며 흥미롭다는 신호를 보낸다고 하자. 이때는 아이가 신호를 다른 방식으로 보내도록 유도해야 한다. 하지만 이런 상황이라도 우선은 아이의 신호를 인정하고 격려해야 한다.

"정말 개가 귀엽구나, 그렇지?"

그러면서 아이의 손을 개에게서 부드럽게 떼어내며 이렇게 덧붙여라.

"그러니까 아프지 않게 살살 쓰다듬어주자."

이런 때도 있을 것이다. 아기가 찬장에서 냄비며 프라이팬을 꺼내 마구 던진다. 그런 식으로 흥미 신호를 보내는 것이다. 더는 두고 볼 수 없을 정도가 되어도 무조건 야단쳐서는 안 된다. 그런 태도는 흥미 신호를 보내지 말라는 뜻이기 때문이다. 흥미를 발산할 수 있는 다른 배출구를 마련해줘야 한다. 무조건 그릇을 빼앗아 찬장에 집어넣지 마라. 그릇이 내는 쨍그랑 소리와 비슷한 소리가 나는 장난감을 주거나, 찬장 대신 장난감이 든 종이 가방을 주어 장난감을 꺼내며 놀도록 관심을 돌려라.

신호가 긍정적이든 부정적이든 무조건 표현을 억압해서는 건강한 정서를 지닌, 말 잘 듣는 아이로 키울 수 없다. 세상에 대한 관심이나 즐거움을 표현하지 말라고 배운 아이가 어떻게 잠재력이나 재능을 마음껏 펼치겠는가. 도움을 청하는 부정적인 신호를 참으라고 배운 아이가 어떻게 자신의 마음을 전하며, 적극적이고 밝은 아이로 자라겠는가.

포인트 ❷
흥미와 즐거움의 신호를 최대한 키워줘라

당신은 아기가 여러 신호를 이용해 감정을 다양하게 표현하기를 바란다. 이왕이면 흥미와 즐거움의 신호를 더 많이 표현하기를 바란다. 그러기 위해선 아이가 무엇을 좋아하는지 알아내어 그러한 즐거움을 반복할 기회를 마련해줘야 한다. 아기가 좋아하는 것이 당신의 마음에 들지 않는다 해도 무조건 억누르지 마라. 아기의 흥미를 온건한 방향으로 돌리고 싶다면 먼저 아기가 즐겁게 놀 때 당신도 기분이 좋다는 마음부터 전하라.

아기가 잡지나 책을 북북 찢고 있다고 하자. 중요한 것이 아니라면 일단 노는 모습을 유심히 관찰하라. 종이를 찢는 소리와 느낌, 책장의 냄새, 종이를 찢는 행위에서 아기가 어떤 호기심을 느끼는지 살펴라. 혹시 아빠가 신문을 스크랩하는 모습을 아이가 흉내 내는 건 아닌가. 그런 후에 아이가 무엇에 흥미가 있는지 잘 안다는 사실을 알려라.

"근사한 잡지인데! 사진도 예쁘고 종이 질도 아주 좋아."

아기가 책을 찢는 게 싫으면 다른 종이를 주면서 이렇게 말하라.

"그 책은 찢으면 안 돼. 대신 여기 이 종이는 마음대로 가지고 놀아도 돼."

내가 아는 어떤 아기는 과자를 책 속에 넣고 으깬 후 책을 펼쳤을 때, 과자 가루가 떨어지는 모습을 보며 즐거워했다. 그 모습을 본 엄마의 첫 반응은 어땠을까?

"세상에! 너 지금 뭐 하는 거니? 집이 엉망진창이잖아!"

아기는 아랫입술을 씰룩거리며 눈에는 눈물이 글썽거렸다.

그 모습을 보고 엄마는 이렇게 말했다.

"알았다! 이 놀이 정말 재미있다. 빠지직 소리도 끝내준다. 이것 봐 근사한데! 과자를 이렇게 가루로 만들다니. 좀 더 하고 싶지? 좋아, 그럼 이 오래된 책으로 하자. 그 과자 가지고 따라와. 이왕이면 청소하기 더 쉬운 곳에서 놀자. 욕조로 갈까? 아니면 마당에서 놀까?"

아기는 언제 울었냐는 듯 환하게 웃었다. 문득 그 엄마는 자신이 시간과 노력만 기울이면 이 놀이로 간단한 물리 법칙도 가르칠 수 있겠다 싶었다. 힘의 사용이나 물질의 형태가 바뀌는 원리를 가르칠 좋은 기회라는 생각 말이다.

이러한 놀이는 심리적으로 아이에게 매우 중요한 의미가 있다. 엄마와 함께 놀면서 아기는 자신이 엄마에게 소중한 존재라는 특별한 감정을 느낀다. 또한 아기는 엄마처럼 약사가 되거나 아빠처럼 화학자가 되고 싶다는 생각이 들었을지도 모른다.

아기가 방바닥에 클립을 잔뜩 흩어놓았다. 아기의 손에서 클립을 빼앗으며, 방을 어질러 놓았다고 야단치고 싶어도 참아라. 그 기회를 살려 아기에게 한계와 규칙을 알려주어라. 눈에 보이는 물체에 관심을 보이고 탐구하고 싶은 아이의 마음을 다 안다고 알려주어라. 이렇게 말하면 어떨까.

"이 방에서 뭘 찾았는지 한번 볼까? 이건 클립이네. 정말 재미있게 생겼지? 클립을 상자에 어떻게 담는지 보여줄게. 클립은 너무 작아서 네가 가지고 놀면 안 돼. 네가 삼킬 수도 있잖아. 이 클립은 상자에 다시 담고 다른 장난감 가지고 놀자."

이렇게 설득하면 아이도 보호하는 동시에 아기가 세상을 바라보는 방식으로 당신도 세상을 보고 있으며, 아기가 새로운 것을 발견하고 알아가는 과정을 돕고 싶다는 마음도 전할 수 있다. 아기는 아무리 어려도, 설령 당신의 말귀를 못 알아들어도 그 말이 얼마나 중요한지는 안다. 아기는 모든 사물에 흥미를 느낀다. 막대기, 냄비 집게, 종이, 솜털 등 어른 눈으로는 도저히 이해가 안 되는 물건을 좋아한다고 해도 걱정하지 마라. 중요한 것은 아이가 그 대상에 흥미를 느낀다는 사실이다. 당신은 그 점만 명심하면 된다.

포인트 ❸
스트레스를 유발하는 원인을 제거하라

아기의 흥미와 즐거움 신호를 최대한 격려하는 것도 중요하지만, 아기가 보내는 스트레스 신호에 적절하게 대처하는 것 역시 중요하다. 아기는 당신에게 의지해 자신을 보호한다. 아기가 속이 상해 있으면 먼저 그 감정이 옳다고 인정하고 공감을 표시하라. 당신은 어서 그 원인을 제거해서 아기의 마음을 달래고 싶을 것이다. 영유아는 주로 배가 고프거나, 피곤하거나, 아프거나, 기저귀를 갈아야 할 때 스트레스 신호를 보낸다. 기저귀가 축축해 울면 갈아주면 된다. 하지만 그렇게 쉽게 해결할 수 없는 상황도 있다. 안경을 쓴 사람만 보면 아기가 울음을 터트린다고 하자. 아기가 그럴 때마다 당신은 화가 나거나 당황스러울 수 있다. 그래서 그런 상황을 무시하거나 화를 낸다. 그러면 아기는 당신이 자신을 이해하지 못한다고 여긴다. 당연히 자신이 보내는 신호를 무시한다고 여긴다. 결국 감정만 더 상한다. 원래 안경을 쓰면 얼굴과 눈매가 일그러져 보일 수 있다. 영유아는 의사소통을 위해 표정을 유의해서 보도록 타고났다. 그런데 안경으로 인상이 일그러지면 표정을 제대로 읽을 수 없다. 이럴 때는 아기를 안아서 안경 쓴 사람이 보이지 않게 해주면 된다. 그 사람에게 안경을 벗어달라고 할 수도 있다. 아이에게 안경을 만져보게 해도 좋다.

포인트 ❹
신생아에게도 신호를 말로 표현해줘라

아기는 모든 말을 알아듣기 전이라도 부모의 몇 마디 말이나 어조, 몸짓과 표정에서 그 의미를 읽는다. 아기에게 말을 하는 행위는 아기를 개별적인 존재로 인정한다는 뜻이다. 이는 아기의 자아 정립에 매우 중요한 과정이기도 하다. 더불어 상황과 신호를 말로 들려주면 아기에게 '직접적인 동작의 대체물인 언어'를 사용하는 법을 가르칠 수 있다. 결국 아이는 무작정 소리 지르는 대신 몇 가지 단어로 생각과 감정을 더 정확하게 전달할 수 있다는 사실을 깨닫는다. 실제로 아기를 돌보는 사람들이 아기에게 다양한 감정을 말로 전하면, 아기의 뇌는 정보와 감정을 더욱 다양하게 처리한다. 그러면 언어 이전의 의사소통 체계를 언어로 확장할 수 있다. 게다가 아기에게 감정을 정확하게 파악해서 말로 표현하도록 가르치면 긴장 조절의 토대를 마련해주는 셈이 된다. 어릴 때부터 감정을 말로 잘 표현하면 아동기에 겪을 많은 좌절을 피할 수 있다. 자신이 흥미를 느끼는 일과 필요한 것을 위해 협상할 수 있기 때문이다.

아이가 좀 더 편안하게 말로 감정을 표현하게 하려면 어떻게 해야 할까? 일단 표현하려는 감정 신호에 이름표를 붙여주어라. 아기가 배가 고파 운다고 하자. 그러면 젖만 물리지 말고 말도 걸어주어라.

"우리 아기가 왜 울까? 배가 고프구나? 그럼 어서 맛있는 맘마를 줘야겠네."

아기가 자동차 경적 소리에 화들짝 놀랐다면 이렇게 말할 수도 있다.

"시끄러운 소리가 나서 깜짝 놀랐지?"

아기가 그네를 타고 좋아하면 말로 긍정적인 경험을 강화하고 공감의 메시지도 전할 수 있다.

"우와! 신 나게 놀고 있구나."

이렇게 당신은 아이의 감정을 확인해줄 수 있고, 다양한 물리적 감각을 언어로 표현해줄 수 있다.

'기쁘다', '바보 같다', '무뚝뚝하다', '화가 난다', '까다롭다', '활기차다', '황홀

하다', '힘들다', '피곤하다'처럼 다양한 언어를 아기에게 들려주어라. 기분과 감정을 정의하기 위해 이런 단어를 쓰면 아기가 후에 말을 배울 때 큰 도움이 된다.

말로 아들의 감정을 잘 표현해주는 엄마가 있었다. 그 엄마는 내게 이런 일화를 들려주었다.

"스티븐이 다섯 살 정도였을 때, 유치원을 다녔어요. 그런데 유치원 선생님은 종종 감정 기복이 심했어요. 우리 부부는 그 선생님이 아이에게 심한 짓을 할까 봐 걱정돼서 결국 아이를 다른 반으로 옮기기로 했어요. 반을 옮기기 전에 아이가 놀라지 않게 잘 설명해주었죠. 하루는 아이가 유치원을 다녀와서 이러는 거예요. '엄마, 내 말을 들으면 깜짝 놀랄 거예요. 헨더슨 선생님은 오늘 정말 무뚝뚝했어요!' 저는 아이가 선생님의 감정을 받아들인 대로 표현해야 상황에 더 잘 대처할 거라고 봐요. 그래야 아이가 자신이 이유도 없이 괴롭힘을 당한다고 느끼지 않을 테니까요."

포인트 ❺
아이는 당신을 닮고 싶어 하는 강한 욕구가 있다는 사실을 명심하라

영유아는 부모를 닮고 싶어 한다. 아이에게 부모는 온 우주다. 자아 발달을 돕고, 행동하는 법을 가르쳐주는 힘이다. 부모 역할에 대한 광범위한 연구 결과를 보면, 생애 초기의 동일시 패턴이 얼마나 강한 힘을 지녔는지 알 수 있다. 아이에게 긴장조절법과 행동 규칙을 가르칠 때 가장 효과적인 도구가 바로 '동일시'다. (더

자세한 내용은 제7장 참조)

 두 살 난 아기가 넘어지면서 "제기랄!"이라고 말한다면, 이는 분명 아이가 비슷한 상황에서 엄마나 아빠가 "제기랄!"이라고 말하는 소리를 들었기 때문이다. 말을 배우기 전이라도 아이는 그런 말에 담긴 의미를 스펀지처럼 빨아들인다. 만약 아이가 보여준 분노 신호에 당신이 덩달아 짜증을 내거나 화를 내면, 아이는 그것이 적절한 반응이라고 생각하게 된다. 분노가 더 큰 분노를 부르는 모습을 학습하는 것이다. 결과는 어떨까? 아이는 감정이 격해질 때마다 점점 더 흥분하게 된다.

 다양한 감정을 차분하고 편안하게 표현할 줄 아는 부모가 자녀에게 감정 조절을 더 잘 가르친다. 이런 장면을 상상해보라. 한 살 난 소냐가 텔레비전으로 아장아장 걸어가더니 복잡하게 뻗은 전선과 플러그를 혼을 빼고 들여다본다. 아빠는 그런 아이에게 조용히 타이른다.

 "소냐, 플러그에 꽂힌 전선을 만지다가 감전될 수도 있어. 전기가 통하거든. 이리 오렴. 전기가 어떤 건지 플러그를 꽂지 않은 전선으로 알려줄게. 아니면 이 예쁜 공 가지고 놀 수도 있어."

 소냐는 전선을 뒤로하고 아빠에게 간다. 아빠는 전원에 연결되지 않은 전선으로 전기가 통하면 어떻게 되는지 설명한다. 설명이 끝난 후 아기는 즐겁게 공을 가지고 놀러 간다. 아빠가 말한다.

 "이 전선을 가지고 놀지 않아서 정말 고마워, 소냐. 아빠는 너를 무척 사랑한단다."

소냐의 아빠는 이런 식으로 아이의 행동에 개입해 차분한 목소리로 전선이 얼마나 위험한지 설명해주었다. 소냐는 아빠의 말을 다 알아들을 수는 없었지만, 어조와 의미는 이해했다. 게다가 소냐는 무작정 행동으로 생각과 감정을 표출하는 대신 말을 사용하는 중요한 과정을 경험했다. 사실 소냐의 아빠는 딸을 어서 텔레비전에서 떼어놓으려는 마음뿐이었을 것이다. 하지만 소리치며 아기를 텔레비전에서 떼어놓는 대신 차분한 목소리로 적절한 단어를 골라 차분하게 마음을 전했다. 또한 다른 자극을 주는 대체물까지 내밀었다. 공 말이다. 마지막으로 아빠는 "고맙다. 사랑한다."라는 말로, 아이가 행동을 바꾸도록 유도하고 보상하는 긍정적 강화도 잊지 않았다. 이런 과정은 부정적 강화나 처벌보다 훨씬 효과적이다. 아빠의 행동과 반응을 통해 소냐는 귀중한 정보를 얻었다. 이런 경험이 쌓이고 쌓이면 소냐는 상냥하고, 차분하고, 감정 조절도 잘하는 어른으로 자랄 것이다.

신호를 처리하는 다양한 방법

아기가 보내는 신호에 적절하게 대응하는 몇 가지 간단한 방법이 있다. 다음은 오랜 세월을 거치면서 효과가 입증된 방법이다. 아기를 어떻게 대해야 할지 갈피를 못 잡는 부모라도 쉽게 활용할 만하다.

관심을 다른 곳으로 돌려라

아기가 하는 행동을 말리려면 그 행동만큼 재미있는 대체물을 제시하라. 아기가 신문을 박박 찢어놓고 먹기까지 하는 행동을 말리고 싶은가? 그럼 책을 줘라. (서점에 가면 안 찢어지는 많은 유아용 책이 있다) 아니면 제일 좋아하는 장난감을 줘서 다른 놀이를 하게 하라. 아니면 아이와 함께 다른 방으로 가도 좋다.

선택의 기회를 줘라

아이에게 옷을 따뜻하게 입히고 싶으면 두꺼운 코트와 얇은 옷을 여러 벌 겹쳐 입게 하는 방법 중에 하나를 고르게 하라. 그러면 아이는 자신이 상황의 주도권을 쥐고 독립성을 확보했다고 여긴다. 게다가 취향을 높이는 데도 도움이 된다. 이때 선택 사항을 너무 많이 주지 마라. 선택 사항이 많으면 아이는 오히려 혼란을 느끼고 쉽게 결정을 내리지 못한다. 적당히 균형을 유지할 수 있도록 선택 사항을 조절하라.

되도록 벌이 아닌 칭찬을 하라

바르게 행동하도록 가르치는 과정은 부모와 아이 모두에게 긍정적인 경험이다. '착한' 일을 했을 때 부모의 칭찬을 듣고 자부심과 행복을 느끼는 아이의 모습에서 부모는 쏠쏠한 재미를 느낀다.

아이가 말을 잘 들을 때마다 고마움과 자랑스러운 마음을 표현하라.

"정말 잘했어! 칼을 식탁 위에 다시 올려놓아서 정말 고마워."

"바닥에 떨어진 책을 치우니까 깔끔해졌지? 책을 탁자 위에 올려놓도록 도와 줘서 고마워."

몇 마디 말로 아이의 행동을 칭찬하라. 벌을 주는 것보다 더 확실하게 교훈을 전한다.

아홉 가지 신호의 의미와 목적을 살피다 보면 처벌의 진화에 대해서도 생각하게 된다. 이 문제에 관해서는 제20장에서 자세히 다룰 것이다. 여기서는 아이 행동을 바로잡기 위한 수단으로 꾸지람이나 체벌에 의지하는 사람은, 실은 달리 방법을 모르기 때문이라는 점만 말하고자 한다. 자녀와의 충돌을 해결하는 방법이 체벌이나 비난밖에 없는지 심각하게 고민하라. 두려움이나 수치심을 주는 방법이 단기적으로는 효과가 있을 수도 있다. 하지만 장기적으로는 아이도, 아이와의 관계도 큰 대가를 치러야 한다는 점을 명심하기 바란다.

이런 상황을 상상해보자. 아이가 칼을 집자 놀란 부모가 아이 손을 찰싹 때린다. 그러면 아이는 칼이 뭔지 혹은 칼을 어떻게 다뤄야 하는지 배우지 못한다. 칼을 다시 식탁 위에 올려놓거나 칼을 만지지 말아야 한다는 사실을 배우지 못한다. 다만 아이는 자신이 뭔가에 관심을 보이면 부모가 싫어한다는 사실만을 배운다. 다시 말해 부모의 경솔한 반응 때문에 죄 없는 아이는 죄책감을 느낀다. 이런 경험을 하다 보면 아이는 흥미를 드러내고 싶을 때마다 주저하게 된다. 이런 상황은 아이의 학습 능력을 심각하게 훼손하고 행복감을 해칠 수 있다. 재미있는 일을 할 때는 부모가 없는 곳에서 해야 한다는 인식이 박힐 수도 있다. 이런 분위기에서 10년 이상 자랄 경우 아이는 어느새 부모와 소원한 십 대가 된다.

부모의 끊임없는 비난도, 설령 비난만 하고 벌은 주지 않더라도, 아이의 자신감을 무너뜨린다. 아이들은 대부분 마음이 여리다. 부모의 기대에 못 미쳤다는 말을 자꾸 들으면 실패감이나 수치심에 쉽게 마음을 다친다. 자녀의 행동이 마음에 들지 않을 때는 부모가 먼저 규칙을 잘 지키고 자제하는 모습을 보여 자녀가 그 규칙과 자제력을 배우도록 도와야 한다.

무엇이 아기의 버릇을 망칠까?

아이가 즐거움이든 분노든 마음대로 발산하게 하면 버릇이 나빠진다고 걱정하는 부모들이 있다. 이 자리를 빌려 꼭 말해두고 싶다. 아이의 얼굴에 미소가 깃들고, 아이가 신이 나고, 기뻐할 수 있는 일이 있다면, 뭐든 하라! 또한 분노와 좌절도 자연스러운 감정이며, 그런 감정도 인정받아야 한다는 사실을 아이에게 가르쳐줄 수 있다면, 뭐든 하라!

조만간 아기는 상상도 못 할 좌절과 상처를 경험할 것이다. 그러니 부모가 먼저 그런 고통을 줘서도 안 되며, 줄 필요도 없다. 다음과 같은 말은 아이에게 도움이 되지 않는다.

"얘야, 너도 이제부터 이런 일을 알아야 할 거야. 인생이란 늘 행복하지만은 않

아. 가끔은 무척 힘이 들 때도 있단다."

인생의 고난과 역경으로부터 자신을 보호해주는 대신 있는 그대로 알려주는 부모의 이런 말은 아이에게 달가울 리가 없다. 강인하고, 유쾌하고, 낙천적인 아이는 부모가 불행과 좌절을 막아주는 벽이 되고, 감정을 마음껏 표현하도록 격려해주는 가정에서 나온다. 진정한 힘은 자신의 능력과 자신을 바라보는 긍정적인 시각에서 나온다. 이 두 자질은 아이에게 모든 감정을 마음껏 표현하게 하고 긍정적인 방향으로 이끌 때 활짝 꽃을 피운다.

통제에 대한 새로운 시각: 아이가 긴장조절력을 키우도록 돕는 법

아홉 가지 신호를 마음껏 표현하게 하는 부모를 보고 아이에 대한 통제를 포기했다고 말해서는 안 된다. 오히려 아이가 감정을 마음껏 표현해야 부모 역할을 제대로 수행하고, 아이의 건강한 감정 발달을 도울 수 있기 때문이다.

아이가 당신이 원하는 대로 행동하도록 이끌고 동시에 아홉 가지 신호에도 현명하게 대처하는 방법이 있다. 예를 들어보자. 부모라면 가끔은 아이의 흥분과 화를 나타내는 신호를 저지해야 할 때가 있다. 아이의 '합당한' 감정 표현을 허용해야 하지만 필요한 상황에서는 감정을 누그러뜨리도록 개입을 해야 한다. 아이가 발로 차거나, 물어뜯거나, 물건을 던지는 등 감정을 자제하지 못해 폭발한다면, 그것은 스트레스나 분노를 보여주는 중요한 신호다. 이런 행동이 계속되면 말로 행동에 이름표를 달아주고 억제하고 저지해야 한다. 부모는 자녀에게 긴장을 조절하는 법 즉, 스스로나 타인과의 관계에서 과도하게 긴장하지 않도록 감정을 조절하는 능력을 키워줘야 한다. 아이의 감정이 격해지면 이렇게 달래라.

"이 새 장난감 정말 재미있겠다, 그렇지?", "이거 끝내준다. 너 정말 신 나겠다!", "큰 소리가 나서 깜짝 놀랐지? 이리 와, 기분이 좋아질 때까지 꼭 안아줄게.", "다쳐서 걱정했어. 얼마나 아팠을까! 이제 좀 괜찮아졌어?"

이렇게 안정감을 주는 말로 아이의 격한 감정을 가라앉히고 스스로 감정을 조절할 수 있도록 가르쳐라. 필요하다면, 아이를 꼭 안아주거나 다른 장소로 데려가도 좋다. 부모가 현명하게 대처하면 아이의 감정에 상처를 주지 않고도 감정 발달을 도울 수 있다.

반대로 아이에게 수치심을 주거나 감정을 억누르게 하면, 아이는 격해진 감정을 스스로 조절하는 법을 배울 수 없다.

"그렇게 방방 뛰지 말고 진정해! 네가 바보야?", "울지 마! 별로 아프지도 않잖아. 좀 참아봐!"

흥분한 아이에게 이런 식으로 말하면 아이는 더 흥분하게 된다. 결국 아이에게는 고통만 더해질 뿐이다.

일단 감정을 조절할 수 있으면 아이는 편안한 마음으로 다양한 감정을 표현하고, 자신감도 상승한다. 또한 자신을 달래는 능력도 커져 극심한 좌절과 분노, 스트레스 상황에서도 부모에게 기대지 않고 스스로 마음을 가라앉히는 법을 배운다.

**당신과 아이를 위해
불이 나면 기름이 아니라 물을 부어라!**

제3장 아이의 신호에 반응하는 다섯 가지 포인트

안타깝게도 아이에게 스스로 감정을 달래는 법을 제대로 가르쳐주지 못하는 부모들이 있다. 이런 부모들의 마음속에는 아이가 충돌과 불안을 경험해봐야 뭔가를 배운다는 믿음이 깔려 있다. 그래서 '불을 끄려면 기름이 아니라 물을 부어야 한다'는 조언을 쉽게 받아들이지 못한다.

어린 마리아와 엄마의 사례를 보면 이런 믿음이 어떻게 문제를 키우는지 잘 보여준다. 마리아는 주위에 많은 아이들이 있으면 몹시 힘들어했다. 이 문제는 아이를 조용한 곳으로 데려가 잠시 동화책을 읽어주면 자연스럽게 해결될 일이었다. 하지만 그 엄마는 그러지 않았다.

"아이가 사람들과 잘 어울릴 줄 알아야 해요. 이렇게 힘들어할 때마다 그 상황을 피하게 해주면 아무것도 안 돼요. 그러면 어떻게 사람들과 어울리는 법을 배우겠어요?"

이렇게 말하는 엄마에게, 감정을 통제하지 못하고 힘들어하는 아이를 그냥 내버려 두었기 때문에 오히려 아이가 사람들과 어울리는 법을 제대로 배우지 못했다는 사실을 말해주었다. 그 엄마는 이런 상황을 이해하는 데 꽤 오랜 시간이 걸렸다. 마리아가 감정을 가라앉힐 수 있도록 도와주면 훨씬 빠르게 잠재적인 스트레스 상황에서 벗어나 아이들과 잘 어울릴 수 있을 거라고 설득했다. 감정을 가라앉히는 과정을 내면화하면 마리아도 스스로 감정을 달랠 거라고 말이다.

자신이 좌절감을 극복할 줄 몰라 자녀에게 긴장조절법을 제대로 가르쳐주지 못하는 부모도 있다. 이런 부모는 감정이 격해질 때마다 극단적이 된다. 아이는 금세 부모의 행동을 따라 하는 특징이 있다. 그러므로 감정 조절을 못 하는 부모는 이런 모습을 아이에게 대물림하게 된다. 여기서 불행의 악순환이 시작된다. 주변을 보면 긴장조절을 못 하는 성인일수록 자기 파괴적이거나 타인에게 폭력적인 경우가 많다. 또한 알코올과 약물중독에 빠지거나, 가정 폭력과 반사회적 행동을 일삼거나, 타인과 어울리지 못하는 성격도 긴장조절을 제대로 못 한 결과일 수 있다.

반대로 긴장조절을 잘하는 아이는 행복하고, 차분하며, 사회성이 뛰어난 아이로 자란다. 이런 아이는 자신의 정체성과 원하는 바를 확고하게 인식한다. 그래서 어른이 돼서도 일상의 과도한 긴장과 스트레스를 잘 이겨낸다. 불편함 없이 자기 감정을 느끼고 이해한다.

아이의 감정 신호에 적절하게 반응하는 법을 꼭 배워야 하는 또 다른 이유가 있는데, 바로 아이의 자존감 발달을 위해서다. 아이가 감정을 표현할 때마다 부모가 그것을 인지하고 인정해주면 아이는 '나의 상황 인식이 정확하고 나는 부모의 관심을 받을 만하다'고 느낀다. 이런 과정을 거듭하면서 아이는 자신감을 키우고, 자신의 감정과 욕구를 정확히 파악하고 지켜나가는 능력을 키운다.

제 **4** 장

성장 초기 아이의 신호에 반응하기
: 점점 복잡해지는 어휘 관찰하기

저는 아이가 처음으로 제게 화가 났다고 말했던 때를 결코 잊지 못할 겁니다. 확실하게 보여주더군요. 아이와 차를 타고 어디를 가던 중이었어요. 아이는 뒷좌석의 카시트에 타고 있었죠. 한 시간이 지났을까, 처음에는 얌전하던 아이가 느닷없이 소리를 지르며 가만히 있질 못하는 거예요. 저는 뒷좌석에 앉은 아이를 백미러로밖에 볼 수 없었죠. 길도 많이 막혔기 때문에 아이에게는 제대로 신경을 쓸 수가 없었어요. 그때 저는 아이에게 몇 마디 불평을 했어요. 그러자 아이가 버럭 화를 내며 장난감을 제 뒤통수에 대고 던지더군요. 그러더니 뭔가 알아들을 수 없는 말로 크게 중얼거리며 소리치기 시작했어요. 그런데 제 아내가 저에게 화를 낼 때와 똑같은 거예요. 리듬이며 억양이며 격한 어조가 그대로였어요. 울어야 할지 웃어야 할지 아니면 아이에게 소리를 쳐야 할지 모르겠더군요. 저는 차를 길가에 세우고 마음을 가라앉혔어요. 그때 이런 생각이 들었어요. '세상에, 이 녀석은 하고 싶은 말을 다 하고 살잖아.'

– 샘, 42세, 두 살과 열네 살 난 아이를 둔 아버지

아홉 가지 감정 신호는 나이를 먹어도 사라지지 않는다. 이 신호는 평생을 함께한다. 8개월 된 아기도 14개월 된 아기도 똑같이 아홉 가지 신호를 표현한다. 경험이 쌓이면서 신호가 더 정교해지고 서로 연결된다는 점만이 다를 뿐이다. 예를 들어, 아기는 자라면서 다양한 상실을 경험하는데, 그때 표현하는 스트레스 신호가 슬픔으로까지 확대된다. 또한 역겨움과 분노 신호가 경멸감으로 이어지기도 한다.

하루하루 아기는 점점 더 복잡한 기술을 익혀 감정을 표현하고 세상과 소통해 나간다. 그러므로 각 월령대의 아기가 표현할 수 있는 반응과 표현할 수 없는 반응을 알면, 그 시기에 느끼는 아기의 감정과 욕구를 잘 이해하고 받아들일 수 있다.

지금부터는 현재 학계가 영아 발달을 어떻게 이해하고 있는지를 알아보고, 감정 신호를 다루는 기본 원칙이 얼마나 중요한지를 살펴본다.

생후 0~18개월: 조금씩 자라나는 자의식

생후 18개월 동안 아기에게는 뇌, 신체, 감정, 성격, 자아 발달에 이르기까지 많은 일이 일어난다. 시기에 따라 아기는 새로운 능력을 갖춘다. 예를 들어, 생후 4주 된 아기는 혼자서는 마음대로 움직일 수 없다. 또한 자신과 남이 다르다는 명확한 인식도 없다. 반면 생후 14개월 된 아기는 이 방에서 저 방으로 뛰어다니고, 당신의 관심을 끌거나 당신을 귀찮게 하려면 어떤 전략을 구사해야 할지 정확하게 인식한다. 두 아이 모두 흥미나 스트레스 신호를 사용한다. 그러나 표현 방식은 서로 다르다.

이번 장에서 설명할 아동발달에 관한 내용은 주로 다니엘 스턴 박사의 연구에 바탕을 두고 있다. 스턴 박사는 젖먹이 아기의 생각과 마음을 들여다보는 연구에 주력했다. 그는 심리분석가이자 영아 연구자이며 현재 브라운 대학에서 강의를 하고 있다. 또한 《유아의 대인 관계: 심리분석과 발달심리학의 관점에서 The Interpersonal World of the Infant: A View from Psychoanalysis and Developmental Psychology》와 유아의 마음속에서 일어나는 일들을 살펴본 《아기의 일기 The Diary of a Baby》 등 흥미로운 저서를 많이 썼다.

생후 0~2개월

생후 두 달 동안 아기의 생활은 아주 기본적인 행동에 집중되어 있다. 잠들고 깨는 것, 낮과 밤, 배고픔과 만족감의 주기를 조절하고 안정화한다. 이는 육체적으로나 감정적으로 매우 중요한 작업이다. 부모의 도움으로 아기는 이러한 생활 패턴을 만들어가면서 자신을 압도하는 신세계를 향해 나아간다. 이 시기의 아기는 극도로 민감하게 반응하는 충동 덩어리와 같다. 자다 깨다 먹고 싸고 기저귀를 갈면서 만들어가는 부모와의 관계와 이때 뇌로 물밀 듯이 들어오는 온갖 정보가 앞으로 아이가 쌓아갈 자의식의 주춧돌이 된다.

이 시기에 아기는 흥미와 스트레스 신호 등을 내보낸다. 이렇게 어려도 아기는 자신이 받는 반응을 이용해 주변을 인식하고 자신의 위치를 찾아가기 시작한다.

부모는 이 과정에서 중요한 동반자가 된다. 연구 결과를 보면 생후 몇 주 동안 아기의 머릿속에는 부모가 주기적으로 관심과 무관심을 보여줄 것이라는 인식이 생기는데, 이 관심과 무관심의 한 주기가 지속되는 시간은 대략 몇 분 정도다. 그런데 아기가 너무 오랫동안 관심을 받지 못해 이 주기가 깨지면 아기는 짜증을 낸다. 부모는 끊임없이 혹은 주기적으로 아기에게 관심을 기울여야 한다. 연구 결과만 봐도 아기가 부모의 눈과 입에 얼마나 집중하는지를 알 수 있다. 아기는 부모의 신호에 온 신경을 집중하도록 타고났으며, 아기의 신호처럼 부모의 신호도 눈과 입을 중심으로 한 표정으로 전달된다.

부모와 아기가 신호를 주고받는 과정은 아기의 뇌에 깊은 영향을 미친다. 즉, 시각, 청각, 후각, 촉각을 통해 아기의 뇌에는 새로운 신경회로가 연결되어, 감정과 지능이 작동하는 경로가 만들어진다. 이 시기에 아기가 반복적으로 육체적, 감정적, 지적 경험들을 어떻게 하느냐에 따라 뇌가 연결되는 방식이 달라진다. 태어나자마자 버려지거나 감정적으로 무시당한 아이는 결코 애착이나 공감하는 마음을 완전하게 발전시킬 수 없다. 한편 생후 2년 동안 돌보는 사람이 쉴 새 없이 말을 걸어주고, 반응하도록 격려받은 아이는 나중에 더 뛰어난 언어적 능력을 발휘한다.

생후 2~7·9개월

생후 2개월까지는 주고받는 과정이 일방적인 것처럼 보인다. 부모는 주기만 하고 아기는 받기만 하는 것처럼 말이다. 하지만 처음부터 부모와 아기 사이에는 수

많은 상호작용이 이루어진다. 생후 2~3개월이 되면 아기는 자신과 별개인 다른 사람들이 있다는 사실을 인식한다. 게다가 과거와 현재라는 시간 감각도 생겨나 그 안에 자신이 있다는 사실도 깨닫기 시작한다.

생후 2개월에서 7개월이 되면 아기는 주기도 하고 받기도 하면서 점점 더 상호작용에 익숙해진다. 자신에 대해서도 깨닫고, 자신이 타인에게 미치는 영향과 그들이 보내는 반응도 인식한다. 이렇듯 아기의 정체성은 자신의 욕구를 인식하고 표현하는 능력을 서서히 자각하면서 형성된다.

이 시기에 아기는 자신의 촉각, 시각, 미각, 청각, 후각이 어떻게 연결되어 있는지도 깨닫기 시작한다. 또한 세상을 이해하려면 이 감각들을 어떻게 사용해야 하는지도 서서히 알아간다. 예를 들면, 이 시기의 아기는 동작과 소리를 연결할 수 있다. 엄마가 아기를 들어 올리면서 "자, 우리 아기 '노오피' 올라갑니다."라고 말할 때 아기는 위로 들려지는 물리적 감각과 엄마의 '노오피'라는 목소리를 연결한다. 아기는 한 가지 의미가 다양한 표현으로 전달될 수 있음을 깨닫는다. 또한 각각의 감각 기관이 다양한 느낌을 만들어낸다는 사실도 학습한다. 즉, 아기는 음악을 들으면 흥분이나 안정감이나 심지어 무서움까지도 느낀다.

이 무렵 부모는 아기가 보내는 신호로 '대화'를 시작한다. 이때 대화를 제대로 진행하려면, 우리가 일반적으로 대화할 때 지켜야 할 지침을 똑같이 따라야 한다. 잘 듣고, 중간에 끊지 말고, 상대방의 의견에 관심을 기울이고, 적절한 피드백을 하고, 자신의 생각이나 느낌을 표현해야 한다. 아기가 제일 좋아하는 동물 인형을 보고 좋아서 웃으면 당신도 같이 웃으며 이렇게 말하라.

"귀여운 곰 인형이다, 그렇지? 너는 이 곰 인형이 마음에 드는구나?"

곰 인형을 아기에게 쥐여주며 재미있는 소리를 한번 내보아라. 그러면 아기가 깔깔거리고 웃거나, 미소를 짓거나, 팔을 마구 휘저을 것이다. 이것은 말로 하는 대화 이상이다. 당신이 같은 방식으로 대답을 하면 아기와 함께 웃을 수 있다. 당신과 아기는 대화를 나눈 것이다. 그 대화는 어른들이 주고받는 대화만큼 훌륭하고, 많은 정보로 가득 차 있다.

이제 아기의 뇌에 연결된 신경회로는 점점 더 복잡해진다. 시간이 지날수록 엄청난 수의 신경회로가 증가하지만, 뇌가 성숙하면서 쓸모없거나 사용하지 않는 회로가 제거된다. 이것이 바로 지식과 감정 및 행동 패턴이 통합되는 과정이다.

생후 7·9~15·18개월

이 시기의 아기는 표현력이 더 풍부해지고 상호 관계도 더 잘 맺는다. 사람과 사람이 서로의 감정을 이해할 수 있다는 사실을 깨달으면서 자신의 생각과 느낌도 공유하고 싶어 한다. 자신이 신호를 보내면 주변이 그 신호를 똑똑히 들어주길 원한다. 먹고, 울고, 밖으로 나가는 등 단순히 행동뿐 아니라 깊은 내면의 감정도 인정받길 원한다. 만약 이 시기에 부모의 관심을 제대로 받지 못하면 아이는 고독감과 이해받지 못할 것이라는 절망감을 느낀다.

다행스럽게도 이 시기에는 아기의 욕구를 쉽게 충족해줄 수 있다. 나는 8개월

반 된 조시라는 남자 아기를 관찰한 적이 있다. 조시는 어떤 장난감을 가지고 놀고 싶었는데, 마침 그 장난감이 손에 닿지 않았다. 조시는 씩씩거리며 장난감을 잡으려고 안간힘을 썼다. 바로 그때 엄마가 "끄응, 끄응!" 소리를 내며 다가왔다. 뜻대로 되지 않아 실망한 조시의 얼굴이 별안간 밝아졌다. 엄마가 조시를 번쩍 들어 장난감이 닿는 곳으로 옮겨주었기 때문이다. 조시를 흉내 낸 엄마의 행동은 아이의 감정과 완벽한 조화를 이루었다. 장난감을 잡으려고 애쓰는 아이의 모습을 보여주고 손이 닿지 않아 안타까워하는 마음을 이해해주었기 때문이다.

엄마가 다르게 행동했다면 어땠을까? 조시는 손이 닿지 않는 장난감을 집으려고 끙끙거리는데, 엄마가 본체만체했다면 말이다. 아이는 점점 늘어나는 스트레스에 고함을 지르며 울음을 터트렸을 것이다. 서로 신경전이 벌어졌을지도 모른다. 다른 상황에서도 조시가 무시를 당해 스트레스가 치솟는 일이 반복된다고 생각해 보자. 조만간 조시는 자신의 감정은 주위로부터 인정받을 수 없고, 심지어 수치스러운 것으로 생각할지도 모른다.

이렇듯 아기의 신호에 보이는 부모의 반응에 따라 아기는 도움도 상처도 받을 수 있다. 여기 또 다른 예가 있다. 최근에 나는 놀이터에서 존이라는 아기를 관찰했다. 존은 활발하고 잘 웃는 아기였다. 존은 모래 상자 안을 기어 다니며 다른 아기들과 놀고 있었다. 그러다가 모래 상자의 테두리에 발이 걸려 넘어지면서 모래에 얼굴을 부딪쳤다. 존은 엉엉 울기 시작했다. 마침 근처에 있던 젊은 남자가 일으켜 세워주며 등을 토닥거렸다.

"괜찮니, 아가야? 꽝 하고 넘어졌네!"

그때 엄마가 다가오자 존은 엄마를 보며 더 크게 울었다. 남자가 존의 엄마에게 말했다.

"아이가 크게 넘어졌어요."

그러자 엄마는 존에게 이렇게 말했다.

"다치지도 않았잖아. 괜찮아. 그렇게 안 울어도 돼."

그런데 문제는 어조였다. 아기를 나무라는 투도 아니었지만, 그렇다고 달래는 투도 아니었다.

존이 더 크게 울자 엄마는 아기를 안으며 이렇게 말했다.

"안 다쳤다니까. 괜찮아."

아기가 울음을 그치지 않자 엄마가 다그쳤다.

"그렇게 자꾸 울면 집에 갈 거야."

그 말에 존은 얼굴이 벌게질 정도로 대성통곡을 했다.

"안 되겠다. 네가 그렇게 우니까 집에 가야겠다."

엄마는 이렇게 말하며 꺼이꺼이 우는 존을 안고 놀이터를 떠났다.

지금 무슨 일이 일어났을까? "다치지도 않았잖아.", "안 다쳤다니까."라는 말로 엄마는 아이가 무사하길 바라며 아이를 달래려고 했을지도 모른다. 아니면 존이 우는 모습에 사람들이 엄마가 부주의해서 그런 것이라고 여길까 봐, 당황해서 그랬을 수도 있다. 아니면 남자는 감정을 드러내면 안 된다고 믿는 사람일지도 모른다.

이유가 뭐든 결과적으로 엄마는 아들의 감정을 이해하지 못했다. 도움을 청하는 신호도 무시했다. 그래서 존은 더욱 마음이 상했고 엄마는 더욱 성마르게 굴었다.

"다치지도 않았잖아.", "씩씩한 어린이가 돼야지.", "너는 너무 마음이 약해."

이런 반응은 아이의 감정과 경험을 무시하는 말로 큰 상처를 준다. 아이가 몇 개월이든 몇 살이든 마찬가지다. 아장아장 걷는 아기는 떼를 쓸 것이고, 십 대는 집을 뛰쳐나갈 것이다. 왜냐하면 무섭고 상처받은 아이의 마음에 대한 배려가 전혀 보이지 않기 때문이다. 이는 그저 아이에게 이렇게 말하는 것과 같다.

"네 감정은 완전히 틀렸어."

아이의 감정이 옳고 그르고가 문제가 아니다. 그게 아이의 감정이라면 있는 그대로 인정받을 가치가 있다. 앞에서 본 엄마는 아이에게 다가가 교감할 기회를 잃었다.

아이가 아프다는 곳을 호호 불어주며 입을 맞추었다면 훨씬 좋았을 것이다. 입맞춤을 받은 아이는 엄마가 자신에게 충분히 관심을 기울이고 있다는 느낌을 받는다. 입맞춤은 이렇게 말하는 것과 같다.

"네가 얼마나 아플지 엄마도 잘 알고 있어"

입맞춤을 한 다음 넘어질 때 많이 무서웠겠다고 말해줄 수도 있다.

"무서웠지? 엄마가 옆에서 붙잡아주지 않아 화도 났을 거야"

고작 모랫바닥에 넘어진 아이를 달래는 것치고는 너무 과하지 않느냐고 반문할 수도 있다. 하지만 이렇게 해야 한다. 그래야 아이의 감정을 더 잘 알아내고 아이가 보내는 신호를 확인해줄 수 있다. 이런 과정에서 아이는 감정을 말로 표현하는 법도 배운다. 이는 특히 감정을 다루는 말을 배우는 시기의 아이에게는 더없이 중요하다. 게다가 아이가 희망적이고 낙천적인 성품을 키우는 데도 이렇게 아이를 달래고, 감정을 인정하고, 감정에 이름표를 달아주는 일이 매우 중요하다.

부모와 아이가 이렇게 소통의 조화를 이루면 또 하나의 중요한 이점이 있다. 아기는 타인에 대한 배려와 공감하는 마음을 배운다. 이런 능력이야말로 아이가 훗날 완전하고 행복한 삶을 살아가는 데 없어서는 안 될 중요한 요소다.

간혹 아기가 지나칠 정도로 감정을 드러내거나 어른의 환심을 사려는 것처럼 보일 때도 있다. 이런 현상은 보살핌과 감정적 관심을 제대로 받지 못한 아기에게서 흔히 나타난다. 아이가 이런 행동을 하면 관심과 배려를 받고 싶은 아이의 욕구를 제대로 충족해주지 않은 것은 아닌지 살펴야 한다. 내가 아는 어떤 꼬마는 축구를 하다가 조금만 시비가 생겨도 심하게 토라지거나 눈물부터 펑펑 쏟곤 했다. 이 아이의 부모가 "다치지도 않았잖아?", "괜찮아."라는 말을 연발하는 사람이었다면 이제 고개가 끄덕여질 것이다. 그렇지 않은가?

생후 18개월 이상

아기가 말을 배우기 시작하면 원색적인 감정 신호를 말로 바꾸어 좀 더 세련되게 표현한다. 말을 통해 좀 더 정교하게 자신의 감정을 정의하고 즐거움과 스트레스를 전한다. 이 시기에 아기가 자신의 생각과 감정을 단도직입적으로 드러내면 부모는 종종 당황한다.

"엄마(아빠) 미워.", "싫어.", "가!"

아기의 이런 말은 부모에게 무정하고 가슴 아프게 들릴 수 있다. 하지만 이런 가시 돋친 말은 단지 스트레스 신호를 말로 표현한 것뿐이다. 그런데도 어른들은 아기가 말 못하던 시기에 보내는 신호보다 이런 거친 말에 더 큰 의미를 부여한다. 말을 아직 못 하는 아기가 앙앙 우는 것과 "엄마(아빠) 미워."라는 말의 의미와 의도는 다르지 않다. '나 지금 화났어. 뭔가가 잘못되고 있단 말이야.' 이런 뜻을 전하려는 시도일 뿐이다. 그러므로 말로 표현하는 아기의 신호도 말하기 전 아기의 신호와 똑같이 다루면 된다. 어떤 감정이든 표현하게 하라. 재미 표현은 최대한 키워주어라. 도움을 청하는 신호를 보내면 적극적으로 원인을 제거해주어라. 말을 갓 배우기 시작한 아기에게는 아기가 하는 말 자체에 감정이 상해서 섣부르게 반응하지 않도록 조심하라. 이 시기에 대해서는 제19장에서 좀 더 자세히 다룬다.

아기의 신호를 잘 관찰하고 적절하게 대응하라는 말이 어렵게 느껴질 수도 있다. 하지만 이 책을 읽으면 능숙하게 신호를 관찰하고 해석할 수 있다. 예를 들어, 주치의가 엑스레이 사진을 라이트 박스 위에 올려놓은 모습을 난생 처음 봤다고 하자. 처음에는 희고 검은 덩어리들밖에 없는 이해할 수 없는 사진으로 보일 것이다. 그때 의사가 여기저기를 가리키며 설명한다.

"여기에 신장 윤곽이 보이네요. 이것들은 혈관인데, 심장과 연결되어 있어요."

그제야 당신은 신체의 내부가 어떻게 이루어져 있는지 알 수 있다. 아기가 보내는 신호도 마찬가지다. 나는 이 책에 실린 사진과 함께 양육과 신호에 대한 이야기가 당신에게 아기의 마음을 들여다보는 엑스레이 사진이 되기를 바란다.

제 5 장
공존 가능성 키워주기
: 신호를 이해하면 아기와 더 잘 지낼 수 있는 이유

제니퍼가 18개월일 무렵 아직 말은 서툴러도 주변 상황을 정확하게 파악하는 것 같았어요. 그때 '이 아이는 나보다 제 아빠를 훨씬 많이 닮았구나.' 하는 생각이 들었어요. 제니퍼는 짓궂은 유머 감각 같은 게 있거든요. 하지만 상황에 직접 뛰어들기보다 가만히 지켜보기를 더 좋아해요. 그 사실을 깨닫는 순간 제니퍼와 저 사이에 일어난 일들이 이해되더군요. 제니퍼는 여자아이니까 당연히 저를 닮을 거라고 은연중에 생각했던 거예요. 저처럼 활발하고 사람을 좋아하는 아이가 될 거라고 말이죠. 저는 주변에 사람이 많은 걸 정말 좋아해요. 천성적으로 사람들과 어울리고 관계를 맺어야 하죠. 그래서 엄마들과 아이들의 온갖 놀이 약속을 잡고 모임을 만들어 제니퍼를 데려가곤 했어요. 또래 아이들과 어울릴 수 있도록요. 아이가 태어났다고 사람도 못 만나고 혼자만 지내기는 정말 싫었어요. 그런데 제니퍼는 어디를 데려가도 좋아하지 않았어요. 싫다며 떼를 쓰고 고집을 부리거나 혼자 잠들기 일쑤였죠. 제니퍼는 다른 아이들과 밖에서 어울려 놀기를 좋아하는 아이가 아니었어요. 그 사실에 저는 속이 상했어요. 그런데 제니퍼가 남편을 닮았다고 생각하니 너는 속이 상하지 않더라고요. 저는 남편을 사랑해요. 그래서 남편과 다른 점이 많아도 함께 지내는 시간이 즐겁죠. 남편과 맞춰가는 법을 터득했으니까요. 제니퍼에 대해서도 똑같이 생각하면 된다는 생각이 들었어요. 성격이 정반대라도 아이보다 어른이 더 수월하긴 해요. 하지만 이제 우리는 좀 더 편해질 거예요. 아이가 떼를 써도 전처럼 화내지 않을 테고, 아이가 주위에 전혀 관심이 없어도 편한 마음으로 지켜볼 수 있겠죠. 제 결정이 옳았으면 해요. 아이를 키우다 보면 상황을 파악하고 결정을 내리기가 무척 어렵거든요. - 매리 베스, 33세

자녀와 초기 관계를 형성할 때 무엇보다 '공존 가능성Compatibility'을 이끌어내야 한다. 그러면 아이는 인정과 사랑을 받고 있다고 느낀다. 이런 느낌이 건강한 자존감의 발판이 된다. 내가 생각하는 공존 가능성은 서로를 향한 편안한 애정과 이해를 의미하는데, 여기에는 세 가지 요소가 밀접하게 관련되어 있다. (1)부모와 자녀 사이의 건강한 애착 관계 형성. (2)부모에게 기대고 싶은 아이 마음과 자율적으로 행동하고 싶은 아이 마음에 대한 부모의 이해. (3)부모와 자녀의 좋은 궁합.

부모는 자녀와 서로 의지하며 도움이 되는 관계를 맺기를 바란다. 또한 아이가 안심하고 바깥세상을 마음껏 탐구하기를 바란다. 이런 관계 속에서 아이는 자율적인 어른으로 성장하고 용감하게 바깥세상으로 나아가 행복을 찾는다. 언제든 부모의 품이 안전한 안식처가 되어줄 것을 알기 때문이다. 건강한 애착 관계

는 아이가 보내는 아홉 가지 신호에 적절하게 반응함으로써 아이의 욕구를 충족해줄 때 맺을 수 있다. 다시 말해, '아홉 가지 감정 신호는 모든 애착 관계와 이론의 바탕이 된다.'

애착 문제는 여러 가지 원인으로 발생한다. 아이를 사랑하고 아이를 위하는 마음에서 그러겠지만, 아이에게 엄격한 규율을 적용하거나 아이는 역경을 겪어야만 뭔가를 배울 수 있다고 믿는 부모는, 정작 자녀를 불안정하고 겁 많은 아이로 키우기 쉽다. 아이는 부모가 안전한 피난처가 되어주지 않는다고 느낀다. 그런 느낌이 커지면 아이는 부모를 쉽게 신뢰하지 못한다. 즉, 아이가 보내는 흥미와 스트레스 신호를 부모가 그냥 지나치고 제대로 반응해주지 않으면 애착 관계가 무너질 수 있다. 좀 더 미묘한 차원에서 보면 가벼운 우울증을 앓는 부모도 자녀와 애착 관계를 형성하기 어렵다. 우울증 때문에 아이의 욕구에 관심을 쏟지 못하기 때문이다. 이유가 뭐든 부모와의 관계가 어긋나면, 아이는 평생 사람을 사귀고 직업을 선택할 때마다 그 영향을 받는다.

애착 형성을 방해하는 요인은 또 있다. 전문가들이 말하는 '적합도'에 문제가 있을 때 발생한다. 적합도란 부모와 자녀의 기질이 어울리는 정도를 말한다. 연구자들은 감정적으로 건강한 부모와 자녀라 해도 행동 방식이나 성격, 기질이 너무 다르면 잘 지내기 어렵다고 말한다. 아이는 친구처럼 당신의 성격이나 기질에 맞춰 고를 수 없다. 수동적인 성향의 부모가 호기심 많은 외향적인 아들이나 딸을 낳았다고 하자. 그 부모는 아이의 활달한 행동이 지나친 공격성이나 흥분에서 비롯됐다고 생각할지도 모른다. 그러면 아이의 외향적인 모습에 화를 내고 키우기 힘든 아이라거나 골칫거리라고 낙인찍는다. 아이 또한 자신이 갈구하는 지지와 인정을 받지 못한다고 느낀다. 이때 아이의 자존감은 발생 단계부터 위기에 처한다.

부모와 자녀 사이에 겉으로 드러난 충돌이 없다 해도 공존 가능성 문제를 겪을 수 있다. 다행스럽게도 이런 문제는 아이의 신호에 적절하게 반응해주면 쉽게 해결된다. 게다가 아이가 당신을 닮지 않았어도 아이의 특징과 장점을 인정해주면 된다.

공존 가능성은 어떻게 나타나는가

부모와 아기 사이에는 계속 밀고 당기는 미묘한 협상 과정이 존재한다. 부모는 아기의 욕구와 욕망을 중요하게 생각하면서도 자신이 좋아하는 것, 허락할 수 있는 것과 없는 것을 아기에게 확실하게 혹은 은연중에 전달한다.

이렇게 계속되는 협상 과정은 일상적으로 일어나지만 매우 중요하다. 이 과정에서 아기는 의견과 생각을 주고받는 패턴을 익히고 나아가 타인을 비롯한 사회와 소통하는 습관을 기른다. 의사소통 방식을 가르치는 과정은 아기가 태어나자마자 시작된다. 이때 부모와 아기 사이에는 독특한 관계가 형성된다. 즉, 아기와 부모는 타고난 특성으로 서로의 반응을 이끌어내면서 부모와 자식이라는 관계를 형성해간다. 서로를 경험하고 알아가는 이 역동적인 과정의 주원료는 사랑이며 여기에 선의가 가미된다. 간혹 한 움큼의 혼란이 섞이기도 한다. 이것이 가족이라는 요리의 조리법이다. 이 요리 맛은 비할 길 없이 근사하다. 하지만 우리는 종종 공존 가능성에서 비롯된 문제가 우리에게 어떤 영향을 미치는지 의식하지 못한다.

내가 아는 셰릴이라는 젊은 엄마는 몹시 활달한 아들을 잘 다루지 못해 고민이었다. 아이가 자라면서 더욱 제멋대로 하려고 들자 엄마의 고민은 그만큼 더 커졌다. 가끔 셰릴은 자기 아들을 데리고 와 우리 아들과 놀게 했다. 그때마다 나는 셰릴이 자기 아들에게 자주 화내는 모습을 보고 놀랐다. 그래서 하루는 셰릴에게 아들과 잘 지내는지 물었다.

"잘 지내다마다요."

말은 그렇게 했지만, 왠지 짜증이 섞인 듯한 목소리였다.

"저는 이 아이 없으면 못 살아요. 우리는 정말 재미있게 잘 지내요."

특별히 애착하는 물건: 아이가 가장 좋아하는 담요나 곰 인형

애착 형성에 문제가 있어 부모에게 기대고 싶은 마음과 제멋대로 하려는 마음 사이를 오가는 아이는 종종 담요나 곰 인형에 강한 애착을 느낀다. 흔히 '과도기 물건'이라고 하는 이런 담요나 곰 인형으로 아이는 복잡한 심리적 욕구를 상당 부분 해결한다. 무엇보다 아이는 이런 물건을 통해 사랑과 위안을 얻는다. 흥분을 가라앉히고, 분노와 긴장을 풀기도 한다. 그러므로 아이가 담요나 인형을 원하는 만큼 가지고 놀게 하라. 마음의 준비가 되면 아이는 자연스럽게 그런 물건을 떠난다. 성급하게 떼어놓으려고 해봐야 도움이 안 된다.

그런데 아이는 자라면서 점점 더 다루기 어려울 정도로 제멋대로였고, 셰릴은 그런 아들에게 화내는 일이 더 많아졌다.

"아이가 좀 버겁지요, 그렇죠?"

내가 슬쩍 떠보았다. 그러자 셰릴이 대답했다.

"솔직히 그래요. 왜 보는 것마다 다 만지려고 하는지 모르겠어요. 순식간에 방을 난장판으로 만들어놓거든요. 아이들과 어울리게 하면 우리 아이가 너무 공격적이 돼요. 항상 중심이 되려고 하거든요. 그래서 다른 아이들이 겁을 먹죠. 엄마들이 걱정하는 게 다 보여요. 우리 아이가 덩치가 커서 힘이 좀 세고 다른 아이들과 놀기를 좋아하는 것뿐인데 말이에요. 학교 들어가기 전에 지금보다 더 얌전해졌으면 좋겠어요!"

성격이 완전히 다른 셰릴 모자는 조금씩 맞춰가는 협상을 진행 중이다. 앞으로 서로 이해하며 각자의 독특한 특징을 인정하고 즐길 날이 올 것이다. 아이의 독특한 성격이 형성되는 시기에, 부모라면 누구나 셰릴과 같은 과정을 겪는다. 특히 아이가 독립심이 강해지고 걸음마를 시작하고 바깥세상과 소통하는 때가 되면 이런 현상은 더 뚜렷이 나타난다.

"우리는 홀리를 어디든 데려가요. 영화관에 가거나, 친구 집에 가거나, 식당에 가거나 상관하지 않아요. 업무가 많지 않은 날에는 사무실에도 데려가죠. 저는 모름지기 아이들은 모험을 좋아하고 융통성이 있어야 한다고 생각해요. 좁은 세상에 가둬두면 아이에게는 아무런 도움도 되지 않아요. 다른 사람들과도 잘 어울리고 다양한 경험도 쌓아야 하니까요."

이제 14개월인 홀리라는 딸을 둔 28세의 엄마 제인이 내게 한 말이다. 하지만 이런 제인도 자신의 양육법이 언제나 효과가 있는 것은 아니라고 고백했다.

"가끔 낯선 사람을 보면 제 치마폭에 매달려서 칭얼거릴 때가 있어요."

그러더니 당황한 기색을 언뜻 비치며 이렇게 덧붙였다.

"저는 이야기도 많이 하고, 산책도 많이 하고, 화장실 연습도 많이 시켰어요. 그런데 왜 아직도 제대로 못 하는지 답답해요."

홀리는 섬세한 아이다. 시끄러운 소리가 나거나 분주한 상황일 때 혹은 이런저런 간섭을 받으면 잘 놀라고 짜증을 낸다. 홀리는 기질상 차분한 분위기에서 한 번에 한 명씩 상대할 때 제일 행복하다. 누군가 책을 읽어주거나 한 친구와 놀 때 가장 행복하다. 홀리는 아침에 일어나면 장난감과 놀거나 혼잣말을 하면서 요람에서 한참이나 혼자 있을 수도 있다. 엄마와는 재미있는 것도, 좋아하는 자극의 수준도 완전히 다르다.

두 엄마 제인과 셰릴은 도전에 직면해 있다. 자녀의 성격이 자신과 너무 다르면 부모는 그런 성격을 잘 키워주고 북돋아 주기 어렵다. 그렇다고 아이가 세상과 마주하는 타고난 방식을 꺾거나 바꾸려고 하지 마라. 괜히 충돌만 생길 뿐이다. 아이는 자신을 보잘것없는 존재로 보고 창피하다고 생각하거나, 혹은 자신의 진정한 자아에 대해 혼란을 느낀다.

부모가 앓고 있는 감정적 문제 때문에 공존 가능성에 문제가 생기기도 한다. 루이즈는 가벼운 우울증이 있어 자신에게 관심이 집중되면 힘들어한다. 그녀에게는 두 살 된 케이티라는 딸이 있는데, 끼로 똘똘 뭉친 아이다. 깜찍하고 활달한 꼬마 아가씨는 세상과의 소통을 매우 즐긴다. 이런 딸 덕분에 루이즈는 본의 아니게 주위로부터 큰 관심을 받게 되었다. 그녀의 고민을 들어보자.

"케이티는 도저히 통제가 안 돼요. 보는 사람마다 아이에게 말을 걸고 싶어 해요. 그런데다 케이티는 보고 싶은 게 너무 많아요. 늘 사방팔방으로 뛰어다니죠. 그래서 가끔은 미칠 것 같아요."

두 모녀의 앞날에 어떤 충돌이 기다리고 있을지 상상이 갈 것이다. 루이즈가 케이티의 장점을 깨닫고, 있는 그대로 받아들여야 한다. 안 그러면 케이티는 자신의 영역을 지키기 위해 엄마와 싸울 수밖에 없다. 그런 상황이 엄마와 딸 모두에게 불행을 가져오리라는 것은 불을 보듯 뻔하다. 이때 루이즈의 우울증 때문에 상황은 더욱 꼬인다. 그녀는 확고한 자기 이미지가 없고 자존감도 낮기 때문이다. 우울증이 있는 부모를 둔 아이는 자라면서 부모를 기쁘게 하려면 대부분 자신이 더 노력해야 한다고 느낀다. 그래서 자신보다 부모의 욕구를 우선한다. 아이는 자신의 심리적 욕구를 채우기 위해 우울한 부모를 기쁘게 하거나 순응하는 법을 빠르게 배운다. 이런 아이는 가정에서 광대 역할을 맡는다. 이런 상황에서 아이가 얼마나 큰 부담을 느끼겠는가! 아이는 부모의 욕구에 맞춰 자신의 성격을 바꾸는 법을 터득한다. 그러면 아이의 타고난 창의력과 자질은 꽃도 피워보지 못하고 사라질지도 모른다.

혹시라도 우울증이나 다른 감정적 문제로 고통받고 있다면 자신과 아이를 위해 도움을 받아라. 우울증을 비롯한 감정적 문제는 그냥 참고 넘어가서는 안 된다. 반드시 적절한 치료를 받아야 한다. 그래야 당신 자신뿐 아니라 아이의 인생도 행복해진다.

공존 가능성을 어떻게 높여야 할까

셰릴과 제인 혹은 루이즈에게서 자신의 모습을 보았다면, 아이와의 공존 가능성을 높일 수 있는 긍정적인 방법이 있다. 배우자의 개성을 이해하고 인정할 때 비로소 사랑이 더 깊고 단단해지는 것처럼, 자녀와의 관계도 아이의 특징을 받아들이고 존중하며 거기서 기쁨을 느낄 때 더욱 풍성해진다.

아이와의 공존 가능성 문제를 해결하려면 우선 당신과 아이의 기질이 서로 다를 수 있다는 점부터 인정하라. 부모와 자녀가 서로 달라도 서로 아끼고, 존중하고, 즐겁게 지낼 수 있다는 점을 잊지 마라. 기질과 활력은 다르지만 차이를 맞춰 갈 수 있다. 그러면 부모와 자식 어느 한 쪽이 틀렸거나 나쁘다는 감정의 악순환을 피할 수 있다. 다음으로 아홉 가지 신호를 잘 이용하라. 아이가 보내는 신호를 잘 이해하는 순간 감정의 선순환이 시작된다.

공존 가능성의 이점

부모와 자녀가 서로 이해하고 맞춰가기 위해서는 훨씬 많은 노력을 기울여야 할지도 모른다. 하지만 서로의 성격을 깊이 이해하고 인정할 때 얻을 수 있는 크나큰 보상에 비하면 그건 아무것도 아니다. 함께 지내기 쉬워지면 자연스럽게 서로의 신경을 거스르는 일도 사라진다. 서로의 감정도 자연스럽게 표현하고 문제가 생기더라도 서로 이해하고 해결책도 쉽게 찾는다. 양육 스트레스도 줄어 부모가 된 진정한 기쁨도 맛본다. 결과적으로 부모와 자녀는 긴장을 조절할 수 있다. 당신은 아이에게 보이는 감정적 반응을 더 잘 조절하고, 아이도 당신을 본보기로 자신의 감정을 조절하는 법을 배운다. 당신과 아이는 친밀한 감정을 공유하고 주변 세상을 탐구하는 즐거움을 맛볼 것이다.

제 6 장
장난기 격려하기

수잔은 생후 10개월 무렵부터 낯선 사람을 무서워했어요. 마트나 백화점에 가면 곧잘 흥분했지요. 사랑스럽고 귀엽기만 하던 아이가 느닷없이 말 안 듣는 골칫덩이가 된 거예요. 도대체 어떻게 해야 할지, 어떻게 아이를 대해야 할지 난감했어요. 정말 힘들었어요. 달라진 아이의 모습에 화가 났죠. 아이가 겁을 낼 이유가 없잖아요! 저는 아이를 어떻게 달래야 할지 알 수가 없었어요. 한동안은 밖에 데리고 나가지 않았어요. 집에서 지내는 시간이 많아지니 그건 그거대로 악몽이었어요. 그러던 어느 날 제 친구가 우리 집에 놀러 왔어요. 친구가 수잔을 데리고 쇼핑을 가자고 하더군요. 어김없이 백화점에 들어가는 순간부터 떼를 쓰고 징징거리기 시작했어요. 저는 언제라도 발길을 돌려 집으로 갈 태세였죠. 그 순간 놀라운 일이 벌어졌어요. 친구가 아이를 백화점 정문에 있는 작은 폭포로 데려가더니, 그 옆에 앉아서 물에 대해서 한창 이야기를 하더라고요. 친구는 물에 손을 넣기도 하고 물을 튀기기도 했죠. 그러더니 일어서서 반대편으로 가 물줄기를 통해 수잔을 바라보았어요. 두 사람은 그렇게 폭포 옆에서 5분 정도 머물렀어요. 친구는 유모차를 백화점 안으로 조금 밀고 들어가더니 옷을 파는 매장 옆에서 멈추더군요. 친구는 수잔의 손을 잡고 옷을 만져보게 했죠. 둘은 옷 색깔에 대해서도 이야기를 나누고 옷걸이도 덜거덕거리게 했어요. 매장 안으로 조금 더 들어가서는 반짝거리는 장신구들을 넣어둔 유리 케이스를 들여다봤어요. 이번에도 두 사람은 뭔가 소곤거리더군요. 친구는 내게 어서 오라고 손짓을 하더니 나도 그 놀이에 끼워줬어요. 잠시 후 수잔은 뭘 또 살펴볼 게 없는지 주변을 두리번거렸어요. 그러더니 다른 옷 매장으로 가자고 해서 이번에는 내가 그곳까지 아이를 데려다 주었죠. 15분 정도 그렇게 놀았어요. 정말 근사했어요. 수잔은 주변에 있는 모든 것을 살피고 만지면서 재미있어했죠. 그걸 계기로 우리는 신이 난 수잔을 데리고 1시간 정도 편하게 쇼핑을 했어요. 나중에 그 일을 이야기하다가 문득 이런 생각이 들더군요. 밖에만 나가면 떼를 쓰는 수잔 때문에 당황해서 문제를 어떻게 풀어야 할지 찬찬히 생각할 여유가 없었다는 것을요. 조금만 재미있게 해주고 함께 놀아주면 되는 건데, 너무 흥분해서 침착하게 생각하지 못했어요. 괜히 내가 애를 데리고 나와서 이렇게 되었다는 생각에 최대한 빨리 그 상황을 벗어나려고만 했던 거예요.

— 캐리, 28세, 첫 아이를 둔 엄마

다양한 상황에서 재미를 느끼는 '장난기playfulness'는 아이의 흥미와 즐거움, 놀라움 신호가 뒤섞여 상호작용을 하는 데서 비롯된다. 장난기가 있으면 아이가 세상과 만나면서 정서적 유연함과 기쁨을 누릴 수 있다. 따라서 장난기는 정서적으로 건강한 아이를 키우는 데 꼭 필요한 요소이며, 끊임없이 자극을 찾는 뇌의 본성과도 잘 어울린다.

아이가 스트레스와 분노 같은 도움을 요청하는 신호를 보내면 장난기를 활용해 대처하라. 일상의 긴장감을 날려버리고 좌절감을 극복하는 데도 쓸모가 있다. 사실 장난을 치는 능력은 삶의 모든 분야에 영향을 미친다. 예를 들어, 직업을 선택해야 한다고 하자. 무엇에 관심이 있고, 어떤 일을 즐기면서 할 수 있는지 아는 사람은 즉, 장난기 넘치는 사람은 진심으로 좋아하는 일을 하고 일상을 의미 있게 보낸다.

부모나 아이를 돌보는 사람 중에는 원래 재미있고 장난기 많은 사람이 있다. 하지만 진지한 성격을 지닌 부모라 해도 아이를 밝게 대하고 아이가 깔깔거리고 웃게 하는 방법을 충분히 배울 수 있다.

장난기 넘치는 관계를 만들려면 아기가 무엇을 좋아하는지 관심 있게 지켜보아라. 아기는 대부분 촉각과 시각, 청각으로 들어오는 자극을 좋아한다. 아기가 까꿍 놀이나 재미있는 표정, 리듬이나 목소리 변화에 어떻게 반응하는지 생각해 보라. 일반적으로 아이는 소곤거림에서 좀 더 큰 소리로, 느린 것에서 좀 더 빠른 것으로 자극이 바뀔 때 흥미와 즐거움을 보인다. 아기에게 노래를 들려준다고 하자. 처음에는 자장가처럼 느리고 부드러운 노래를 불러주다가 끝에 가서는 흥겨운 동요로 바꿔 고개를 흔들거나, 박자에 맞춰 확 다가가면 아기는 깔깔거리고 웃음을 터트린다.

조금 더 자라면 위로 들어 올리거나, 가슴에 꼭 안아주거나, 무릎에 태워 들어 올리는 것처럼 더 과격한 놀이를 좋아한다. 아장아장 걷는 아기는 공놀이, 그네 타기, 세발자전거를 좋아한다.

장난기가 어떻게 화를 가라앉힐까

평소 장난기는 아기의 스트레스를 풀어주는 데 쓸모가 있다. 예를 들어, 아기는 기저귀를 갈거나 옷을 갈아입힐 때 짜증을 내거나 스트레스를 받는다. 부모가 가장 어려워하는 부분이다. 그렇다고 아기에게 스트레스를 주는 요인을 무턱대고 제거할 수도 없다. 기저귀도 갈고 옷도 갈아입혀야 한다. 이런 때에도 무작정 화를 내거나 짜증 부리지 마라. 대신 장난기를 발휘하면 아기의 기분도 금세 바뀐다. 아기의 티셔츠를 머리 위로 뒤집어씌우면서 까꿍 놀이를 해보아라. 기저귀를 가는 동안 수건을 가지고 놀게 해도 좋다. 음악을 틀어놓고 노래를 따라 불러도 좋다. 주위 사물에 대해 이야기해주거나 동화를 들려줘도 좋다. 흥미와 즐거움을 주는 것은 뭐든 분위기를 가볍고 밝게 해준다.

아기를 재울 때도 장난기를 발휘해 스트레스를 완화해주면 훨씬 부드럽게 아기를 재울 수 있다. 다음은 제이의 엄마, 샌디의 경험담을 들어보자.

"제이는 18개월 때 잠을 자지 않으려고 했어요. 자기가 잠든 동안 다른 곳에서 일어날지도 모를 재미있는 일을 놓칠까 봐 걱정했거든요. 그래서 우리는 동물 인형을 가지고 놀이를 하나 만들었어요. 인형을 아이 이불 밑에 넣어두곤 이렇게 말했죠. '어머나, 제이. 무슨 소리가 들린 것 같은데.' 그러고는 왕왕 개 짖는 소리를 냈어요. 그러면 제이는 어리둥절한 표정을 지었죠. 그 모습을 보고 저는 다시 누가 낸 소리일까 하고 물어보는 거예요. '엄마는 네가 좋아하는 인형 새미랑 지미 소리를 들은 것 같은데.' 제가 이렇게 말하죠. 그다음은 어떻게 될까요? 제이는 까악 소리를 지르고 저는 좀 더 왕왕 소리를 내요. 제이도 저를 따라 하죠. 그때부터 우리는 숨어 있는 동물 인형들을 찾기 시작해요. 온 집안을 둘러보다가 마침내 아이가 이불 밑에서 인형을 발견해요. 그러면 그걸 꼭 안고 자기 침대 속으로 파고들죠. 제 생각에는 아이가 숨겨둔 인형을 찾아 재미있게 돌아다니느라, 다른 일은 까맣게 잊고, 오로지 자기 침대와 인형에만 집중할 수 있었던 것 같아요."

아기는 지루하면 금세 스트레스를 느낀다. 아기의 몸 전체는 감각을 흡수하는 기계와 같다. 아기는 주변 환경과 사람들이 주는 자극을 무척 좋아한다. 그래서 일상에서 마주치는 다양한 사물에 매혹된다. 신문, 냄비와 프라이팬, 당신의 머리카락과 발가락, 빛나는 물건 등 온갖 것이 아기의 오감을 자극한다. 그러다가 문득 자극이 줄어들면 금세 초조해하고 짜증을 낸다. 가게의 비좁은 통로에서 유모차에 갇혀 만질 것도 없고, 볼 것도 없다면 아기는 금세 징징거린다. 그럴수록 잠시 여유를 가지고 아기에게 재미있고 흥미진진한 자극을 주어라. 장난감도 좋고 대화도 좋다. 아기가 보고 있는 것을 만져보게 하고, 재미있는 노래도 불러줘라. 그러면 아기는 진정될 것이다.

아기는 당신을 보고 장난기를 배운다

당신이 좌절감에 빠져들 때 즐겁게 반응하려고 노력하면 아기도 장난기로 좌절감을 이겨낼 수 있다는 소중한 교훈을 얻는다. 결국 당신의 기분도 좋아진다. 교통체증으로 차가 오도가도 못 하는 상황이라고 하자. 그런 상황에서도 웃기거나 재미있는 일을 찾아 분위기를 좋게 만들면 아이도 언제 어떻게 장난기를 발휘해야 하는지 배운다. 좌절감이 쌓여가는 상황에서도 이렇게 말할 수 있다.

"이거 정말 골치 아파지겠는걸. 이렇게 옴짝달싹 못 하는 지경이니 노래나 신나게 불러볼까."

당신의 이런 반응은 아이에게 불안한 상황에 대처하는 확실한 본보기가 된다. 장난기로 스트레스를 날리는 능력은 아이가 긴장조절력을 키우는 데도 큰 도움이 된다. 아이를 데리고 병원에 갔는데, 대기실은 이미 만원이다. 가만히 차례를 기다리려니 짜증이 난다. 그러고 있으면 그냥 흘려보낼 시간이지만 달리 생각하면 놀이 시간을 가질 절호의 기회다. 함께 잡지를 읽거나, 숨바꼭질을 하거나, 병원을 둘러보거나, 벽에 걸린 그림을 감상하라. 연필이나 볼펜을 주어 그림을 그리며 놀게 할 수도 있다. 이런 경험을 통해 아이는 스트레스와 지루함을 이겨낼 나름의 방식을 터득한다.

아기는 자신의 신호에 당신이 반응하는 모습을 보며 장난기를 배운다

아기는 자신이 보내는 신호에 부모가 적절하고 재미있게 반응해줄 때 장난기 넘치는 밝은 아이로 자란다. 예를 들어보자. 시끄러운 소리가 들린다. 유모차를 밀고 가는데 지나가던 자동차가 경적을 요란하게 울린 것이다. 아기는 처음에는 놀랐다가 곧 겁을 먹는다. 이때 아기가 보이는 반응은 타고난 예민함과 다음과 같은 복합적인 상황에 따라 달라진다. 첫째, 소리가 나자마자 당신이 아기를 보호하고 달래주는가. 둘째, 잠시 상황을 설명하고 아기의 불안한 마음을 말로 표현하도록 도와주는가. 셋째, 무서운 상황을 재미있는 상황으로 바꿔줄 방법을 찾았는가.

경적 소리를 흉내 내거나, 시끄러운 소리가 날 때 웃기는 표정을 짓거나, 그 자리를 재빨리 피하면서 시끄러운 차에 잘 가라고 손을 흔들 수도 있다. 이렇게 다양한 몸짓을 함께 보여주면 아이는 놀란 마음을 진정시키고 위협을 느끼는 상황을 극복하는 감각도 기른다. 그런 경험이 쌓이면 놀라움과 두려움을 주는 상황을 재미있는 상황으로 바꾸는 방법을 혼자서도 찾는다.

다음에라도 아기가 큰 개에 겁을 먹는다면 얼른 데리고 와서 공감하고 달래주어라. 그런 다음 재미있고 마음을 가볍게 할 수 있는 것으로 아기의 관심을 돌려라. 개에 관한 노래를 부르거나, 팔에 안고 거리를 빨리 달리거나, 창문에 비친 아이 모습을 보여줘도 좋다.

놀란 상황 외에도 아기에게 장난기를 가르칠 기회는 많다. 아기가 다른 감정 신호를 보낼 때도 부모는 장난기를 심어주고 긴장조절력을 키워줄 수 있다. 아기는 부모가 자신의 신호에 주의 깊게 반응하지 않는다고 느끼면 신호를 더 강하게 보낸다. 그러면서 아기는 불안해하고 의기소침해진다. 관심과 즐거움을 드러내는 신호도 적절한 관심을 받지 못하면 통제력을 잃는다.

장난기가 고의적인 것처럼 보일 때

부모의 눈에는 아이의 장난기가 즐거움과 흥미의 표현이 아니라 버릇없거나 부모의 권위를 부정하는 태도로 비칠 때가 있다. 18개월 된 아기가 찬장에서 통조림을 꺼낸다고 하자. 당신이 보기에는 좋은 놀이가 아니다. 하지만 아이에게는 너무나 재미있다. 아이는 흥미로운 물건을 마음껏 탐험하는 중이다. 통조림이 마룻바닥을 요란하게 굴러가면 아이는 신이 난다. 온몸의 감각이 이 놀이에 빠져 있다. 당신이 이 재미있는 놀이를 느닷없이 못 하게 하면 아이는 여지없이 울음을 터트린다. 아이는 다시 통조림을 꺼내러 부엌으로 간다. 노골적인 반항이다. 그러나 잠시 숨을 돌리고 아이의 행동을 잘 관찰하라. 그러면 아이가 통조림을 되는 대로 던지는 게 아니라는 것을 알 수 있다. 아이는 새로운 보물을 캐는 중이다. 물건을 집어 들고 던지는 기술을 연마하는 중이다. 위와 아래라는 개념과 부딪히면 큰 소리가 나는 역학관계를 익히는 중이다. 그러면서 당신의 반응을 유도한다. 아이는 순간 당신에게 묻고 있다.

"이 놀이는 정말 그만해야 해요?", "그렇게 걱정이 돼요?", "나한테 소리 지르거나 화를 낼 거예요?"

이제부터 두 번째 놀이가 시작된다. 아이는 이 신 나고 재미있는 놀이에 당신이 참여하도록 이끈다. 그러니 아이를 말리기 전에 자신에게 이렇게 물어보라.

'우리 아들이 꼭 저 놀이를 관둬야 할까?'

만약 그래야 한다면 다른 해결책을 찾아라.

'저 놀이만큼 재미있고 동일한 자극을 주는 놀이는 뭘까?'

제 7 장
"나는 엄마, 아빠처럼 되고 싶어요!"
: 아이는 어떻게, 왜 부모를 닮는가

아들은 저와 함께 '면도하기'를 좋아했어요. 두 볼에 거품을 잔뜩 발라주고 날이 없는 면도기를 주면 면도하는 시늉을 했죠. 하지만 출근 준비에 바쁜 날은 아빠를 따라 하고 싶은 아이의 이런 마음이 얼마나 중요한지, 그것이 얼마나 큰 칭찬인지 잊기가 쉬웠죠. 하지만 시간이 지날수록 이 점을 잊지 않고 아이의 행동을 지지해주려고 노력했어요. 부모라면 누구나 이런 경험을 했을 거라고 생각해요. 저와의 약속을 지키기 위해 저는 부모가 모범을 보이는 것이 아이에게 얼마나 중요한지, 아이와 단단한 관계를 맺고 훈육하는 데 얼마나 큰 도움이 되는지 잊지 않으려고 했어요. 이런 노력 덕분에 나를 흉내 내는 아들의 행동을 이해할 수 있었고, 저를 닮고 싶어 하고, 제게 사랑받고 싶어 하는 아이 마음에도 상처를 주지 않을 수 있었어요. - 폴 C. 홀링어

아이가 부모를 닮고 싶어 하는 마음은 앞으로 형성될 아이의 성격에 가장 큰 영향력을 행사한다. 사실 아이가 부모를 따라 하려는 의식적이고 무의식적인 충동이

야말로 가장 강력하지만 가장 쉽게 간과하는 행동 동기 중 하나다. 부모를 닮으려는 이 타고난 충동이 정서가 건강한 아이로 키우는 데 큰 도움이 된다.

부모를 따라 하고, 닮고 싶어 하는 아기의 행동에는 무엇이 숨어 있을까? 그 대답은 많은 연구와 더불어 복합적인 측면이 있는 영아 발달 과정에서 찾을 수 있다. 찰스 다윈(1809-1882)은 인간과 동물 모두에게서 관찰되는 흉내 내기의 장점에 강한 호기심을 보였다. 한편, 지그문트 프로이트(1856-1939)는 이러한 현상을 심리학적 측면에서 더 깊이 연구했다. 최근에 학자들은 아기가 자신의 인생에서 중요한 사람들과 자신을 동일시하며 닮으려고 하는 경향을 연구하고 있다. 이런 연구 결과를 살펴보면 아주 어린 시기에 아이가 느끼는 행복과 소속감은 '나는 엄마, 아빠와 닮았어.', '우리 엄마, 아빠는 나와 비슷해.'라는 생각에서 비롯된다. 부모도 자녀가 '닮았다'는 감정을 느낀다. 이렇게 서로 닮았다는 마음이 있기에 아이는 유대감을 느끼고 부모를 자신의 이상으로 삼는다. 이것은 복잡한 역학관계다. '동일시', '모방', '흉내 내기'와 같은 단어나 '닮았다'와 같은 표현을 골라 쓰는 일은 사실 간단하지 않다. 아동심리학에서는 용어마다 저마다의 의미가 있기 때문이다. 하지만 이 책에서는 이 표현들을 번갈아 사용하며 그 의미도 일상적인 대화에서 사용하는 범주에만 머물 것이다.

아이는 부모를 어떻게 보고 있을까

아기는 부모가 가지고 있는 물건이나 하는 일에 무척이나 관심이 많다. 면도 크림으로 장난을 치고 싶어 하고 칫솔로 이도 닦아보려고 한다. 부모는 아이의 이런 성향을 이용해 많은 것을 가르칠 수 있다. 손을 깨끗하게 씻거나 자기 전에 이를 닦도록 가르치고 싶다면 어떻게 해야 할까? 먼저 모범을 보이면 된다.

"잘 봐. 엄마는 이제 이를 닦을 거야. 윗니도 닦고, 아랫니도 닦는다. 이거 가지고 놀고 싶어? 좋아. 그럼 한번 해봐."

아이의 손톱을 깎아야 하는데, 아이는 기필코 깎지 않겠다고 버티는가? 그렇다면 먼저 당신이 손톱을 깎는 모습을 보여라.

"잘 봐. 이렇게 하나를 깎는 거야. 그리고 다음 손톱을 깎고. 너도 해보고 싶어? 좋아, 여기 있어. 내가 잘 잡아 줄 테니까 같이 손톱을 깎아보자. 아주 잘했어."

흉내 내기는 아이의 머리를 자를 때도 분위기를 부드럽게 하는 효과가 있다. 아이들은 대개 머리 자르기를 싫어한다. 분위기는 낯설고, 머리와 눈을 향해 뭔가가 획획 지나다니지 않는가. 가위는 또 어떤가. "조심해! 손 다쳐!"라는 요란한 경고음을 늘 달고 다니는 물건이 아닌가! 이럴 때는 어떻게 해야 할까? 일단 당신이 먼저 머리를 살짝 자르는 모습을 보여라. 그러면 아이는 의자나 당신의 다리 위에 앉아 자신도 머리를 자르겠다며 성화를 부릴 것이다.

아이는 당신을 따라 하고 싶은 마음을 통해 다양한 과제를 해결하는 법을 익힌다. 아이는 모방과 동일시를 통해 훨씬 복잡하고 섬세한 정보를 얻는다. 아이의 성격은 주로 당신의 가치관과 감정 표현, 태도를 모방하려는 특성에 의해 형성된다. 아이는 십중팔구 당신의 습관을 보며 긴장조절력과 장난기, 학습, 인간관계, 정서 표현법을 익힌다. 그러므로 아이뿐 아니라 타인을 대할 때도 사려 깊고 정직한 모습을 보여야 한다. 그래야 아이도 남을 배려하는 정직한 사람으로 자란다. 거짓말을 하지 말라거나 착한 아이가 되라고 말만 하지 마라. 당신부터 거짓말하지 않고 착하게 행동해야 효과가 있다. 아이를 키우다 보면 '말보다 실천'이라는 금언이 얼마나 맞는 말인지 새삼 실감할 것이다. 어떤 아빠에게 이런 말을 들은 적이 있다.

"정신없을 때 아이가 옆에 있으면 저의 나쁜 습관이 툭 튀어나오지는 않을까, 조심하게 되었어요."

다음은 당신을 따라 하려는 아이에게 보여주면 좋은 모습들이다.

긴장조절력

당신이 감정 조절을 잘하면 아이도 그 모습을 닮기 쉽다. 좌절감을 느끼더라도 화부터 내지 않으면 아이도 그렇게 할 것이다. 반대로 버럭 화를 내거나 소리치고, 늘 조급해하고 짜증 내거나, 역겨운 감정을 수시로 보이면 아이도 스트레스 상황에서는 으레 그렇게 하는 것으로 여길 것이다. 당신이 긴장을 제대로 조절하지 못하면 집에서 최소 두 사람 즉, 당신과 아이는 긴장 상황을 해결하거나 예민해진 신경을 달래는 법을 배우지 못한다. 그러다 보면 싸움이 잦아지고 나쁜 감정이 쌓여 결국 서로 포기하게 된다. 이런 상황은 타고난 아홉 가지 감정 신호를 이해하고 이성적으로 대처하는 것이 얼마나 중요한지 돌아보게 한다.

장난기

앞서 보았듯이, 교통 체증과 같은 스트레스 상황을 비롯해 온갖 상황에서 흥미와 즐거움을 찾을 줄 아는 당신을 보며 아이는 긴장을 조절하는 다양한 방법을 배운다. 그러면 아이의 세상은 더욱 흥미롭고 살 만한 곳으로 바뀔 것이다.

탐구욕

당신이 호기심 가득하고, 독서를 좋아하고, 다양한 강좌를 듣고, 물건 만드는 법을 배우고, 사상과 시사를 논할 수 있다면, 아이는 평생 즐거움과 보상감을 주는 공부의 즐거움을 깨달을 것이다. 아이와 함께 텔레비전을 볼 때도 사전이나 백과사전 혹은 컴퓨터를 옆에 놓고 모르는 단어나 역사적 인물 등을 찾아보아라. 또는 특정 주제에 대해 더 많은 정보를 검색해보는 것도 좋다. 그런 과정을 놀이로 바꾸면 어떨까? 여행할 때도 아이에게 지도로 목적지를 보여주고 주변 지리를 설명해주어라. 현재 있는 곳이나 경관에 대해 질문하도록 호기심과 용기를 북돋아 주어라.

애정 표현과 좋은 친구 되는 법

친밀한 인간관계를 맺고 만족을 얻는 능력은 부모가 아이를 대하는 태도, 부부 사이의 태도, 부모가 친구를 대하는 태도로도 가르칠 수 있다. 당신이 애정을 표현하고, 타인의 감정을 공감하고, 동정한다면 아이도 당신의 따뜻한 마음에서 선함을 배우고 타인과 친밀한 관계를 맺는 법도 깨우칠 것이다.

행동과 감정을 말로 표현하기

감정과 행동을 말로 표현하면 아기의 정서와 인지 발달에 큰 도움이 된다. 아주 어릴 때부터 당신의 감정과 생각은 물론 아기가 보내는 신호와 감정도 말로 풀어주면, 아기는 일찍부터 감정을 조절하는 법과 언어라는 메타포를 통해 강렬한 감정을 표현하는 법을 익힌다. 적극적으로 감정을 말로 들려주어라. 행동이 아닌 말로 감정을 표현해주면 아이도 쉽게 이 기술을 보고 배운다. 아이를 상대하다가 화가 나더라도 덮어놓고 물건을 던지거나 소리 지르지 마라. 당신의 생각과 감정을 적당한 말로 아이에게 전하면 아이도 똑같이 보고 행동할 것이다.

결정 내릴 때 아이에게 의견 묻기

평소 결정을 내려야 할 때 아이에게도 의견을 물어라. 그러면 아이는 자신이 생각하고, 원하고, 믿는 것을 구체적으로 파악하고 표현하는 능력에 자신감을 얻는다. 걸음마를 막 시작한 아기에게도 의견을 물어라. 저녁은 외식할까? 집에서 만들어 먹을까? 점심은 땅콩버터 샌드위치로 할까? 아니면 참치 샌드위치로 할까? 분홍 양말이 좋아? 파란 양말이 좋아? 언뜻 보면 소소한 것까지 아이에게 물어 결정을 지연하는 것처럼 보인다. 하지만 장기적으로 보면 아이는 의사 결정 과정을 익히고 옳고 그름을 판단하는 습관을 기른다. 게다가 아이는 당신이 자신의 의견과 판단을 존중하고 신뢰한다는 믿음도 얻는다.

예절 바른 생활

바른 예절은 아이이게 무척 중요하다. 예절 바른 아이는 타인에게 인정받기 쉽고 친구도 수월하게 사귄다. 게다가 아이는 예절을 통해 경계를 배우고 타인의 감정과 욕구도 중요하다는 사실을 배운다. 아이는 말을 배우기 전이라도 사람들이 서로 배려하고 존중할 때 전해지는 뉘앙스를 감지한다. 당신에게는 아이를 말과 언어의 세상으로 자연스럽게 이끌 기회가 있다. 그런데 자신은 하지도 않으면서 아이에게만 "해주세요, 해야지.", "고맙습니다, 해야지.", "미안합니다, 해야지.", "다른 사람이 나올 때까지 문 잡고 있어야지."라고 훈계조로 말하는 부모들이 얼마나 많은가? 아이에게 올바른 예절을 가르치고 싶다면 직접 보여줘라. 아이에게 말할 때도 예의를 갖춰서 말하라. "바닥에 떨어진 사과 좀 주워줄래?", "문 좀 닫아주면 고맙겠다."라고 말이다. 그러면 아이는 예의바르게 자란다.

아이는 실수를 인정하고 사과하는 법도 당신을 보고 배운다. 그러니 실수하더라도 변명을 늘어놓아서는 안 된다. "미안해. 나 때문에 의자에 네 손가락이 끼었구나.", "엄마(아빠)가 네 장난감 자동차를 떨어뜨려서 헤드라이트가 깨졌어. 미안해. 고쳐줄까?" 이런 말을 듣고 자란 아이가 실수하더라도 현명하게 대처하는 법을 익힌다.

유머를 활용해 예절을 가르치는 것도 좋은 방법이다. 아직 말을 못 하는 아이에게 "해주세요."라는 표현을 가르치고 싶다면 "해해해~ 주세요."라고 말하며 우스꽝스럽고 재미있는 표정을 짓거나 소리를 내보아라. 장난기로 아이의 관심을 끌며, 아이에게 뭔가를 가르치는 좋은 예다.

의사 결정 과정 가르치기

따라 하기는 아이가 올바른 의사 결정 과정을 익히는 데도 도움이 된다. 그 과정에서 아이는 자신의 감정을 구체적으로 파악하고, 가장 적절한 반응을 선택한다. 예절과 긴장조절력, 장난기 등은 복잡한 상호관계와 내적 감정을 처리할 때 올바른 결정을 내리는 능력을 보여주는 좋은 예다.

아이는 부모와 주변 사람들을 관찰하면서 의사 결정 과정을 익힌다. 아이에게 규칙을 알려주면서 "내가 이렇게 하라고 했으니까, 그렇게 하면 돼."라고 말하면, 아이는 독단적인 태도를 배운다. 어느 날 아기에게 "너 왜 이렇게 했니?"라고 물으면 아이는 당신을 빤히 바라보며 "이렇게 하고 싶으니까."라고 대답할 것이다.

이때 아이는 자신이 올바르게 대답했다고 생각한다. 아이를 권위적인 태도로 대하면 아이는 고집불통으로 대응한다. 그래서 아이에게 뭔가를 시킬 때는 잘 알아 듣도록 차근차근 설명해줘야 한다. 무조건 이래라, 저래라 하지 말고 차분하고 애정 어린 목소리로 이유를 잘 설명해줘라. 말 못하는 아기에게도 마찬가지다. "네가 이렇게 안 하면 좋겠구나. 왜냐하면 나는 너를 사랑하니까. 네가 다치면 엄마는 마음이 아플 거야.", "이건 네가 가져가면 안 돼. 이건 아빠가 아끼는 거니까 네가 가져가서 망가뜨리면 아빠가 무척 슬플 거야." 이렇게 이유를 설명하고 당신의 생각과 감정을 말해줘야 한다. 상황을 느닷없이 끝내고 서둘러 다음 단계로 넘어가려고 하지 마라. 차근차근 이야기를 나누어라. 아이와 생각을 공유하고 결정을 위해 이야기를 나누는 건, 시간 낭비라고 생각한다면 아이에게 금세 들킬 것이다. 하지만 당신이 어떤 행동을 하는 이유나 생각을 들려주면 아이는 당신이 충분히 생각한 결과라는 사실을 이해하고 자신도 충분히 생각하는 법을 익힐 것이다.

누구나 하는 오해

부모를 따라 행동하는 아이의 마음을 쉽게 오해할 때가 있다. 그런 오해가 평생 아이를 따라다닌다면 그만큼 억울한 일도 없을 것이다. 부모들에게 자신의 부모와 처음으로 충돌을 일으킨 때를 떠올려보라면 대부분 단지 부모를 따라 했을 뿐인데 못된 짓을 한다고 오해받았을 때라고 말한다. 어처구니없게도 어린 시절 그렇게 오해받았던 부모가 자기 아이가 순수하게 따라 한 행동을 똑같이 '못된 짓'이라고 오해하는 덫에 빠진다. 내가 아는 어떤 아이는 잠자기 전에 꼭 자명종에 달린 단추를 가지고 놀았다. 그럴 때마다 아빠는 버럭 화를 냈다. 그러던 중 엄마는 아빠가 잠자리에 들기 전에 알람을 맞추는 모습을 아이가 흉내 낸 것뿐이라는 사실을 깨달았다. 현명한 해결책으로 부부는 못 쓰는 자명종을 아이의 침실에 두고, 자기 전에 직접 시간을 '맞추도록' 했다.

어떤 아빠는 두 살 난 아들이 자신의 작업복을 뒤지더니 지갑과 열쇠, 동전을 꺼내는 모습을 보고 아들이 도둑질을 배웠다고 생각했다. 아빠는 너무 놀라 아들을 혼내주려고 마음먹었다. 그런데 친구가 말하길 아이가 단순히 아빠를 따라 한 것일지도 모른다고 했다.

"자네 같은 어른이 되고 싶어서 그러는 거야. 자기도 주머니에 지갑이며 잔돈이며 열쇠를 넣고 출근을 하려는 거라고."

이 말을 듣고 아빠는 앞부분에 주머니가 달린 옷을 아이에게 사 주었다. 그리고 작은 지갑에 지폐 몇 장과 동전과 못 쓰는 열쇠도 넣어주었다. 아이가 옷을 입자 아빠도 바지를 입었다. 부자는 열쇠와 돈을 주머니에 챙겨 넣었다. 아빠처럼 옷을 입고 지갑을 주머니에 넣으며 아이는 매우 기뻐했다. 소위 '도둑질'이 아빠를 흉내 내려는 장난이라는 것을 아빠가 알아주었기 때문이다. 아빠는 자신을 닮고 싶어 하는 아들의 마음을 이해했다. 한술 더 떠 그 상황을 이용해 아이에게 올바른 예절과 행동을 가르치기까지 했다. 아들에게 다른 사람의 돈이나 물건을 함부로 가져가면 안 된다고 가르쳤다.

"먼저 가져가도 되는지 물어보고, 그런 다음에 왜 가져가고 싶은지 제대로 말해줘야 한단다."

문제가 될 수 있는 상황: 아이가 어른의 '잘못된 행동'을 따라 할 때

아기는 본받거나 본받지 말아야 할 행동을 아직 구별하지 못한다. 그러므로 아기가 본받을 가능성이 있는 부정적인 특질이 있다면 조심하는 것이 좋다. 당신 또한 그런 특질의 상당 부분을 부모로부터 물려받았을 가능성이 크다. 흥미, 즐거움, 놀라움, 스트레스, 분노, 두려움, 수치심, 역겨움, 악취 혐오 등의 아홉 가지 신호를 당신은 어떤 식으로 표현하는지 목록을 작성해보자. 그런 후 차분하게 자신의 행동을 되짚어보고, 습관이나 성격 중에 바꾸거나, 개선하거나, 고치고 싶은 것은 없는지 생각해보자. 아이의 태도와 감정, 행동에 미치는 당신의 힘은 어마어마하다. 그러므로 아이가 본받았으면 하는 모습을 보여주고 있는지 점검해봐야 한다.

엄마들은 첫 아이를 낳은 후 종종 아이의 행동에서 자신의 모습을 보는 듯한 묘한 기분이 들 때가 있다. 나는 언젠가 친구에게 아이가 부모를 닮고, 따라 하고 싶은 마음이 얼마나 큰지 아느냐고 물었다. 그 친구는 대뜸 이렇게 대답했다.

"정말 그래. 클로이를 낳아보니 알겠어. 내가 부모님을 얼마나 많이 닮았는지. 아주 많이 닮았어. 그냥 이런 부분이 닮았나 보다 하고 대수롭지 않게 생각했거든.

별로 닮고 싶지 않은 부분도 있지. 나도 엄마처럼 사소한 일로 속을 끓이고 아빠처럼 성질을 버럭 내. 그런 점은 부모님을 닮지 않았더라면 좋았으련만. 그러면 클로이가 내게서 그런 나쁜 성격을 물려받을 일도 없을 텐데 말이야."

다행스럽게도 인간은 변하고 성장할 수 있다. 한 해에 퇴장당한 시간이 200분이나 되었지만 결국 명예의 전당에 오른 하키 선수가 있다. 그는 한때 못 말리는 싸움꾼이었다. 그런데 결혼을 하고 딸을 낳았다. 그 딸이 세 살이 되자 텔레비전에서 아빠의 경기를 보기 시작했다. 그때까지도 그는 빙판 위의 비신사적인 행동에 대해 조금도 가책을 느끼지 않았다. 그런데 하루는 딸이 물었다.

"아빠, 왜 그렇게 많이 싸워요?"

그는 자신이 빙판 위에서 걸핏하면 선수들을 두들겨 패고 주먹다짐을 하는 모습을 딸이 죽 보고 있었다는 사실에 공포감마저 느꼈다. 그 길로 경기에 임하는 태도를 바꿨다. 빙판 위에서는 이전보다 더 자제했다. 그런 노력으로 결국 스포츠맨십과 리더십을 인정받아 상도 여러 차례 받았다. 악동이라는 이미지도 탈피했다. 그는 어린 딸 덕분에 두 가지 중요한 교훈을 얻었다. 부모가 되는 것과 명예로운 하키 선수가 되는 것 말이다.

자식에게 물려주고 싶지 않은 모습을 고치고 싶은가. 그렇다면 지금껏 외면해 온 모습부터 똑똑히 파악하라. 감추어진 감정과 무의식적으로 했던 행동이 좀 더 확실하고 분명하게 드러날 것이다. 아기는 당신의 가치관과 감정, 심지어 의식하지 못했던 육체적인 행동까지도 물려받을 수 있다. 예를 들어, 자신은 마음이 열린 사람이라고 말하지만 실은 속이 좁거나 편견이 심한 부모는 자녀도 그만큼 편협한 경우가 많다. 아이들에게 인권에 대해 입에 발린 말을 해줄 수는 있다. 하지만 아이들은 부모의 몸짓과 표정, 단어 선택에서 '그럼에도 불구하고 열등한 인간이 있다'는 메시지를 감지한다. 아이는 부모와 똑같은 편견에 사로잡힌 가치관을 습득할 수 있다. 너무 어려 그것이 무슨 뜻인지는 정확히 모를지라도 말이다. 내가 신혼 때, 겉으로는 상냥하고 예의 바르지만, 실은 사람에 대한 온갖 편견을 가진 이웃이 있었다. 부담 없이 대화를 나누다가도 그 이웃은 이런 말을 하곤 했다.

"그런 인종이 어떤지 알잖아요.", "그건 그 인종만큼이나 추잡한 짓이죠."

세 살인 그의 아들 입에서 똑같은 말이 나왔을 때, 우리가 얼마나 경악했을지 상상해보라.

어린아이의 마음에 자리 잡은 편견을 없애려는 매우 흥미롭고 성공적인 시도가 있었다. 전직 교사인 비비안 거신 팰리Vivian Gussin Paley가 쓴 《따돌림 없는 교실 You Can't Say You Can't Play》을 보면 어떤 초등학교 선생님의 좌충우돌 교육기가 나온다. 그 선생님은 자기 반에서는 누구도 다른 학생을 그룹 활동에서 뺄 수 없다는 규칙을 세워 지키게 했다. 인종이나 외모 혹은 특정 행동으로 따돌림을 받았던 아이들까지도 모든 활동에 빠지지 않고 참여해야 했다. 처음에 아이들은 규칙에 불만을 터트렸다. 그러다가 누구를 집어넣고, 빼고, 거부하는 문제와 공정함의 문제를 놓고 고민하기 시작했다. 시간이 흐르면서 아이들은 모두가 함께 즐겁게 지낼 수 있다는 사실을 깨달았다. 다른 아이에게도 배울 점이 있다는 사실을 배운 것이다. 그 반 아이들은 이전보다 훨씬 더 친해졌고 패가 나뉘는 일도 부쩍 줄었다.

따라 하기: 너무 많이 하면 안 되는 또 다른 이유

맞거나 학대받는 아이는 분노, 스트레스, 공포와 같은 부정적인 감정을 더 많이 느낀다. 이런 상황은 건강하고 정상적인 발달을 방해한다. 게다가 학대받는 아이는 상처 주는 행동을 그대로 답습해 결국 학대하는 사람이 된다. 이런 아이는 문제를 해결하거나 원하는 것을 얻기 위해 폭력을 사용하는 것을 정상적이고 당연한 일로 여긴다. 나아가 타인뿐 아니라 자신을 괴롭히기도 한다. 학대받는 아이는 종종 때리고 싶은 충동을 자신에게 돌려 다양한 방식으로 자신을 파괴하거나 그런 관계를 맺는다.

아이는 당신을 닮고 싶어 하지만, 아이는 당신이 아니다!

아이가 부모를 닮고 싶어 하는 마음이 얼마나 큰지를 알면 양육하는 데 큰 도움이 된다. 하지만 아이가 자신과 다르다는 사실 또한 명심해야 한다. 아이는 단순히 어른과 입맛이나 걸음걸이만 다른 것이 아니라 연령에 따른 정신적 능력도 크게 다르다. 아이는 어른과는 달리 무엇이 안전하고 안전하지 않은지, 무엇을 가지고 놀 수 있고 없는지 판단하고 기억하는 능력이 떨어진다. 아이들은 충동 조절력과 인지력이 완전히 발달하지 못했다. 그래서 전선이나 냉장고에 든 음식물을 가지고 놀아서는 안 되는 이유를 이해하지 못한다. 아이가 이렇게 호기심을 갖고 주변을 탐구하는 행동은, 발달 단계에서 흔히 볼 수 있는 지극히 정상적이고 자연스러운 행동이다. 그런데 이런 사실을 모르는 부모는 아이의 행동에 당황하고 화를 낸다. 이럴 때는 무턱대고 야단치지 말고 전선이나 냉장고의 음식만큼 호기심과 자극을 주는 대체물을 주는 것이 좋다.

아이가 자랄수록

아이가 부모를 닮고 싶어 하는 마음은 아동기가 끝나도 계속된다. 그러므로 그 마음을 잘 활용하면 아이가 청소년기를 지나 어른으로 성장하는 데 큰 도움이 된다. 십 대 아이에게 절제와 책임감 있는 행동, 타인의 건강을 배려하는 마음, 타인의 생각과 타인에 대한 관심, 이 모두를 가장 잘 가르치고 싶다면, 말보다 직접 행동으로 보여줘라. 특히 어릴 때부터 좋은 본보기를 통해 뭔가를 배우는 데 익숙한 아이라면 더욱 잘 받아들일 것이다. 물론 아이가 부모를 따라 현명하게 행동하거나 충동을 억제하는 법을 쉽게 배운다는 말은 아니다. 십 대의 행동은 대부분 자립하려는 욕망과 부모와 가까워지려는 욕망 사이를 방황한 결과물이기 때문이다. 당신은 아이에게 가장 소중한 역할 모델이다. 그러므로 이 점을 잘 활용하면 아이와 당신 모두 큰 도움을 받을 수 있다.

내 친구는 십 대 아들과 늘 말다툼을 했다. 아들이 묻지도 않고 아버지의 모자며 타이며 재킷과 코트를 입었기 때문이다. 나는 친구에게 아들이 단지 아버지와 가까워지고 싶어서, 아버지와 비슷해지고 싶어서 그런 행동을 하는 건지도 모른다고 말해주었다. 그제야 친구는 아들이 자신의 옷장을 헤집어놓는 일에도 긍정적인 면이 있음을 알고, 아들의 행동에 짜증은 났지만 나쁜 뜻으로 한 행동이 아니라는 사실을 깨달았다. 친구는 아들에게 옷을 가져가기 전에 먼저 물어보게 하는 습관을 들이는 데 다소 고생은 했지만, 싸움은 훨씬 줄었다. 얼마 후 부자는 쇼핑도 하고 운동도 하며 함께 보내는 시간이 훨씬 늘었다고 한다. 요즘은 친구가 이렇게 말한다.

"지금 나이의 아들과 이렇게 가까워질 줄은 몰랐어. 녀석이 스물다섯 살이 될 때까지는 철천지원수로만 살아야 한다고 생각했거든. 내가 잠시 물러나 아들이 내 옷장을 습격하는 이유를 곰곰이 생각했다는 사실이 그렇게 기쁠 수가 없군. 하하!"

십 대는 부모 옷을 몰래 입고, 어른처럼 화장을 한다. 심지어 술을 마시고 섹스를 하는 등 어른 흉내를 낸다. 그것은 좋든 나쁘든 부모를 닮고 싶어 하는 마음 때문이다. 아이들은 사춘기라는 큰 변화의 시기에 멘토가 되어줄 어른을 찾고, 자신의 정체성을 좀 더 확실하게 보여줄 영웅을 이상화한다. 이런 노력이 동일시와 모방이라는 복잡한 형태로 드러나는 것이다. 그러므로 아이와 다툼이 일어날 것 같으면 깊게 숨을 몰아쉬고 이렇게 생각하라.

'이 상황을 아이에게 의사 결정 과정과 사과하는 법과 겸손을 가르치는 기회로 삼자.'

모방과 동일시를, 배우는 하나의 과정이라고 생각하면 아이를 키우며 범하는 실수를 훨씬 줄일 수 있다.

제 **8** 장
아기의 자존감 키우기

어린아이의 자존감은 알아보기 어려워요. 하지만 제 아들이 열다섯이 된 지금은 아들과 아들 친구들을 보면서 자기 자신을 얼마나 믿느냐와 직접적인 관련이 있는 자존감의 차이가 보이더군요. 나는 아들의 몸짓에서 그걸 읽어요. 내 아들은 키가 크고 이야기할 때면 상대방의 눈을 응시하죠. 어른들과도 자연스럽게 잘 어울리고요. 하지만 아들의 한 친구를 보면 두려지가 떠올라요. 그 아이는 착하고 똑똑해요. 그런데 늘 몸을 웅크리고 옷차림도 단정하지 못한 데다, 나와 아내가 말을 걸어도 통 입을 열지 않아요. 당신이 봐도 측은하다는 생각이 들 거예요. 이 험한 세상을 어떻게 헤쳐나갈까 싶기도 할 거고요. 기가 딱 죽은 아이구나 싶겠죠. 나는 아들에게 그 친구에 대해 물었어요. 아들은 그 아이의 부모님이 아이에게 시간을 내주지도, 창의성이나 관심을 보이지도 않는다고 하더군요. 그 말을 듣고 잘 이해가 되지 않았어요. 왜냐하면 나도 그 부모를 잘 아는데, 무척 좋은 사람들이거든요. 능력도 있고요. 아이가 그렇게 주눅 들기까지는 분명 부모와 그 아이 사이에 오랫동안 미묘하게 작용한 행동과 태도가 있었을 거예요. 하지만 나는 그 부모가 자신들이 한 일에 대해선 아무것도 모를 거라고 생각해요. 일부러 그러지는 않았을 테니까요. 그러고 보면 아이를 키운다는 건 정말 어려운 일이에요. 아무리 좋은 뜻이라 해도 어떤 결과를 낳을지 알 수 없으니까 말이에요. - 데이브, 43세

갓 태어난 아기에게도 나름의 신경학적 능력과 이에 따르는 기질과 재능이 있다. 하지만 아기는 아직 자신이 누구이며 세상 어느 위치에 있는지 확실한 개념이 없다. 자아를 갖추고 자기 위치를 깨달으려면 시간과 다양한 경험이 쌓여야 한다. 아기는 자신이 보내는 신호를 누군가 알아차리고 적절하게 반응해주면, 그래서 문제가 해소되고 즐거움이 강화되면, 자신의 감정과 그런 감정을 표현하는 행위가 무척 가치 있고 중요하다는 것을 느끼기 시작한다. 아기는 자신이 소중한 존재임을 깨닫는다. 이러한 깨달음이 자존감 발달의 토대가 된다. 그 토대에는 내가 누구이며, 나 자신을 어떻게 느끼며, 미래의 가능성에 대해 어떻게 생각하는지가 골고루 섞여 있다.

누가 뭐래도 자존감은 건강한 정서와 행복하고 성공적인 삶이라는 집을 짓기 위해 꼭 필요한 재료다. 아기의 발달 과정에 필요한 다른 요소처럼 자존감도 뿌리를 단단히 내릴지, 그대로 시들어버릴지는, 아기가 보내는 아홉 가지 신호에 당신이 어떻게 반응하느냐에 달려 있다. 흥미와 즐거움 같은 재미를 나타내는 신호를 최대한 키워주고, 스트레스와 분노, 두려움, 수치심, 역겨움, 악취 혐오와 같은

도움을 요청하는 신호를 빨리 알아차리고 적절하게 대응해주면, 아이의 자존감은 건강하게 뿌리를 내린다.

아기의 세상에서 가장 중요한 사람은 부모인 바로 당신이다. 아기는 당신을 통해 처음으로 자신에 대한 정의를 내린다. 당신은 온갖 말과 몸짓으로 아기가 얼마나 소중한 존재이며 세상이 아기를 어떻게 생각하는지를 고스란히 전한다. 아기가 배가 고파 울 때 젖을 물리면 이렇게 말하는 것과 같다.

"너의 기본적인 욕구는 우리가 늘 충족해줄 거야."

아기의 웃음에 당신이 덩달아 기뻐하면 이렇게 말하는 것과 같다.

"너는 인생에서 순간순간 발견하고 알아가는 일에 기쁨을 느낄 권리가 있단다."

이렇게 부모로부터 받는 긍정적인 메시지가 점점 쌓이면 아기는 자기감정과 세상에 대한 자신감을 얻는다. 이것이 자존감의 바탕을 이룬다.

아기가 어른으로 성장하면서 자존감은 거미줄처럼 훨씬 더 복잡하게 얽힌다. 스스로 바라본 자기 모습과 남이 바라본 자기 모습이 온갖 생각과 감정들로 얽힌다. 부모라면 아이의 자존감이 절대 다치지 않도록 평생 지켜주고 싶을 것이다. 하지만 살나 보면 누구나 자신감에 상처를 입기 마련이다. 형편없는 성적표를 집에 가져갈 때, 여자 친구와 헤어질 때, 혹은 훗날 회사에서 해고당할 때, 당신 아들은 이렇게 말할지도 모른다.

"나는 나 자신이 마음에 들지 않아요."

역으로 행운이나 성취감으로 짧은 기간 자존감이 폭발하듯 커질 수도 있다. 학교에서 칭찬받거나 성적이 오르면 자존감이 상승한다. 때론 자존감이 너무 과하게 부풀어 오르기도 한다. 어른이나 아이나 몇 달이나 몇 년에 걸쳐 자존감이 요동치듯 높아졌다 낮아지는 경험을 한다. 하지만 아기 때부터 자신이 보낸 신호에 부모가 적절하게 반응해주어 자존감이 단단히 뿌리내린 사람들은 어려운 일이 닥쳐도 자신의 인생과 미래를 긍정적이고 낙천적으로 바라본다.

이제 아기를 어떻게 키울지 목표가 정해졌다. 당신은 아기의 자아가 안정적이고 확고하게 뿌리내리도록 도와야 한다. 그런 아이가 자신의 재능과 능력을 정확히 파악하고, 인생에 유연하게 대처하며, 자신의 목표와 능력을 현실적으로 바라보고, 언제라도 새로운 사상을 받아들이고, 자신의 잘못을 인정하고, 훗날 너그러운 마음으로 타인을 대하고, 온 마음을 다해 사랑도 한다.

무엇보다 아기를 있는 그대로 사랑하는 것이 가장 중요하다. 지금 모습 그대로 사랑하고 소중히 대하라. 물론 말처럼 쉽지 않을 것이다. 특히 부모 자신이 어린 시절 제대로 사랑이나 보살핌을 받지 못했다면 더욱 그렇다. 그렇다 해도 아홉 가지 신호를 잘 이해하면 큰 도움을 받을 수 있다. 아기는 원래 흥미와 즐거움 덩어리라는 사실을 잊지 마라. 게다가 부정적인 신호를 잘 이해하고 적절하게 반응해주면 아이와의 관계와 아이의 내면을 좀먹는 좌절과 상처, 분노의 악순환도 피할 수 있다.

아기의 자존감을 키우려면 어떻게 해야 할까

아기가 열의를 보이는 일을 '성취'했을 때 대견하다고 말하고 함께 즐거워하라. 그러면 아기의 마음속에 유능감과 자신감이 자란다. 그 밖에도 아기의 자존감을 키우는 유용한 방법을 알아보자.

아기에게 적절한 관심을 집중적으로 보여라

아기는 부모로부터 온전한 관심을 받으며, 자신이 부모의 중심에 있다고 느낄 때 잘 자란다. 아기는 아홉 가지 신호로 자신의 감정을 표현한다. 하지만 외부와의 경험과 소통에는 한계가 있다. 그래서 당장 눈앞에 보이는 일에만 관심을 보인다. 아기는 속이 더부룩해 스트레스를 느끼면, 어른이 심각한 일에 흥분하듯이 온 힘을 다해 운다. 긍정적이든 부정적이든 아기의 감정은 당장의 경험에서 촉발한다. 어떤 감정이든 빠르게 일어나고, 일어나는 순간이 가장 중요하다. 그렇기 때문에 아기는 울거나 흥분하거나 좋아서 깔깔거릴 때, 자신이 느끼는 기분만큼 당신이 적극적으로 반응해주기를 바란다.

아기가 기고 걷기 시작하면 주변 사물에 쉴 새 없이 호기심을 발휘한다. 당장은 화분이나 프라이팬, 잡지, 바닥에 떨어진 보푸라기 등 가장 평범한 사물에 관심을 보인다. 위험한 줄도 모르고 뭐든 손에 쥐고 당기고 입으로 가져간다. 처음 만나는 사물을 아기는 그렇게 경험한다.

스트레스 대상도 점차 확대된다. 이제는 더부룩한 속뿐만 아니라 커다란 개를 보거나, 시끄러운 소리를 듣거나, 이상하게 생긴 사람을 보거나, 흥미를 끄는 물건을 잡을 수 없을 때도 스트레스를 표현한다. 세상에 대한 경험이 늘어갈수록 아기를 울고 화나게 하는 사건의 목록은 점점 더 길고 복잡해진다. 이때 부모들은 종종 아기의 스트레스 반응이 상황에 비례한다는 사실을 간과한다. 저쪽 구석으로 굴러가는 공을 잡을 수 없다니 정말 안타깝다! 아기는 자신에게 원하는 대로 할 능력이 없다는 사실을 깨닫는다. 아무리 손을 뻗어도 공이 잡히지 않는다. 이 얼마나 큰 좌절인가! 그래서 아기는 당신에게 자신이 아는 유일한 방법으로 도움을 청한다. 난리 법석을 피우는 것이다. 이러한 행동이 당신의 공감과 관심을 이끌어내지 못하면, 즉 아기가 스트레스에서 벗어나도록 당신이 도와주지 않으면, 아기는 자신의 문제와 감정은 중요하지 않다고 생각하기 시작한다. 반대로 당신이 아기의 감정과 생각에 관심을 보이고 인정하고 확인해주면, 아기는 자신감을 얻는다. 관심을 보여 달라는 요구를 너무 자주 무시하면 문제가 된다. 소아과 의사였다가 현재는 심리분석가로 활동 중인 도널드 위니코트Donald Winnicott는 부모가 아기의 관심과 즐거움이 자신의 것과 일치할 때만 호응해주면, 아기는 자신의 감정을 버리고 부모의 비위를 맞추려는 헛된 자아만 키운다고 지적했다. 결과는 불을 보듯 뻔하다. 아기의 진정한 자아와 자존감은 훼손되고 만다.

보상하고 칭찬하라

보상과 칭찬도 자존감을 키우는 데 없어서는 안 될 중요한 요소다. 아기는 당신을 닮고 싶어 하고, 당신에게 사랑받고 싶어 한다는 사실을 절대 잊어서는 안 된다. 아이는 부모가 자신을 인정해주고 대단하다고 생각해주길 원한다. 사랑과 인정의 표시로 '반짝이는 당신의 눈빛'을 애타게 갈구한다. 아이는 부모의 머릿속을 들여다볼 수 없다. 그러므로 몇 번이든 구체적인 말로 감정이나 느낌을 아이에게 전해야 한다. 길게 보면 두려움이나 수치심보다 보상과 칭찬이 훨씬 긍정적이고 건전한 자극을 준다. 물론 아이의 행동 문제를 다룰 때라면, 어떤 행동을 찬성하거나 반대하는 이유와 근거를 반드시 설명해줘야 한다.

보호막이 돼라

아이가 세상을 무섭고 위험한 곳으로 여기면 과감하게 세상과 접촉하기 어렵다. 세상이 무섭고 위험할 수도 있지만, 스스로 헤쳐나갈 수 있다는 점을 아이 혼자서는 깨닫기 어렵다. 그러나 아이의 스트레스와 분노 같은 부정적인 신호를 마음껏 발산하도록 격려하고 원인을 제거해주면, 아이는 세상을 헤쳐나갈 힘을 얻는다. 자신감을 갖게 하고 싶은가? 그렇다면 위험과 스트레스로부터 아이가 의지할 수 있는 보호막이 되어주겠다는 믿음을 줘라. 그것보다 더 좋은 방법은 없다.

자존감은 어떻게 훼손되는가

아기가 흥미와 즐거움 신호를 보낼 때마다 신호를 차단하거나 별일 아니라는 듯이 행동하는 부모들이 있다. 일부러 그러지는 않겠지만, 그럴 때마다 아기는 수치심을 내면화하고, 수치심은 자존감을 갉아먹는다. 수치심에 관한 내용은 제17장에서 좀 더 자세히 다룬다.

나는 현장에서 낮은 자아와 자존감으로 고통 받는 부모와 자녀들을 많이 보았다. 그런 가정에서는 부모가 대부분 자신의 감정을 알아차리는 데도 서툴렀고, 타인의 감정을 정확하게 파악할 줄도 몰랐다. 그들은 감정과 느낌이 어떻게 일어나고 작용하는지 아무것도 몰랐다. 이러한 가정은 결국 어려움에 처할 수밖에 없다. 자녀가 감정적 욕구를 표현해도 부모가 제대로 그 욕구를 처리해주지 않기 때문이다. 아이의 자아도 왜곡되고 비뚤어진다. 아이는 자신이 누구이며, 무엇을 좋아하고 싫어하는지 알지 못한다. 아이 자신의 생각과 감정에도 자신감을 잃는다.

아이의 신호가 긍정적이든 부정적이든 부모가 제대로 처리해주지 않으면, 아이도 부모의 신호를 오해한다. 이렇게 부모와 자녀 사이에 형성된 긴장감은 아이의 자존감에 깊은 상처를 남긴다. 그러면 아기는 자주 화를 내고, 수동적이고, 성마르고, 고집불통이 되거나, 내성적이고, 자기 파괴적이고, 질투심에 사로잡히고, 늘 겁을 집어먹는 아이로 자란다. 거꾸로 자의식이 지나친 거만한 아이로 자랄 수도 있다. 이러한 현상을 '보상적 과장'이라고 하는데, 부족한 자존감을 채우려는 행동을 일컫는 말이다. 어른도 자존감이 제대로 뿌리내리지 않으면 터무니없이 가식적이고, 거만하고, 성마른 사람이 될 수 있다. 사실 불쾌한 성격의 뿌리를 살펴보면, 자신의 본질적 가치에 대한 불신이 도사리고 있는 경우가 많다. 독불장군처럼 굴고, 겁 많고, 우울하고, 이용당했다고 느끼고, 메마른 사람들을 보면 형태는 다르지만, 그 근원에는 대부분 빈약한 자존감이 자리하고 있다.

이렇듯 미숙하고 잘못된 양육의 결과를 접하면 가슴이 아프다. 그래서 긍정적인 양육의 결과가 더 빛을 발하는지도 모른다. 당신과 아이는 함께 있는 시간을 즐기고 애정을 키워나가는 기쁨을 누린다. 아기의 눈에만 보이는 변화무쌍한 세상도 본다. 아이가 뭔가를 배우면 당신도 함께 배운다. 양육 기술에도 자신감을 얻고 당신의 자존감도 상승한다. 시간이 갈수록 아이가 개성과 자신감을 키우도록 더 많은 도움도 준다. 결국 아이는 탄탄한 자아를 바탕으로 만족스러운 인간관계를 맺고 자율성을 지켜나간다.

제  장

타성에 젖은 양육 방식에서 벗어나기
: 엄마 혹은 아빠에 대한 당신의 선입견을 파악하고 올바르게 바꾸기

아기가 병원에서 처음 집으로 왔을 때부터 저는 왠지 불안했어요. 물론 아기가 태어났다는 사실은 기뻤죠. 하지만 처음으로 아빠가 된 상황이 낯설었다고나 할까요. 저는 아이에게 우유도 잘 먹이지 못했어요. 아이가 생각하는 것이라고는 우유밖에 없는데도 말이죠. 내가 안기만 하면 울음을 터트리다가도 아내가 안으면 울음을 뚝 그치곤 했어요. 그러던 어느 날 오후였어요. 아내가 잠시 외출을 해 제가 아기를 보게 되었는데, 그때 아이가 2~3개월 정도 되었을 거예요. 저는 그 시간을 어떻게 보내야 할지 몰라 순간 당황했었어요. 그런데 결과적으로는 문제없이 잘 보냈어요. 아이가 뭔가 말을 하려는 것 같다는 걸 깨달았거든요. 아이는 뭔가 좋은 게 있거나 기분이 나쁘면 즉각 제게 확실하게 의사를 표현했어요. 아기는 단순히 먹고, 자고, 싸는 기계가 아니라는 사실을 깨닫자 갑자기 마음이 편하고 기분이 좋아졌죠. 바보처럼 들리시나요? 하지만 전 정말 그랬어요. 아빠가 되는 건 정말 어려워요. 하지만 아이의 말을 알아듣는 법을 깨우치자 아이가 이렇게, 저렇게 하라고 가

> 르쳐주는 것 같더균요. 무엇을 어떻게 하면 되는지 저보다 더 잘 아는 것 같았어요.
>
> – 대런, 28세, 1남 2녀의 아버지, 첫 아이를 낳았을 때를 회상하며

아기가 태어나면 부모는 세세한 것까지 아기에게 맞춰 살림을 하고 스케줄을 조종하려고 한다. 그러다 보면 자신들이 무엇을 어떻게 하는지 생각지도 못한 채 타성에 젖은 양육 방식을 따르게 된다. 결국 근거 없는 감정과 생각으로 아이를 키운다. 예를 들면, "다 큰 애는 울면 안 된다.", "착한 사람은 화내지 않는다.", "매를 아끼면 아이를 망친다."라는 말을 무비판적으로 받아들인다. 이런 말들이 정확히 무엇을 의미하고 아이에게 어떠한 영향을 미치는지 진지하게 생각해보지 않고 아이를 키우면, 아이의 성격은 물론 부모 자신의 행복에도 예기치 않은 결과를 가져올 수 있다.

아기와의 상호 관계에는 당신의 의식적이고 무의식적인 갖가지 생각과 희망, 두려움이 작용한다는 사실을 알아야 한다. 당신의 성격과 기질은 부모가 된 후 겪을 온갖 어려움과 책임에 영향을 미친다. 당신은 태평한 사람인가? 사람을 잘 믿는가? 자주 우울한가? 낯을 많이 가리는가? 충동적인가? 마음에 그늘이 있는가? 따뜻한가? 완고한가? 화를 잘 내는가? 차분한가? 그리고 당신이 자란 환경도 아이와 관계 맺는 방식에 영향을 미친다. 부모님은 당신을 따뜻한 마음과 애정으로 키우셨는가? 아니면 엄하고 차가운 분이셨는가? 부모님과는 완전히 다른 방식으로 아이를 키우겠는가? 아니면 부모님 방식을 따르겠는가? 어떤 면에서는 다양한

많은 사람들과 기억도 부모와 아이의 관계에 영향을 미친다.

부모와 자녀 사이에 존재하는 역학관계를 확실히 파악하고 이 관계가 아기에게 어떤 영향을 미치는지 알면 당신도 '현명한 부모'가 될 수 있다. 아기의 욕구와 개인적인 특징을 고려하고 배려할 줄 아는 부모 말이다. 당신의 아이는 미래의 운명에 상관없이 훌륭하고 유쾌한 어른으로 자랄 가능성이 충분하다. 당신은 이 가능성을 현실로 바꿔주기만 하면 된다.

당신도 부모가 되는 경험을 통해 알 수 없는 큰 변화와 성장을 겪는다. 부모가 된다는 것이 어떤 의미인지 알고자 노력한다면, 부모도 아이도 모두 행복한 가정

'타성에 젖은 양육 방식'이란 무엇인가?

'타성에 젖은 양육 방식'은 다음과 같은 요인에서 비롯된 당신의 성격 일부를 말한다.

- 아이일 때 겪은 당신의 경험들(어릴 때 부모님이 어떤 분이었는지 뿐만 아니라 지금의 부모님이 당신을 대하는 방식도 영향을 미친다)
- 좋은 부모의 조건에 대해 당신이 품고 있는 기대와 환상
- 좋은 아이의 조건에 대해 당신이 품고 있는 기대와 환상
- 당신의 기질과 성격

이런 경험과 가정, 기대, 공상 등이 어우러져 당신의 행동과 양육 태도가 결정된다. 제대로 살피지 않으면 이러한 요소들이 자연스럽게 당신의 행동 요인이 된다.

을 꾸릴 수 있다. 물론 이런 가정이 그렇지 않은 가정보다 더 질서 있다거나 예측 가능한 삶을 사는 것은 아니다. 하지만 이런 가정의 부모가 다른 가정에 비해 주어진 상황에 잘 대처해나간다. 가족 모두에게 도움이 되는 방향으로 문제를 해결할 준비가 되어 있기 때문이다.

몇 년 전에 수잔이라는 38세의 환자를 치료한 적이 있다. 수잔의 아버지는 불행한 사람이었다. 불안 증세가 심했고 심한 두통과 원인을 알 수 없는 증상으로 자주 아파 누웠다. 아버지는 수잔에게 도통 관심을 보이지 않았다. 자신의 건강 상태와 문제에만 골몰했기 때문이다. 그는 자기밖에 모르면서 동시에 자신을 믿지 못했다. 그는 무엇을 해도 자신과는 맞지 않았다. 그래서 한 가지 일을 진득하게 오래 하지 못했다. 어머니는 애정이 넘치는 분이셨지만, 아버지가 수잔의 성격과 남성관에 미치는 불길한 영향을 막지는 못했다. 오랜 세월이 지나 수잔은 세 번째 아이를 낳았다. 아들이었다.

먼저 낳은 두 딸과 달리 사내아이는 무척 활동적이고 다루기가 어려웠다.

"이 아이는 제 품을 편하게 여기지 않는 것 같아요."

수잔은 이렇게 말하곤 했다. 나는 몇 달에 걸쳐 수잔과 아들 사이를 관찰했다. 그랬더니 정작 그 관계를 불편하게 여기는 사람은 수잔이었다. 그녀는 주위로부터 딸보다 아들을 덜 사랑하고, 아들에게 더 짜증 내고, 덜 다정하게 대한다는 말을 들을 때마다 긴장하고 불같이 화를 냈다. 그런데 정말 그랬다. 딸들과 달리 아들이 울면 그녀는 곧장 달려가 달래주지 않았다. 수잔은 아들을 딸보다 덜 쓰다듬어주고 덜 안아주었다.

"제가 모두 받아주면 난폭한 아이로 자랄 거예요."

그녀는 이렇게 말하며 자신의 말과 행동이 은연중에 전하는 편견과 믿음을 외면했다.

수잔은 무의식중에 아들이 아버지처럼 심기증 환자가 될 거라고 믿었다. 아이가 불쾌감을 나타내면 자신이 싫어하는 종류의 남자 즉, 아버지처럼 되는 첫걸음이라고 믿었다. 그녀는 자기 아들은 그렇게 키우고 싶지 않았다. 그래서 강하게 키운다는 생각으로 스트레스 신호를 깡그리 무시했다. 역설적이게도 그런 태도는 정반대의 결과를 낳았다. 아들은 시무룩하고, 화를 잘 내고, 우울한 아이로 변하기 시작했다. 수잔은 결국 아들의 신호에 마땅히 줘야 할 직접적인 사랑을 주지 않았기 때문에, 자신이 그렇게 싫어한 아버지의 모습을 그대로 아들에게 심어주고 말았다.

내가 상황을 너무 단순하게만 본다고 생각할지도 모른다. 하지만 수잔의 태도가 특별한 것도 아니고 그녀가 나쁜 엄마는 더더욱 아니다. 그녀는 자신의 성격과 행동을 결정지은 감정과 편견의 희생물일 뿐이다. 안타깝게도 그녀는 남자아이에 대한 자신의 생각과 양육 태도 전반에 대해 돌아볼 기회가 없었다. 그래서 아들을 제대로 받아들이지 못하고 자신의 장점도 살리지 못했다.

부모는 자신이 어떤 부모가 될지 진지하게 생각해봐야 한다. 아기를 갖기 전은 물론, 임신 기간과 출산 후에도 마찬가지다. 아이를 키우면서는 말할 것도 없다. 아이를 갖는 기쁨에는 반드시 이런 수고가 따라야 한다. 의식 있는 부모가 되기 위해 다음에 나와 있는 '생각할 거리'를 살펴보자. 가능하면 배우자와 함께 이에 대해 이야기를 나누어라. 엄마, 아빠 모두 양육 문제에 관한 인식을 높이는 계기가 될 것이다.

생각할 거리 ❶
자신의 어린 시절을 되돌아보라

당신이 아이를 대하는 방식은 어린 시절에서 비롯된 의식적이고 무의식적인 기억의 영향을 많이 받는다. 어린 시절에 어떻게 자랐는지 기억해보고 어떤 감정이 드는지 곰곰이 생각해보라. 당신이 왜 이렇게 행동하고 아이를 대하는지 이해할 수 있을 것이다. 어쩌면 더 좋은 방향으로 개선도 할 수 있다.

일단 짬을 내라. 혼자도 좋고 배우자나 친구와 함께여도 좋다. 그리고 스스로에게 물어라. 부모님의 양육 방식에서 좋았던 점은 무엇이었나? 마음에 들지 않았던 점은?

내가 부모님과 다르게 아이를 키우고 있는 점은 뭘까? 부모님과 같은 점은?

좀 더 구체적으로 들어가서, 어린 당신이 스트레스와 분노, 두려움, 역겨움, 특정한 맛이나 냄새에 대한 혐오, 재미, 즐거움, 흥미, 놀라움을 표현했을 때, 부모님은 어떻게 반응하셨나? 분노를 예로 들어보자. 부모님은 당신이 분노를 표현하지 못하도록 막으셨는가? 무시하셨는가? 다른 반응으로 바꿔주셨는가? 분노를 더 키우셨는가? 분노에 분노로 맞서셨는가?

다섯 살과 6개월 된 두 아들을 둔 프랭크와 조안 부부는 이런 연습을 하면서 놀라운 사실들을 깨달았다. 조안이 말했다.

"남편에게 시부모님의 양육 태도에서 싫은 점은 없었는지 물어보았어요. 남편은 워낙 효자라 그런 게 있다고 해도 선뜻 말하기가 쉽지 않았겠죠. 하지만 그런 생각을 해보는 것도 우리에게 도움이 될 것 같았어요. 첫 아이가 태어났을 때 우리는 양육 문제로 꽤 힘들었거든요. 남편은 퇴근하고 돌아왔을 때 집이 어질러져 있는 걸 못 참았어요. 아이가 울거나 방을 어지럽히거나 귀찮게 하면 남편은 금세 화를 냈죠. 그렇다고 남편이 못된 사람은 아니에요. 그걸 알면서도 왠지 남편이 저를 비난하는 것 같았어요. 그래서 남편은 더욱 아이와 잘 지내지 못하는 것 같았고요. 둘째가 태어나니 그런 상황이 다시 시작되었어요. 선생님에게 이 연습에 관한 이야기를 듣고 우리도 한번 해보면 좋겠다고 생각했어요."

조안은 몇 주가 지나도록 남편이 대답을 잘 하려 들지 않는다고 했다. 조안이 강하게 밀어붙이면 남편은 부모님이 어려운 상황에서도 최선을 다하셨다고만 했다. 남편이 태어났을 때 외조부모님과 함께 살았기 때문에 사생활 같은 건 꿈도 꾸기 어려웠다고 했다.

"하루는 주위 어른들이 남편을 어떻게 대하셨는지 물어봤어요."

조안이 그간의 이야기를 들려주며, 이 물음에 남편은 이렇게 말했다고 한다.

"생각해 본 적이 없어. 나는 어렸으니까 상황을 그대로 받아들였지. 부모님이 날 사랑한다는 사실을 알았으니까 달리 생각하지 않았어. 그런데 당신이 그렇게 자꾸 물어보니까 외할아버지께서 무척 엄격하셨던 게 생각나. 온 가족이 당신 계획대로 움직이고 당신 뜻에 맞추도록 하셨지. 내가 장난감을 늘어놓거나 울거나 음식을 집어던지면 당장 방에서 나가라고 하셨어. 한 살 무렵에는 저녁을 먹다가도 엄마가 날 욕실로 데려가셨지. 엄마도 힘드셨어. 자라면서 부모님이 나를 보호해주거나 바람막이가 되어준다는 느낌을 못 받았어. 아무도 내 편이 되어주지 않았지. 그런데 이상한 건, 나도 늘 외할아버지처럼 해야겠다고 생각했다는 거야. 물론 더 효율적으로 해야겠다는 생각은 했지. 집안 어른들이 다 나 잘되라고 그런 거라면 설령 내 아이들이 나처럼 말을 안 듣고 더 짜증 내더라도 분명 도움이 될 거라고 생각한 거지. 어쩌면 어른들이 모두 나를 위해 한 일이라는 걸 아이들을 통해 증명하려고 했던 건지도 몰라. 꼭 어른들이 그렇지 않았을지도 모르는데 말이야. 당신이 이렇게 물어보니 내 부모님과 외조부모님께서 내게 좀 불공평하셨던 것 같아. 우리 아이들도 내게 그런 느낌을 받겠지?"

자신이 자란 환경에 대한 솔직한 느낌을 말하기까지 몇 달이 걸릴 수도 있다. 조안은 현명하게도 무조건 밀어붙이지 않았다. 자신을 되돌아보는 일에는 나름의 시간이 필요하다. 하지만 결국은 지금까지 깨닫지 못했던 진실을 발견할 수 있다. 아이를 대하는 방식에도 변화를 가져올 수 있다. 배우자가 속내를 드러내지 않는다고 자신마저 노력을 멈춰서는 안 된다. 어린 시절에 받았던 느낌을 혼자라도 곰곰이 반추하다 보면, 자신의 양육 방식에 감춰진 중요한 사실을 깨달을 수 있다.

생각할 거리 ❷

이제 당신이 조언할 차례다

조언이란 받기보다 하기가 더 쉽다. 이 연습도 그렇다. 어떤 부부가 당신에게 좋은 부모가 되는 법을 물었다고 하자. 그 부부에게 무슨 이야기를 해주고 싶은가? 스스로에게 무엇을 물어보라고 충고할 것인가?

누구나 남이 아이를 키우는 모습에 대해서는 할 말이 많다. 자신을 돌아보는 것보다 남 이야기를 하기가 더 쉬운 법이니까. 미혼모인 사라의 말을 들어보자.

"내가 해줄 말은 간단해요. 아이를 잘 키우려면 시간과 노력, 관심을 아끼지 마세요. 아이는 혼자서는 결코 키울 수 없어요. 도움이 필요해요. 당신 감정을 지지해줄 사람도 필요하고요. 조언도 필요해요. 책임을 나눌 사람도. 지지를 보내줄 연락망을 만들어보세요. 안 그러면 이성을 잃을지도 몰라요. 결혼을 했다면 배우자가 적극적으로 육아에 동참해야 해요. 남편이 지지해주지도 않고 육아에도 관심이 없는 친구들을 보니 싱글맘이 차라리 났겠더라고요. 어찌 보면 혼자가 편해요. 상대방 때문에 실망하고 좌절하지 않아도 되니까요. 셀리를 낳고 첫해는 고향으로 돌아가 친정 근처에서 살았어요. 지금은 도시로 나왔지만, 친정 엄마가 아니었으면 여기까지 못 왔을 거예요."

다 큰 아들과 그보다 열네 살 어린 딸을 둔 데이비드는 이렇게 말한다.

"아기를 어른처럼 대하세요. 아이들은 결코 멍청하거나 둔하지 않아요. 아이에게 말한답시고 '이랬쩌요, 저랬쩌요.' 하는 말을 들으면 분통이 터져요. 아이의 작은 머릿속에도 뇌라는 것이 있으니, 그에 맞게 대접해줘야죠. 그러면 아이도 인간관계나 학습 능력을 더 키울 수 있어요. 제 주위에는 아이들과 이야기를 잘하지 않는 친구들이 있어요. 아이와 이야기를 한다고 무슨 차이가 있겠느냐는 생각 때문이죠. 그런데 차이가 분명히 있어요. 부모도 마찬가지죠. 어른의 어휘로 아이와 대화를 하지 않으면 언젠가는 당신의 뇌가 쪼그라드는 느낌이 들 거예요."

생각할 거리 ❸

스스로에게 물어보라

: 어린 시절로 돌아간다면 부모님에게 어떤 충고를 해드리고 싶은가?

부모님이 당신을 다르게 키웠으면 좋았겠는가? 마음에 들었던 점은 무엇이었나?

마샤에게 이 질문을 하자 느닷없이 분통을 터트렸다. 자신도 깜짝 놀랄 정도로 말이다.

"나는 부모님이 제 엉덩이를 때리는 게 너무 싫었어요. 손으로만 찰싹 때리셨는데, 정말 아팠어요. 아주 어릴 때부터 엉덩이를 맞았어요. 두 살 때 맞은 일이 기억날 정도니까요. 그러니 더 전부터 때리지 않으셨겠어요? 저는 안 맞으려고 제 깐에 할 수 있는 일은 다 했어요. 바지 속에 뭐도 넣어보고, 숨기도 하고, 발작을 일으키기도 했어요. 하지만 아무 소용없었어요. 체벌은 열 살 무렵에 끝났어요. 어느 날 엄마가 또 절 때리려고 하셨어요. 제가 말대답을 좀 했거든요. 두들겨 맞을 정도는 아니었어요. 저는 식탁 다리를 붙잡고 절대 놓지 않았어요. 엄마는 저를 끌어당겼어요. 저를 떼어내려는 순간 식탁 위에 있던 것들이 다 떨어졌죠. 하지만 저는 잡고 있던 다리를 놓지 않았어요. 바닥이 더러워지고, 의자가 뒤집어지고, 방이 난장판이 되자 엄마는 질리셨는지 저를 풀어주셨어요. 그러고는 다시는 제게 손을 대지 않으셨죠. 그날 기분 정말 죽여줬어요. 그런데 이상하게도 엄마와 제 관계는 두 번 다시 회복되지 않았어요. 언제나 서로 거리를 두게 되었죠. 체벌이 어떻게든 영향을 미쳤던 것 같아요. 그냥 그렇게 생각돼요. 어쨌든 전 잘 자랐어요. 엄마가 잘 키우신 덕도 있겠죠. 하지만 많은 부분은 제가 노력한 결과라고 생각해요. 제가 자라온 온갖 방식과 환경에도 불구하고 전 잘 컸어요."

 부모님의 양육 방식을 비난하는 데 불편함을 느낀다면, 그것은 자신의 단점을 부모님의 탓으로 돌리기가 망설여지기 때문이다. 반면 양육 방식의 문제에도 불구하고 스스로 뭔가를 이룩한 공을 간과하고 싶지도 않을 것이다. 부모님에게 불효하는 것 같고 자신이 못된 사람이 되는 것 같아 부모님의 양육 방식을 비난하기가 쉽지 않을 수도 있다. 그러나 부모님의 양육 방식의 어느 한 부분에 반기를 든다고 해서 부모님의 장점이나 미덕까지 싸잡아 비난하는 것은 아니다. 우리는 모두 존경받을 만한 면도 있고 그렇지 않은 면도 있는 복잡한 존재이기 때문이다.

생각할 거리 ❹

왜 아이를 원하는가

아니면 왜 또 아이를 원하는가. 아이로부터 무엇을 기대하는지 잘 생각해보라. 동료 의식? 노후 보장? 후광? 위신? 재미? 가족과 안전의 충만함? 사랑? 당신을 필요로 하는 사람? 아들이 좋은가? 딸이 좋은가? 부모님께 손자를 안겨드리고, 인정받고 싶은가?

아이를 갖거나 혹은 더 갖고 싶은 이유에 대해 생각해 본 적이 없을 수도 있다. 하지만 아이를 통해 무엇을 충족하고 싶은지 알면 아이에게 심리적 부담을 주지 않고도 부모와 아이 모두 행복한 관계를 맺을 수 있다.

아이를 갖고 싶은 마음은 강력한 힘이다. 사람들은 여러 이유로 아이를 낳는다. 논리적이거나 감정적일 수도 있고, 도덕적이거나 이기적일 수도 있다. 충동과 발상의 소용돌이에 따라 행동하는 것도 인간 본성의 일부니 말이다. 하지만 아이를 갖고 싶은 이유를 최대한 구체적으로 살펴보는 것이 중요하다. 왜냐하면, 그 이유가 양육 태도에 어떤 식으로든 영향을 미치기 때문이다.

예를 들어, 비현실적인 기대를 품고 아이를 낳은 부모는 그 기대가 아이의 성격이나 행동 때문에 무너질 때 어려움을 겪는다. 밤마다 영아 산통으로 자지러지게 우는 아이는 광고에 나오는 천사 같은 아이를 생각했던 부모의 환상을 채우지 못한다. 아이가 건강에 문제가 있다면 걱정스러우면서도 실망감도 든다. 아이가 너무 독립적이면 옆에 두고 친구처럼 지내고 싶었던 환상도 깨진다. 아이에 대해 품었던 환상을 깨달으면, 그렇게 실망하거나 분노하지 않고도 주어진 현실을 받아들일 수 있다. 환상이 완전히 사라지지는 않겠지만 아이를 죄 없는 희생자로 만들 일은 없다.

다음은 부모님에게 왜 아이를 낳으셨느냐고 물었을 때 들을 수 있는 대답들이다.

- "완전한 인생을 살기 위해서지. 인생은 가족이 전부야."
- "애가 없으면 토대가 없는 거나 마찬가지야. 아이가 있어야 살아있는 것 같거든."
- "가업을 물려줄 사람이 있어야지."
- "어머니가 내게 한 것보다 더 잘하려고. 나도 잘할 수 있다는 걸 보여주고 싶었어."
- "재미있잖아. 아이를 키우는 게 얼마나 재미있어."
- "늘그막에 혼자 외롭게 지내지 않아도 되잖니."
- "가문의 이름과 전통을 이어야 하니까."
- "의미 있는 삶을 살기 위해서지. 아이가 없으면 절대 어른이 될 수 없어."
- "그런 바보 같은 질문이 어디 있어? 결혼하면 애 낳고 사는 거지. 사는 게 다 그런 거야."

희망과 영감을 주는 대답도 있고 꼭 새겨야 할 대답도 있다. 현실적인 대답도 보인다. 어떤 대답이든 자식이 기대에 못 미치면 부모가 실망하거나 좌절할 가능성이 엿보인다. 지혜로운 부모가 되고 싶다면, 아이가 예상하지 못한 행복일 수도, 문제일 수도 있다는 사실을 자연스럽게 받아들여야 한다.

생각할 거리 ❺
아이의 미래에 대해 어떤 환상을 품고 있는가

당신의 아이가 어떤 사람이 되면 좋을까? 잠시 이 질문을 생각해보자. 슈퍼 모델? 의사? 천재 수학자? 메이저리그 선수? 트럭 기사? 차분한 사람? 재미있는 사람? 잘생긴 사람? 최초의 여성 대통령? 아무런 미래도 없는 백수?

그 환상은 긍정적인가? 부정적인가? 아이의 자질과 천성에 따른 것인가? 아니면 당신의 꿈이 투영된 결과인가? 부모님이 당신에게 품었던 꿈인가?

어린 당신에게 부모님이 품었던 긍정적이고 부정적인 기대들을 떠올려보라.

아이에게 품고 있는 환상의 뿌리가 혹시 당신의 실패와 좌절의 두려움에서 비롯된 것은 아닌가?

당신의 아이가 당신보다 더 많은 것을 이룰 수 있겠는가? 그런 생각을 하면 기쁜가? 위협을 느끼는가?

아이보다 뭔가를 더 하거나 나아져야겠다는 생각이 드는가?

아이에게 품고 있는 두려움과 희망의 실체를 깨닫기는 쉽지 않다. 실망감이나 걱정도 인정하기 어렵다. 죄책감이나 분노, 두려움을 느낄 수 있기 때문이다. 이제 막 세 살 된 딸 마사의 엄마 앤의 말을 들어보자.

"저는 마사가 3개월밖에 되지 않았을 때부터 제 뜻대로 되지 않는다는 생각이 들었어요. 딸이 태어났을 때는 제 인생에 대한 확고한 그림이 있었어요. 완벽할 정도로 근사하고, 기쁨으로 충만하고, 평온할 거라고 확신했죠. 문제가 있다면 그건 부모가 제대로 하지 않아서라고 생각했어요. 하지만 그건 제 바람에 지나지 않았어요. 아이는 툭하면 울고, 모유 수유는 힘들고, 남편까지 실직하다 보니 그렇게 생각할 일이 아니더라고요. 사실 저도 영리한 구석이 있고 현실적인 사람이에요. 하지만 부모가 된다는 건 장난이 아니더군요. 머릿속이 멍해지는 것 같았어요. 아이가 태어나서 인생이 뒤죽박죽되었다는 생각밖에 들지 않았어요. 절망적이었죠. 나란 엄마는 완전히 실패작이라고 생각했어요. 그 사실을 인정하기가 어찌나 싫던지. 아무 죄도 없는 마사에게 화가 났어요. 만사에 짜증이 났죠! 아이가 가만히 우유를 먹지 못하거나, 크면서 음식을 여기저기 흩어놓으면 분노가 솟구쳐 올랐어요. 아이가 나를 거부한다는 생각에 나도 아이를 밀어냈죠. 결국 아이가 하루하루 커가는 모습을 지켜보는 기쁨을 놓치고 말았어요. 아이도 나도 뭔가 잘못하고 있다는 생각 때문에 말이에요."

아이가 태어난 후의 현실과 엄마가 품고 있던 환상과의 차이에서 비롯된 앤의 맘고생이 낯설지 않을 것이다. 아이가 청소년이나 어른이 된 후에도 부모의 이런 맘고생은 계속된다. 그때는 예기치 않은 일들이 훨씬 많이 일어나기 때문이다.

우리는 부모들이 아이의 미래에 대해 어떤 꿈을 꾸고 있는지 궁금했다. 그래서 첫 아이를 낳은 부모 열 쌍에게 그들이 원하는 아이의 장래에 대해 물어보았다. 어떤 부모들은 늙어서도 자식과 좋은 관계를 이어가기를 원했다. 이 부모들은 아이와 친구처럼 지내는 것이 중요하다고 했다. 많은 부모들이 자신의 부모에게서 느꼈던 거리감에 대해 이야기했다. 사랑과 의무는 있었지만, 진정한 애정은 못 느꼈다고 말이다. 39세의 어떤 싱글맘은 이렇게 말했다.

"제 아이는 세상에서 제가 가장 사랑하는 사람이 될 거예요. 그런 아이가 절 싫어하고 저는 줄곧 짝사랑만 한다면 끔찍하지 않을까요?"

55세의 사업가로 재혼 가정을 이룬 어떤 가장은 이렇게 말했다.

"나는 첫 결혼에서 낳은 아이들이 자라는 모습을 지켜보지 못했어요. 먹고 사느라 바빴으니까요. 우리는 가족이라는 울타리 안에 살면서도 진심으로 가까웠던 적이 없었어요. 정말 부끄러운 일이죠. 지금의 아이와는 정말 잘 지내볼 생각입니다."

딸 하나를 둔 26세의 워킹맘은 이렇게 말했다.

"전 제 부모님이 정말 싫어요. 제 아이는 저를 그렇게 생각하지 않았으면 좋겠어요. 우리는 친구처럼 지낼 거예요. 그리고 제 딸에게 든든한 버팀목이 돼줄 거예요."

일곱 명의 부모는 자식이 부자면 좋겠다고, 적어도 돈 걱정은 안 하고 살기를 바란다고 대답했다. 이들에게는 경제적 안정과 높은 지위에 도달하고 싶은 욕망이 큰 영향을 미치는 듯했다. 딸을 가진 부모는 딸이 시집도 잘 가고 사회적으로도 성공하기를 원했다.

다른 여섯 명의 부모는 아이가 건강했으면 좋겠고, 사랑받고 살았으면 좋겠다고 했다. 단순하고 기본적인 바람이다. 이런 바람에는 복잡한 것이라고는 없어 보인다. 하지만 여기에도 간과해서는 안 될 점이 있다. 아이가 사랑받는 것만 생각하다 보면 커서 다른 사람의 의견을 반박하거나 당연한 상황에서 화내는 것조차도 건전하지 못하고 부정적인 행동이라고 생각할 수 있다. 이런 상황은 자존감을 해치거나 문제 행동을 일으키는 잠재적인 원인이 된다.

두 명의 부모는 아이가 자신들보다 더 자신감 있고 자신을 긍정할 줄 아는 어른이 되기를 바란다고 했다. 씩씩하고 활달한 18개월 된 아들을 둔 엄마는 어린 시절을 이렇게 회상했다.

"저는 수줍음을 많이 탔어요. 학창 시절 내내 반에서 말 한번 제대로 못 했죠. 늘 어쩔 줄 몰라 쩔쩔매기 일쑤였어요. 왜 그랬을까요? 저는 똑똑하고 예뻤는데도 늘 걱정부터 했어요. 그래서 결심했어요. 내 아이만은 당당한 아이로 키우자고요. 잘하고 있는 것 같아요. 부모님과 제 차이점은 아이의 말에 귀를 기울인다는 거예요. 제 부모님은 아이는 무조건 입 다물고 가만히 앉아 있어야 한다는 분들이셨죠. 우리는 모두 그런 가르침을 받고 자랐잖아요. 제 부모님은 9년 동안 일곱 아이를 낳으셨어요. 그러니 그런 부모님이 이해는 돼요. 하지만 아이를 많이 낳다 보면 경험을 살려 아이를 더 잘 키울 수 있지 않을까요? 제 부모님은 그러지 못하셨지만."

세 명의 부모는 아이가 자신들과 같은 직업을 갖거나 가업을 물려받기를 원했

다. 다섯 살 딸과 갓 태어난 아들을 둔 45세의 아빠는 이렇게 말했다

"저는 부동산 회사를 운영합니다. 우리 스티븐이 대학을 졸업하고 저와 함께 일했으면 좋겠어요. 이 사업을 집안 대대로 물려주고 싶거든요."

아들이 가업을 물려받지 않고 교사나 화가 또는 증권거래인이 되고 싶다면 어떻게 할 거냐고 묻자, 그는 어깨를 으쓱하며 말했다.

"어릴 때부터 이 일을 가르쳐야겠죠. 사무실에도 데려가고, 자라는 동안 일을 배우도록 도울 거예요. 그래도 핏줄은 못 속이니까, 걱정하지 않아요."

만약 딸이 사업에 참여하고 싶다면 어떻게 하겠느냐고 물었다. 그러자 그는 이렇게 말했다.

"그건 그때 가 봐야 알겠죠."

딸이 최초의 여성 대통령이 되기를 바란다는 아빠도 있었다.

"9개월인데, 벌써 싹이 보여요. 세상을 정복할 거예요. 분명해요."

그들을 통해 많은 이야기를 들을 수 있었다. 하지만 그들은 대부분 의식적인 희망과 두려움만을 표현했을 뿐, 깊은 내면의 어두운 비밀은 드러내지 않았다. 그 사실을 깨달으려면 좀 더 자신의 내면을 들여다봐야 한다. 당신 자신도 감춰진 사고와 무의식적인 감정을 끄집어내고 싶은 마음이 들지도 모른다. 시간을 들여 천천히 노력하거나 심리치료를 받아도 좋다. 그렇게까지 하고 싶지 않다면, 다음과 같은 질문을 받았을 때 가장 먼저 떠오르는 답이 무엇인지를 알면 도움이 된다.

"아이에게 가장 바라는 것은 무엇입니까?"

생각할 거리 ❻

아이를 어떻게 키울지 배우자와 의논하라

부부는 왜 양육 방식에 대해 서로 이야기를 나누지 않을까? 물론 아이가 태어나기 전에는 구체적으로 이야기하기 어려운 문제도 있다. 하지만 훈육이나 육아 분담처럼 아이를 갖기 전이라도 얼마든지 의논할 만한 일반적인 문제들이 있다.

감정 신호의 개념을 잘 이해하면 배우자와 이야기를 나눌 때 많은 도움이 된다. 아기를 보살피고 반응해주는 문제는 아기의 행동 이유와 그에 따른 적절한 반응이 무엇인지를 알아야 해결할 수 있기 때문이다. 아이가 태어나기도 전부터 아기 방의 치장을 놓고 치열하게 싸우는 부부를 본 적이 있다. 엄마는 아기 방을 아주 잘 꾸미고 싶었다. 아기 방은 예쁘고 아기에게 편해야 한다고 생각했다. 아빠는 애가 자기 방이 어떻게 생겼는지도 모르는데, 시간과 돈을 쓰는 건 쓸데없는 일이라고 생각했다. 이야기를 나누다 보니, 아빠는 아기가 주변 환경에 어떻게 반응하고 어떤 영향을 받는지 전혀 몰랐다. 그는 아기란 세상에 툭 튀어나와서 감정도 없고 주위가 어떻게 돌아가는지 관심도 없다고 생각했다. 그는 아내의 기분이 아기의 행복에 얼마나 중요한지도 몰랐다. 예쁘게 꾸민 아기 방을 보며 엄마가 행복해한다면 그것만으로도 아기 방을 예쁘게 꾸밀 이유가 된다는 사실을 몰랐던 것이다. 오랫동안 차근차근 이야기를 나누자 아빠는 아기가 얼마나 반응을 잘하고 의사 전달을 잘하는지 서서히 이해하기 시작했다. 또한 배우려는 의지만 있다면 아이의 발달에 아빠도 중요한 역할을 할 수 있다는 사실을 깨달았다.

부부가 함께 의논해야 할 주제는 이외에도 많다. 부부가 각각 육아에 얼마만큼 시간을 분담할 것인가? 훈육은 어떻게 할 것인가? 일과는 어떻게 짤 것인가? 집은 어떻게 바꿀 것인가? 잠자는 시간은? 학교는? 육아 도우미는? 생활비는? 식습관은?

미리 이런 문제들을 생각해보는 것이 좋다. 리사의 고백을 들어보자.

"남편과 저는 아이를 키우는 일에 대해 구체적으로 이야기를 해보지 못했어요. 우리는 속도위반으로 아이를 가졌거든요. 언젠가는 결혼도 하고 아이도 낳겠다는 생각은 했지만, 그때는 구체적인 계획이 없었죠. 어쨌든 아이가 생겼고, 우리는 잘 해보려고 노력했어요. 이제 아이가 만 두 살이에요. 한참 말 안 들을 때죠. 그런데 남편과 저는 문제가 생길 때나 훈육을 할 때 완전히 달라요. 남편은 좋은 게 좋다는 식이죠. 저는 아이에게 규칙을 알려주고 지키게 해야 한다는 주의고요. 결국 저만 야단을 치게 돼요. 그래서 화가 나요. 하지만 저라도 하지 않으면 누가 아이를 가르치겠어요. 모르겠어요. 남편이 옳은 걸까요? 제가 너무 엄한 건가요? 너무 화가 나요. 남편과 이 문제를 이야기해봐야 할 것 같아요."

생각할 거리 ❼
아기와 아동발달에 대해 최대한 많이 공부하라

영유아가 보내는 신호와 행동의 의미와 중요성을 이해하면 좀 더 아이 마음을 잘 읽는, 아이에게 편안한 부모가 될 수 있다. 주위에서 조언을 얻거나 정보를 구하지 않으면, 당신의 양육 방식은 전적으로 당신이 자란 방식과 환상에 뿌리를 둔 채 굳어버릴 수 있다. 가능한 한 자신의 양육 방식에 대해 많은 사람과 이야기를 나누어라. 백지장도 맞들면 낫다고 하지 않는가. 아이를 제대로 키우려면 도서관에 있는 관련 서적을 몽땅 다 읽겠다는 각오와 함께, 배우자와 친구와 당신 내면의 아기와 끊임없이 대화를 나누어라.

  물론 아이를 사랑하는 마음이 무엇보다 중요하다. 당신이 엄마든, 아빠든, 아이가 딸이든, 아들이든, 사랑과 애정을 아낌없이 보여주어라. 말처럼 쉽지만은 않을 것이다. 자라온 환경 때문에 사랑을 잘하는 사람도 있고, 그렇지 못한 사람도 있다. 아이로부터 긍정적인 감정을 느끼는 부모도 있고, 부정적인 감정밖에 못 느끼는 부모도 있다. 하지만 부모라면 대부분 아이에게 부정적인 감정을 느낄 때가 있다. 이럴 때 아이가 보내는 신호를 잘 이해하고 아이와 소통하는 법을 알면 오해 없이 더 좋은 관계를 맺을 수 있다. 또한 부모와 아이의 관계는 물론 부부 관계마저 일그러지게 하는 우울함과 무심함, 분노의 악순환도 피할 수 있다.

제 10 장
개념 있는 부모 되기
: 내 아이 알기

아주 최근에 저는 사라의 신호를 제대로 읽지 못한 적이 있어요. 그 아이의 관점에서 보지 않았거든요. 며칠 전 우리는 친구 두 명과 함께 식당에서 점심을 먹었어요. 나는 사라를 유아용 의자에 앉혀서 테이블 안으로 바짝 밀어 넣었어요. 아이가 처음에는 좋아하는 것 같았죠. 무슨 경험이든 재미있지 않겠어요. 사라는 다른 사람들과 새로운 사물을 구경하기를 좋아해요. 식당에는 사람도 신기한 것도 많잖아요. 그래서인지 처음에는 떼를 쓰거나 수선을 피우지 않았어요. 그런데 자꾸 몸을 숙여 테이블 아래를 보려는 거예요. 뭔가 잔뜩 흥분한 표정으로 말이에요. 우리는 사라에게 닭고기와 채소를 조금씩 먹이고 있었어요. 사라가 유아용 의자 안에 있었기 때문에 아이 너머에 뭐가 있는지 보이지 않았어요. 저는 단지 사라가 음식을 바닥에 떨어뜨리고는 그걸 보는 줄 알았어요. 우리는 이렇게 말했어요. "이거 먹어." "그래, 바닥에 떨어진 건 못 먹어." 식사가 끝나갈수록 아이의 시선이 점점 더 자신의 왼쪽 아래로 향했어요. 우리는 크게 신경 쓰지 않았죠. 그래도 아이는 가만히 있더군요. 40

분이 지났을까, 나는 아이를 안으려고 의자를 뒤로 뺐어요. 그런데 아이 다리가 의자에 끼여 있는 거예요. 그것도 단단한 금속 부분에 말이에요. 내 눈을 믿을 수가 없었어요. 그때까지 사라는 자기 다리를 내려다보며 뭔가 이상하다고 말했던 거예요. 손님들이 너무 많아 우리는 몸을 제대로 움직이기도 힘들었어요. 아이도 수선을 피우지 않았고요. 저는 식사를 멈추고 아이가 뭘 보고 있는지 확인하고 도와줄 생각은 조금도 하지 않았죠. 그래야겠다는 생각조차 나지 않았어요! 정말 미안했어요. 덕분에 이제는 아이가 무조건 불평만 하는 게 아니라는 걸 깨달았어요. 아이는 말해야만 하는 걸 말할 뿐이죠. 미련한 어른이 어서 알아차려주길 기대하면서요. 그 후로 아이의 관점에서 상황을 보려고 노력하고 있어요. - 린, 14개월 된 사라의 어머니

자신의 양육 방식을 돌아보고, 아기가 울거나, 귀여운 짓을 하거나, 까르르 웃거나, 웃긴 표정을 지을 때 무슨 '말'을 하려는지 이해하려고 노력한다면, 아이와 소중한 관계를 맺고 행복한 아이로 키우는 길로 갈 수 있다. 타성에 젖은 양육 방식에서 벗어나 아기와의 관계를 가장 소중하게 생각하는 부모로 거듭날 수 있다.

아기의 관점에서 세상 보기

누구나 중요한 관계를 유지하려면 상대의 관점에서 보려는 노력이 필요하다. 상대가 아기일 때도 마찬가지다. 아기의 성격과 욕구에 대해 자꾸 고민하다 보면

아기가 올바른 자아를 확립하는 환경을 만들어줄 수 있다. 깊고 새로운 관계를 만들어가기란 말처럼 쉽진 않다. 그래서 동료든, 애인이든, 어린아이든 제대로 사귀려면 많은 시간과 노력을 기울여야 한다.

'마음대로 놀이 시간floor time' 갖기

아기의 관점에서 세상을 보고 따뜻한 관계를 맺는 최고의 방법은 정기적으로 '마음대로 놀이 시간'을 갖는 것이다.

하루에 최소 15분 이상 자주 아이와 함께 앉아 아이가 마음대로 놀이를 이끄는 시간을 주어라. 당신의 역할은 참가자이자 조력자이며 관찰자일 뿐이다. 답답하다고 아이에게 이래라저래라 시키지 마라. 이 시간은 아이가 당신에게 무엇을 하고 싶은지, 무엇이 재미있는지, 어떤 기분인지 알려주는 시간이다.

이 기법은 스탠리 I. 그린스팬Stanley I. Greenspan 박사가 처음 고안했다. 박사는 조지타운 의대에서 정신의학, 행동과학, 소아과학을 가르치는 교수이자 미국 국립보건원 산하 영아발달임상프로그램의 전前 책임자이기도 하다. 그린스팬 박사는 말한다.

"마음대로 놀이 시간은 아이와 따뜻하고 친밀하게 관계를 맺는 한 방법입니다. 다시 말해 아이가 몸짓과 말, 흉내 놀이를 통해 속마음을 솔직하게 드러내도록 아이와 교감하고, 아이를 존중하고, 아이에게 맞추어가는 과정입니다. 이 놀이를 통해 아이는 자존감과 상황을 주도하는 능력을 키웁니다. 더불어 아이는 '나도 세상에 영향을 미칠 수 있다'는 느낌을 받습니다. 당신이 놀이를 하면서 아이를 지지해주면 아이는 따뜻한 마음과 공감, 이해받고 있다는 기분을 느낍니다."

마음대로 놀이 시간 제대로 하는 법

당신과 아이 모두에게 편안한 장소를 찾아라. 아이들은 포근한 담요 위에서 놀기를 좋아한다. 담요를 깔고 그 위에 아이가 좋아하는 장난감, 책, 물건들을 두어라. 아이를 중앙에 두고 당신은 배를 깔고 엎드리거나 아이와 마주보고 앉아라. 아이와 눈높이를 맞추라는 의미다.

아이가 놀이를 주도하게 하라. 당신은 아이의 주도를 그냥 따라가기만 하면 된다. 뭘 하든 시키는 대로 하라. 아이의 행동에 의지와 의미가 가득한 것처럼 반응해주어라. 아이가 원하는 대로 하도록 도와라. 주도권을 빼앗지 말고, 아이에게 맞춰주는 즐거운 조력자가 되어라.

아이는 목표를 정해 놀이를 이끌고 당신의 지지를 받으면서 자신의 생각과 행동의 관계를 배운다. ("정말 착하구나. 공을 이쪽으로 밀어줄래?") 아이의 행동을 말로 들려주면 아이는 자신의 생각과 행동을 말로 어떻게 표현하고 정의하는지 배운다. 하지만 질문은 조심해서 해야 한다.

"왜 이렇게 어지럽힌 거야?"

이런 식의 질문은 비판적이며 생산적이지도 않다.

"네가 공을 얼마나 멀리 던질 수 있는지 알아보자. 재미있겠지?"

이런 질문은 건설적일뿐더러 아이의 행동을 긍정적으로 생각한다는 메시지도 은연중에 전달한다. 아이가 무엇을 하든 중간에 끼어들지 마라. 상호작용이 중요하다.

아직 말을 하지 못하는 아기에게도 당신의 질문과 말에 대답할 기회를 주어라. 소리를 내거나 몸짓을 하거나 표정을 짓도록 유도하라. 그러한 소리와 몸짓, 표정이 의미하는 바를 잘 관찰하고 그에 맞게 반응하라. 명심하라. 운전석에 앉은 사람은 당신이 아니라 아기라는 점을.

아이가 당신과 놀려 하지 않는다고 포기하지 마라. 잠시 물러나 아이가 어떻게 노는지 관찰한 후 다시 참여하라. 마음대로 놀이 시간은 아이가 자신과 자신의 관심거리를 부모에게 표현한다는 점에서 매우 중요하다. 이 과정을 통해 부모는 아이에 대해 알아가고 아이는 자신에 대해 알아간다. 상호작용을 하면서 아이와 부모는 원하는 것이나 의견 혹은 목적이 다를 때 서로 협상하는 법을 배운다. 부모와 아이도 협상할 수 있다. 필요하다면 협상은 꼭 해야 한다. 이렇게 서로에 대해 알게 된 모든 것들이 상호 존중하는 관계를 이어갈 단단한 토대가 된다.

질보다 양: 함께하는 시간이 완벽해야 할 필요는 없다

근 20년간 '퀄리티 타임quality time'(퇴근 후에 자녀와 함께 보내는 소중한 시간-옮긴이)이라는 말이 유행했다. 이런 개념을 옹호하는 사람들은 아이와 많은 시간이 아니더라도 함께하는 시간이 재미있고 교감으로 충만하면 된다고 주장한다. 이 개념은 일하는 부모들이 자신의 시간과 관심을 일과 아이로 나누어야 할 때 그에 따르는 마음의 부담과 죄책감을 줄이기 위해 만들어졌다. 하지만 이런 개념은 본질적으로 허상에 불과할지도 모른다. 퀄리티 타임만을 너무 추구하다 보면 아이에게도 부모에게도 큰 도움이 되지 않기 때문이다.

아이와 부모는 함께 보내는 시간도 많아야 하고, 그 질도 높아야 한다. 이 시간은 아이와 부모가 일대일로 보내는 시간과 목소리만 들으며 보내는 시간, 붙어 있지만 각자의 활동에 몰두하며 보내는 시간이 모두 뒤섞여 있다. 지루한 일상의 과제를 해결하는 시간과 신 나게 노는 시간, 가만히 앉아 있는 시간, 다양한 활동을 하는 시간 등이 모두 뒤섞여 있다. 달리 말하면 부모와 아이가 함께 보내는 시간은 바로 우리의 일상이다. 서로를 인식하고 안정감과 신뢰를 형성하는, 부모와 아이가 안전하고 일상적인 상호작용을 하는 시간이기도 하다. 아이와 함께할 때마다 질적으로 '풍요로운' 시간을 애써 만들려고 하지 않아도 된다. 질 높은 시간을 보내려는 중압감이 너무 지나친 나머지 애정 있는 부모가 아니라 하고 싶은 대로 하게 내버려두는 친척이나 의욕만 앞서는 사회사업가처럼 행동할 수도 있다. 가끔은 질보다 양이 모두에게 바람직하다. 아기와 의사소통할 때 흥미와 즐거움을 최대로 키워주고, 스트레스와 같은 부정적인 신호를 잘 표현하게 하고, 이런 신호를 유발하는 원인을 적절하게 해결해준다면, 이 기본적인 가이드라인만 잘 명심한다면, '퀀티티 타임quantity time'이 훨씬 실천하기 쉽다.

퀀티티 타임은 생각보다 어렵지 않다. 1800년대나 1900년대만 해도 사람들은 하루에 10~12시간 이상 일했다. 게다가 큰 아이들은 부모와 함께 농사를 짓거나 공장에서 일했다. 요즘은 아동 노동을 금지하고 있으며 부모도 옛날처럼 오랫동안 일하지 않는다. 대부분 명절과 휴가를 가족끼리 보낸다. 특히 주말은 가족이 함께 보내는 가장 기본적인 시간이다. 아이에게 대단한 이벤트를 열어줄 시간이 없을 수도 있다. 하지만 빨래나 쇼핑, 식사, 마당 가꾸기, 청소, 독서, 가족 등산 등 함께 시간을 보낼 기회는 얼마든지 있다. 아기들은 당신이 곁에 있고, 말을 걸어주고, 당신이 무엇을 하는지 말해주고, 활동에 끼워주는 것만으로도 행복하다. 이렇게 일상도 아기에게는 중요한 가르침을 줄 좋은 기회다. 아이들은 당신이 생각하고, 긴장을 조절하고, 문제를 해결하는 모습을 보며 그 모습을 내면화해 자기 것으로 만든다.

속도 늦추기

아이를 더 잘 알려면 속도를 늦추어라. 어른의 속도는 아이에게 너무 빠르다. 할 일을 평소처럼 급하게 처리하면 아이의 마음을 살필 수 없다. 속도를 늦추기 어려우면 심호흡을 하거나 열까지 세면서 속도를 조정하라. 이러한 발상은 마음대로 놀이 시간과도 관련이 있다. 단순히 아이의 놀이에 참여할 때뿐 아니라 아이가 꼭 해야 하는 일을 하는 동안에도 아이의 속도에 익숙해져야 한다.

아기의 속도에 어떻게 맞출까

- 천천히 차분하게 움직여라.
- 보통의 속도로 말하고 당신과 아기의 행동과 감정을 말로 표현하라. 그리고 아기의 반응에 귀 기울여라.
- 아이의 리드를 따라라. 예를 들어, 아이에 따라서 잠옷을 빨리 입기를 좋아하는 아이도 있고, 천천히 입기를 좋아하는 아이도 있다. 만약 아이가 한쪽 팔을 집어넣고 다른 쪽 팔을 넣을 때까지 잠시 주위를 둘러본다면, 그 시간을 기다려라. 기저귀를 갈 때는 음악을 틀고 노래를 불러주거나, 지금 하는 일을 말로 들려주어라. 아기의 시간 감각에 관심을 기울이고, 그 리듬에 익숙해지도록 노력하라. 그래봤자 일을 다 마치는 시간이 조금 길어질 뿐이다. 서두르지 않고 몇 분만 투자해 아이의 리드를 따르면, 아이는 소란 피우거나 울지 않고 별 문제없이 잠자리에도 잘 들 것이다.

명심하라. 아기는 혼자 움직이거나 주위 환경을 통제할 수 없다. 이런 상황이 얼마나 견디기 힘들겠는가. 아기는 거의 모든 일에 누군가의 도움이 필요하다. 이 점을 기억하면 잠옷을 입는데 빨리하라고 재촉하면 얼마나 불안하고 속이 상할지 쉽게 상상이 갈 것이다.

읽어주기

4개월 된 아기도 뭔가를 읽어주면 좋아한다. 읊조리는 듯한 목소리와 화사한 색상의 그림, 무릎 위에 앉아 있는 편한 느낌, 이 모두를 아이는 환영한다. 이런 습관을 일찍부터 들여주어라. 그러면 행동하기 전에 말로 생각과 감정을 표현하는 법을 배운다. 읽어주기를 통해 아이디어, 생각, 감정을 말로 표현하는 개념을 더 강화할 수 있다. 이 과정에서 이루어지는 모든 것은 상징적 사고를 발달시키고 감정과 행동을 더욱 풍부하게 한다.

또한 어릴 때부터 책을 읽어주면 아이는 더 쉽게 글을 배우고 성인이 돼서도 책을 좋아하는 사람이 된다. 책 읽는 기술은 학교생활과 인생에서 뭔가를 성취하는 데 직접적인 도움이 된다.

아기와 함께 뭔가를 읽고, 읽어주면 아기의 성격에 대해서도 많이 알 수 있다. 아기는 책에 매우 생생한 반응을 보인다. 당신이 글을 읽을 때 아기는 즐겁게 그림을 만지고, 웃고 즐기며 책장을 넘긴다. 이때 당신은 아기가 무엇에 흥미를 느끼고 흥분하는지 알 수 있다. 아기의 마음이 어떤 식으로 움직이는지 엿볼 수 있다.

세상이 따뜻한 곳이라는 느낌 심어주기

부모가 어떻게 하느냐에 따라 아기는 자신이 환영받는 세상에 태어났다는 느낌을 받는다. 아기의 욕구에 적절하게 반응해주면, 아기는 우호적인 내면세계를 형성해 바깥세상도 우호적인 곳으로 여긴다. 아기의 마음에 교감하고 감정에 잘 반응하는 환경을 만들어라. 그러면 아기는 낙천적이고 활력 있는 아이로 자란다. 또한 삶에서 겪는 문제를 현실적으로 파악하는 자신감도 얻는다.

아이를 '강하게 키운다'고 '원하는 것을 들어주지 않거나' '무서워할 때 공감해주지 않으면' 아이는 세상을 무서운 곳으로 여긴다. 그런 두려움은 아이의 감정과 지적 발달을 방해하고, 결국 상황 적응력을 떨어뜨린다. 아이가 세상을 자신의 욕구를 잘 충족해주지 않는 적대적인 곳으로 여기면 당면한 상황을 회피하거나 공격적인 반응을 보인다. 이러한 반응은 아이의 잠재력을 억제한다. 아이는 나약해져 강인해지기 어렵다. 역경을 잘 이기는 회복력이 뛰어난 아이로 키우고 싶다면, 아이의 감정에 적절하게 반응하고 공감해주는 환경을 만들어라. 현대 사회를 살아가려면 무엇보다 적응력이 필요하다. 내가 처한 상황이 긍정적인지 부정적인지 판단할 줄 알아야 한다. 다양한 형태의 사람과 상황에 적절하고 협력적인 관계를 맺을 수 있다면, 아이는 타고난 가능성을 활짝 꽃 피울 것이다.

규칙이 아닌 가이드라인

이제 제2부에서는 아홉 가지 신호에 대해 심층적으로 살펴볼 것이다. 그 전에 이 점만은 꼭 강조하고 싶다. 아기를 잘 키우는 방법은 많다. 어느 한 가지 방법만 옳다고 할 수는 없다. 하지만 무엇보다 아기의 감정 신호와 함께 아기가 어떤 경우에 어떤 감정을 느끼는지 안다면, 큰 도움을 받을 수 있다. 이는 철칙을 찾아가는 과정이 아니다. 부모가 적극적으로 아이에게 해줄 수 있는 일을 찾아가는 과정이다. 아홉 가지 신호를 알면 일상에서 뒤죽박죽 일어나는 사건과 감정을 제대로 파악할 수 있다.

이 책의 목표는 완벽한 부모가 되는 데 있지 않다. 완벽한 부모란 존재하지 않는다. 이 책의 목표는,

- 아기에게 (그리고 당신 자신에게) 사랑과 존중을 보여주는 데 있다.
- 아기가 긴장조절법을 배우고 자존감을 발달시키도록 돕는 데 있다.
- 아홉 가지 신호에 대한 지식을 바탕으로 당신과 아기 사이에 의사소통 창구를 열어 아기가 말을 배우기 전, 짧지만 중요한 시기에 아기와 편안하게 소통하는 데 있다

제2부
아홉 가지 신호

우리는 아기가 아홉 가지 신호로
가장 기본적인 욕구와 필요
즉, 최초의 감정을 표현하는 방법을 알아보았다.
이제 각각의 신호를 좀 더 자세히 살펴보자.

재미를 나타내는 신호
: 흥미, 즐거움, 놀라움

재미를 나타내는 흥미, 즐거움, 놀라움의 신호는 세상의 온갖 재미있는 정보와 자극에 대해 아기가 어떤 취향을 지니고 있는지 말해준다.

흥미와 즐거움은 아기가 세상을 접할 때 느끼는 기쁨을 전하는 신호다. 게다가 아기의 지능과 정서 발달에 없어서는 안 될 중요한 요소다. 아기를 돌보는 사람들이 이런 신호를 마음껏 표현하도록 격려하면 아기의 감정은 단단한 토대에서 발달한다. 이런 토대에서 자란 아이가 잠재력을 키워 자신감 있고, 똑똑하며, 낙천적이고 시련을 잘 이겨내며, 복잡하고 까다로운 도전을 회피하지 않는 사람으로 자란다.

재미를 나타내는 세 번째 신호인 놀라움은 자동차 경적과 같이 갑자기 일어나는 자극에 대한 반응을 말한다. 놀라움을 느끼면 아기는 주위를 경계하고 곧 다가올 상황에 대비한다.

최대한 키워야 할 긍정적인 신호

- 흥미와 즐거움의 신호는 억누르지 말고 자꾸 격려해야 한다.
- 놀라움의 신호는 공포가 아닌 흥미로 바뀌도록 유도해야 한다.

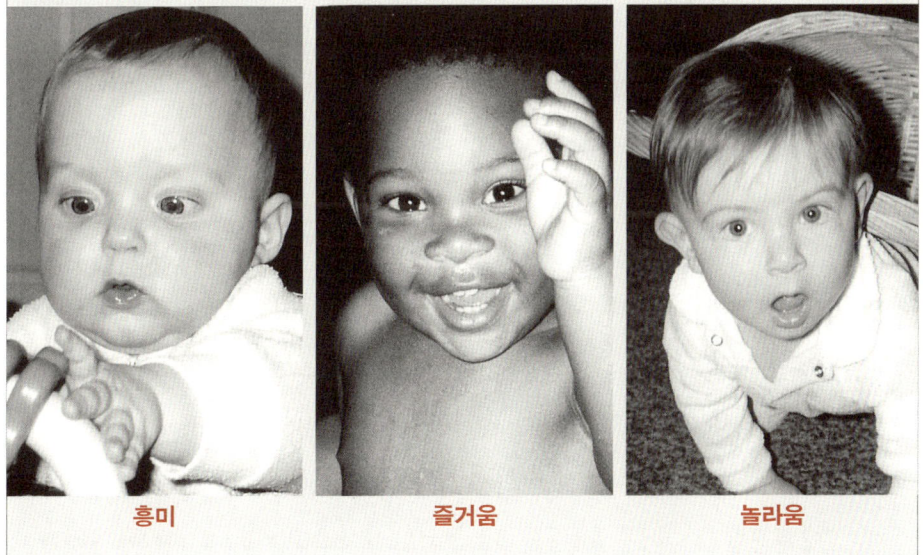

흥미   즐거움   놀라움

제 11 장
흥미

아기는 뭔가에 집중할 때 흥미 신호를 보낸다. 눈썹을 살짝 치켜세우거나 내려뜨린다. 입을 살짝 벌릴 수도 있다. 아기가 잔뜩 집중해서 보는 사물이 움직이면 시선도 함께 움직인다. 온몸을 경계하고 약간 긴장한 모습도 보인다. 흥미를 자아내는 대상을 향해 고개나 몸을 기울이기도 한다. 기거나 걷는 아기는 흥미를 끄는 대상을 향해 다가가기도 한다. 흥미는 흥미에서 흥분에 이르기까지 조금씩 다르게 나타난다.

지금은 다 큰 딸이 둘 있어요. 두 아이는 아기일 때부터 흥미를 끄는 대상에서 각각의 특별한 재능과 성격이 드러났죠. 막내는 지금 예술 학교에 다니고 있는데, 늘 사물의 색과 형태에 매료되었어요. 기기 시작하자 집 안에서 가장 화려한 물건을 향해 가곤 했죠. 물건을 만지기도 좋아해서, 손끝으로 그 형태를 더듬었어요. 그래서 우리는 모양과 색이 다채로운 물건들을 자주 보여주려고 노력했어요. 그 아이가 좋아하는 방식으로 세상을 경험할 수 있도록 말이에요. 큰 딸은 완전히 달랐어요. 생각으로 뭔가를 알아내기를 좋아하는 듯 보였죠. 물건이 어떻게 만들어지고, 사람들은 무슨 말을 하고, 이런저런 것들이 무엇을 의미하는지 고민했죠. 이 아이는 무척 분석적인 사고를 했어요. 직접 몸으로 부딪치기보다는 지켜보는 쪽이었죠. 어쩌면 첫 애라 우리가 아이에게 어떻게 자극을 줘야 하는지 몰랐기 때문일 수도 있어요. 나는 아이에게 블록과 여러 장난감을 주고 물건 쌓기를 하게 했어요. 겨우 두 살일 때 재미있는 영화도 많이 보여주었죠. 다른 아이들과 달리 아이는 이런 것들에 관심을 보였어요. 큰 딸은 아주 어린데도 매우 침착했어요. 지금은 다 커서 회계사가 되었어요. 실력도 있죠. 두 아이 모두 자기 일을 좋아해요. 우리가 아이들이 재능을 깨닫고 키워나갈 수 있도록 해준 것 같아요. 아기에게 관심을 많이 기울이세요. 그러면 어떤 사람으로 자랄지 힌트를 얻을 수 있어요. 우리는 아기를 키우는 사람으로 아기가 이 세상에 최대한 연착륙하도록 도와야 한다고 생각해요. - 킴, 47세

아기는 나면서부터 주위에 흥미를 보이기 시작한다. 아기는 세상을 탐험하면서 자신과 타인과 삶에 대해 배운다. 아기는 호기심 덩어리다. 눈에 보이는 모든 것에 흥미를 보이고 모든 정보를 게걸스럽게 흡수한다. 아기의 뇌는 나면서부터 온갖 형태의 자극을 추구하고 반응하도록 프로그램화되어 있다. 아기는 감각기관을 통해 세상을 이해한다. 보고, 만지고, 냄새 맡고, 맛을 보면서 정보와 즐거움을 얻는다. 던지고, 잡아채고, 당기는 등 어른들이 말리는 행동도 아기에게는 정보와 즐거

움을 준다. 자극을 추구하고 주위를 탐험하려는 이런 경향은 아기에게 매우 중요하다. 그렇게 아기는 세상을 알아가기 때문이다.

아기가 보이는 흥미 신호를 어른은 나쁘다거나 위험한 행동으로 여길 때가 많다. 부모라면 누구나 아기의 안전을 걱정하고 아기가 혼란과 소음을 일으키지 않길 바란다. 하지만 부모의 이런 마음은 호기심 많은 아이의 마음과 충돌할 가능성이 크다. 아기가 흥미를 보일 때마다 그런 행동을 못 하게 하거나 야단을 치

흥미

면 아기는 호기심으로 한 행동에 수치심을 느낀다. 이런 수치심은 세상을 탐구하려는 활동을 억제하고 자존감과 자기 능력에 대한 믿음을 훼손한다. 그렇다고 집안의 질서와 규칙, 조용하고 평화롭게 살고 싶은 마음을 포기하라는 말은 아니다. 이제부터라도 아기의 흥미를 다른 쪽으로 돌리거나 형태를 바꾸더라도 일단은 흥미를 격려하고 인정해주는 방법을 찾아보라는 말이다.

아기가 바닥에 놓여 있는 상자로 기어가 묶여 있는 리본을 잡아당긴다고 하자. 이때 당신은 두 가지 목표를 동시에 이루어야 한다. 다시 말해 상자가 망가지지 않도록 하면서도 '아기의 관점'에서 상황을 보아야 한다. 그러면 아이와의 충돌을 피해 상자도 보호하고 아기의 호기심도 마음껏 표현하게 할 수 있다.

아기가 리본을 잡아당길 때 신기함과 새로운 정보가 폭포처럼 쏟아진다. 아기는 리본의 색과 촉감이 신기하기 짝이 없다. 당기면 길어지는 리본이 아기의 마음을 사로잡는다. 아기는 지금 물체의 형태를 바꾸는 중이다. 아기에게 이것은 수수께끼이자 즐거움이다. 그렇게 아기는 세상에 영향을 미친다. 아기는 자신에게도 미약하나마 힘이 있다는 사실을 깨닫는다. 아기는 혼자서는 걸을 수도, 밥을 먹을 수도, 어른과 경쟁할 수도 없다. 하지만 이 리본을 보라! 아기가 세상을 정복한 것이다! 이렇게 작은 사건을 겪으면서 아기의 뇌는 무럭무럭 자라 삶이란 어떤 것인지 알아간다.

부모는 이런 상황을 달리 본다. 아기는 가만둬야 할 물건을 망가뜨리는 중이다. 부모에게 리본을 푸는 일은 즐겁지도 신기하지도 않다. 하지만 아기는 당연하다는 듯이 물건을 망가뜨리고 있다. 부모는 이런 상황에 자극받고 스트레스마저 느낀다.

어떤 충돌인지 알겠는가? 아주 단순한 상호작용도 아기에게는 큰 의미가 있다. 이런 상황에서 당신이 보이는 반응 방식은 여러 가지 장·단기적인 영향을 미친다. 단기적으로는 아기와 당신의 기분이 달라진다. 아기는 기분이 상해 떼를 쓰고 화를 내고 그래서 당신의 기분마저 상한다. 아니면 아기의 호기심을 채워주면서 상호작용을 계속 즐길 수도 있다. 장기적으로는 당신이 아기의 관점에서 벌어지는 일을 보고 이에 맞게 반응하지 않으면 서로의 힘이 충돌하는 관계를 형성하게 된다. 그리고 이 충돌은 더 격렬해지고 고착화될 가능성이 크다. "안 돼"라는 반응에서 시작된 감정의 상처는 전쟁으로도 변할 수 있다.

아기가 리본을 잡아당길 때 어떻게 해야 할까? 아기가 대단한 일을 하고 있다는 사실을 알도록 해주어라. 엄청난 정보를 찾아냈다고 말이다. 이렇게 말하면 어떨까?

"리본이 풀리는 거 봤지?", "그쪽을 잡아당겨서 풀었구나, 그렇지?"

앞으로 아기가 자라면 지금은 절대 이해할 수 없는, 리본 묶는 법을 설명할 기회가 올 것이다. 가능하면 아이가 흥미를 보이는 물건을 마음껏 탐험하게 하고, 성취의 기쁨을 누리게 하는 것이 중요하다.

한편 아기의 관심과 호기심을 문제가 덜 되는 물건으로 옮겨도 좋다.

"네가 이 신발 끈을 잡아당기면 끈이 풀릴 거야. 자 엄마가 먼저 보여줄게."

아니면 아기가 가지고 놀 수 있는 다른 리본과 상자를 마련해줘도 된다. 또는 아예 다른 곳으로 관심을 돌려도 좋다.

"아기 곰을 네 배에 태워주자, 어때? 여기 아기 곰이 있네. 안녕하고 인사해."

관심을 다른 곳으로 돌리고 분산시키는 일은 언제나 효과가 있다. 관심을 억누르지 말고 다른 곳으로 그 관심을 돌려라.

임상 연구와 유아 연구를 훌륭하게 접목한 버지니아 데모스Virginia Demos 박사는 아기가 세상을 탐구하는 행동과 부모의 반응을 심층적으로 연구했다. 박사는 아기들이 물건을 쾅 하고 내리치고, 던지고, 입에 물고, 뜯고, 당기고, 집고, 떨어뜨리는 등 다양한 행동을 할 때 부모가 흔히 하는 오해에 주목했다. 아기가 화가 난 게 아니라면 이런 행동은 아이가 세상을 탐구하며 노는 방식이다. 이런 행동의 원료는 바로 흥미와 즐거움이다. 물론 아기가 이렇게 놀면 물건이 깨지거나, 시끄러운 소리가 나거나, 주위가 온통 엉망이 된다. 부모는 흥미를 느끼는 아기의 정서 상태와 그 의미를 이해하지 못하고 아기가 빚을 일차적이고 잠재적인 결과에만 신경을 곤두세운다. 그러면 아기의 행동을 적대적이고 파괴적으로밖에 볼 수 없다. 이런 부모는 종종 아이를 야단치고 벌주

흥미

고 행동을 억제하려 든다. 아기가 느끼기에는 온건하고 재미있는 활동이 느닷없이 부모와 부정적인 상호작용을 주고받는 활동으로 변한다. 아기는 구체적으로 자신의 어떤 행동이 그런 반응을 이끌어냈는지 알 길이 없다. 흥미를 느낀 정서 상태를 말하는지, 던지고 깨고 잡아당기는 행동을 말하는지, 어질러놓은 방을 말하는지 아이는 이해하지 못한다. 이런 오해는 다양한 결과를 가져온다. 아기는 원인과 결과를 알아내려고 같은 동작을 반복한다. '내가 또 이렇게 하면 엄마는 똑같이 화를 낼까?' 아니면 부모와의 부정적인 상호작용 때문에 세상에 대한 탐험과 호기심이 점점 줄어든다. 아니면 자신이 적대적이고 파괴적이어서 위험한 존재라는 인식이 쌓일 수도 있다.

흥미를 극대화하는 법

아기가 상자의 리본을 잡아당기는 등 아이 특유의 행동을 하면 상황에 따라 적절하게 반응해줘야 한다. 더불어 세상에 대한 관심을 표현하면 할수록 좋다는 메시지도 전해야 한다. 이 모두가 빠른 두뇌와 학습 발달의 토대가 된다.

❶ 아기가 사물의 원리를 배우도록 도와라

아기가 흥미를 보일 때마다 세상에 대해 가르칠 기회라고 생각하라. 여유를 가지고 아기가 무엇이 딱딱하거나 부드러운지, 맛이 좋은지 쓴지, 소리가 시끄러운지 조용한지 알아내도록 도와라. 아기에게는 세상 모든 것이 신비 그 자체다. 아기와 함께 세상을 탐구하라. 인과관계를 가르쳐라. 식탁보를 잡아당기면 위에 있던 그릇이 바닥으로 떨어진다. 어른에게는 당연한 일이지만, 아기에게는 무척 놀라운 사건이다. 아기 혼자서는 금세 알아차릴 수 없는 일이기도 하다. 이런 가르침은 경험을 통해 몇 번이고 배워야 한다. 다행스럽게도 그 경험이 불쾌한 재앙이 될지 아니면 좋은 예나 설명이 될지는 당신 손에 달렸다.

❷ 아기가 흥미를 더 느끼도록 격려하라

하루하루 쌓여가는 흥미로운 경험들이 흥미를 잃지 않는 미래의 토양이 된다. 그러므로 아기가 흥미를 보이는 대상에 더욱 관심을 기울여라. 그러면 이제 막 돋

아난 성향을 더 강화할 수 있다. 예를 들어, 아기는 트럭이나 공사 현장, 모터, 기계를 좋아한다. 기계는 대단한 일을 한다. 시끄러운 소리를 내고 신기한 모양과 색을 하고 있다. 아기의 눈에 비친 기계는 마법이다. 음악을 무척 좋아하는 아이도 있다. 이런 아이는 리듬에 반응을 보이고 노래를 불러주면 즐거워한다. 아기가 무엇을 좋아하는지 잘 관찰했다가 학습의 도구로 활용하라. 아기의 관심을 돌리거나 분산시킬 때도 매우 효과적으로 활용할 수 있다.

아기가 관심을 보이는 일에 집중해주면 이렇게 말하는 것과 같다.

"알겠다. 네가 뭘 좋아하는지. 네 관심을 공감하고 북돋아 줄게."

이는 아기의 흥미와 감정을 인정한다는 말이며, 이러한 인정은 아기의 자존감과 자신감 발달로 이어진다.

데모스 박사의 연구에 따르면, 아이들은 다양한 기술로 부모를 자신의 활동에 끌어들인다. 물건을 가져다 보여주거나, 소매나 다리를 잡아당긴다. 무릎에 털썩 올라가거나, 질문하거나, 미소를 짓는다. 이때 부모가 형식적인 반응만 보여도 아기의 관심이나 장난기를 유지하는 데 도움이 된다. 하지만 아기의 신호를 무시하거나 짜증으로 반응하거나 금지하면, 스스로 흥미와 즐거움을 느끼는 감각이 발달하지 못한다. 부모가 이렇게 반응하는 데는 여러 가지 이유가 있다. 피곤하다거나 다른 일을 하느라 잠시 바빠서일 수도 있고, 부모의 기질 때문에 그럴 수도 있다. 후자에 해당하는 부모는 아이의 놀이가 바보 같다고 여기거나, 아이 수준에 맞춰 노는 것을 어색해하거나, 아니면 아이가 울거나 수선을 피울 때나 어른이 놀이에 끼어야 한다고 생각한다. 하지만 이 모든 반응에서 아이는 '부모가 자신의 기쁨과 장난기 어린 행동을 알아보기는 했지만, 그것을 있는 그대로 받아들이고 지지해줄 생각은 없다'는 메시지를 읽는다. 흥미와 흥분과 즐거움을 표현해도 긍정적인 반응을 얻지 못하면 아기는 이런 생각도 한다.

'나는 (부모에게) 흥미와 즐거움을 주지 못해. 그러니까 흥미와 즐거움을 느낄 필요가 없어. 이 물건에 흥미와 즐거움을 표현하는 것은 어리석은 짓이야. 엄마나 아빠를 내 관심거리와 즐거움에 끌어들이려고 해서는 안 돼.'

아이가 어느 하나라도 이런 결론을 내린다면, 아이는 긍정적인 신호를 억제하게 되고 부모와의 의사소통에 일시적인 장애물이 세워진다. 톰킨스의 정서이론에 따르면, 이런 상황은 아이에게 수치심을 불러일으키고, 아이의 반응에 따라 수치심은 다시 스트레스나 분노 같은 다른 부정적인 정서로 이어진다.

❸ 아기의 흥미 신호를 마음껏 표현하게 하라

아기가 보이는 모든 흥미 신호를 아기의 자신감과 지능이 발달하는 기회라고 생각하라. 13개월 된 아기가 어른이 쓰는 가위로 장난을 친다면, 부드럽게 어린이용 가위로 바꾸어주고 사용법을 알려주어라. 가위가 어떻게 종이를 자르고, 가위날은 얼마나 날카로운지 보여주어라. 아이가 품은 흥미를 잘 알고 있지만 위험한 가위로부터 아이를 보호해야 한다는 사실도 알려줘야 한다.

"잘 봐. 이렇게 종이를 가위 사이에 끼워봐. 그러면 종이를 네 개로 만들 수 있어. 정말 편리하지? 하지만 가위는 날이 무척 날카로워 다칠 수 있어. 그래서 이 가위는 네게 못 주는 거야. 대신 날이 덜 날카로운 가위로 잘라보자."

이렇게 차근차근 설명해주면 아이의 흥미를 억누르거나 겁을 주지 않고도 가위의 용도를 가르칠 수 있다.

데모스 박사는, 아이를 보호하려는 마음에서 그러겠지만 무조건 가위를 빼앗거나 "안 돼"라고 소리를 지르면 어떤 문제가 일어나는지 알아보았다. 이런 반응은 흥미 있는 물건을 탐구하려는 아이의 타고난 욕구를 억누르는 결과를 낳는다. 아기는 가위를 배울 기회를 방금 잃었다. 부모는 가위를 빼앗고는 관심을 돌릴 만한 다른 대체물도 주지 않았다. 아기는 단지 '멈춰'라는 메시지만 받았다. 그런데 도대체 무엇을 멈추라는 걸까? 흥미를 느끼는 일을? 새로운 사물을 탐구하는 일을? 가위를 살펴보는 일을? 주위에서 자꾸 아이의 행동을 금지하고 억제하면 아기는 스스로 뭔가를 탐구하고, 배우고, 자극을 추구하는 행동을 억누르게 된다. 그 결과 아이는 점차 위축되고 수동적으로 변한다.

아기가 "안 돼"를 "나쁘다"로 받아들이는 이유

아기가 흥미를 보일 때 날카로운 음성으로 "안 돼!"나 "그만해!"를 자주 외치면 아기는 수치심과 창피함을 느낀다. 이는 아기가 이런저런 것에 보이는 관심이 '잘못된' 것이라고 말할 때 보이는 자연스러운 반응이다. 아기는 뭔가에 흥미를 보이다가 느닷없이 제지를 당하면 흥미 신호를 보낼 때마다 야단맞을 것으로 생각한다.

또한 날카로운 음성으로 "안 돼!"라고 하거나 "그거 만지지 마!"라고 하면 아기는 당황할 수도 있다. 갑자기 아기는 세상이 무섭게 보일 것이다. 전에는 가보지 않은 곳을 용감하게 가려면 안전부터 확인하려 들지도 모른다. 느닷없이 아기의 흥미 표현을 중단시키면 아기는 다음엔 무엇을 해야 할지 몰라 혼란을 느낀다.

"좋아. 그만할게요. 그런데 이제 어떻게 해요? 난 뭘 하면 되죠?"

아기는 이렇게 생각하며 어리둥절해한다. 이때 아기의 흥미 신호는 스트레스 신호로 바뀐다. 당신이 가위를 치워버리자마자 아기는 울고불고 난리를 친다. 당신은 아이가 원하는 것을 빼앗겼기 때문에 화가 나 우는 것이라고 생각하며, 이렇게 말할지도 모른다.

"그럼, 애 버릇을 망치라는 건가요?"

하지만 사실은 그게 아니다. 아기는 자신이 오해받고 있다고 느끼기 때문에 우는 것이다. 흥미로운 물건을 가지고 놀지 못하게 된 것도 억울한데, 엄마나 아빠가 자신을 오해까지 하고 있지 않은가. 이런 상황이 아기의 자존감과 자신감 형성을 가로막는다. 간단히 말해 "안 돼"라는 말을 남발하면 아기의 뇌는 그 말을 "나쁘다"로 받아들이기 시작한다.

흥미를 최대한 키워줘야 하는 이유

아기가 보이는 흥미 신호는 바깥세상을 알고 싶어 하는 마음이다. 또한 자신을 알아가는 과정이기도 하다. 흥미라는 자극을 받을 때 아기는 자신이 무엇을 좋아하고, 무엇에 관심이 가고, 무엇에 흥분하는지 알게 된다.

- 아기의 흥미를 자꾸 격려해주면, 아기는 자신감 있게 세상을 탐구한다. 아기는 자극을 원하는 생물학적 욕구를 충족하고, 죄책감 없이 자기 세계를 넓혀간다.
- 아기의 호기심을 충족해주면, 아기는 더욱 강한 통제력과 능력, 자신감을 얻는다. 아기는 '바깥세상'에서도 잘해낼 수 있다는 느낌을 받는다.
- 더불어 한계도 가르쳐줘야 한다. 아기가 해도 되는 일과 안 되는 일을 알면 경계에 대한 이해를 키워나갈 수 있다. 세상에는 규칙이 있고, 당신이 그 규칙을 잘 가르쳐줄 것이라는 믿음을 줘야 한다. 그러면 아기는 규칙을 따르고 적응하며, 당신이 인정하는 방향으로 충동과 욕망을 스스로 조절하는 법을 배운다.

변해가는 흥밋거리

아기는 만지고, 보고, 들을 수 있는 모든 것에 흥미를 보인다. 처음에는 마주치는 물건을 모두 입으로 가져가 맛을 본다. 시각과 청각이 점점 발달하고 걷기 시작하면 흥미를 자극하는 대상도 급격히 늘어난다. 이때 아기에게 흥미를 표현하는 법을 가르쳐주고, 새로운 흥미를 자극하는 다양한 상호작용에 노출되도록 도와야 한다. 부모가 제시한 방법이나 새로운 자극이 아기의 마음에 들 수도, 들지 않을 수도 있다. 그래도 상관없다. 어떤 아이는 6개월인데 벌써 책을 읽어주면 좋아하지만, 9개월이 지나도록 통 책에는 관심이 없는 아이도 있다. 하지만 언제든 책에 관심이 생기면 아기는 금세 당신에게 표현할 것이다. 관심도 없는 책을 자꾸 읽어주면, 아기는 꼼지락거리고 떼를 쓰다가 다른 것으로 관심을 돌린다. 그것은 때가 될 때까지 책을 치우라는 신호다.

아기는 인형 놀이나 산책하기, 노래 듣기나 딸랑이 놀이를 좋아한다. 아무리 시시하고 보잘것없는 놀이라도 아기가 좋아하면 그것만으로도 중요하고 대단한 일이다. 아기가 관심을 보이면 월령에 상관없이 그 놀이를 하게 하라.

아기가 자라면서 관심거리가 늘어나면 아이의 호기심을 자극하는 대상을 알아내는 일도 그만큼 어려워진다. 걱정하지 마라. 늘어나는 관심거리에 비해 아이가 그걸 표현하는 능력이 발달하지 않아 일어나는 현상이다. 하지만 때에 따라서는 아이의 신호를 잘못 읽어 아이와 부모 모두 큰 좌절과 스트레스를 경험하기도 한다. 에바라는 딸을 키우는 엄마 로이스의 예를 보자. 로이스는 에바를 돌보기가 점점 더 어렵다고 했다. 평소에는 잘 웃고 잘 노는데 일단 울기시작하면 달랠 수가 없다는 것이다. 더 어릴 때는 괜찮았다. 하지만 16개월이 지나도 아이가 심하게 울고 투정을 부려 로이스는 문제라도 생긴 건 아닌지 걱정스러웠다. 2주가량 로이스와 에바를 관찰해보니, 에바는 말을 잘 못해 답답해했다. 에바는 말귀를 잘 알아듣고 말소리와 흡사한 소리로 대답하려고 했다. 그래도 "나는 이게 좋아.", "이게 필요해."라는 말이 쉽게 나오지 않았다. 그래서 심한 좌절감을 느낀 것이다. 에바는 뭔가에 관심이 생기거나 하고 싶은 말이 있어도 마음처럼 빨리 전달하지 못했다. 그러다 보니 점점 더 초조해지고 짜증이 났다. 이런 에바를 도우려면 엄마는 아기가 보내는 신호를 계속 말로 바꾸어 들려주고 상황을 설명해줘야 한다.

　부모는 종종 아이의 흥밋거리는 잘 이해하면서도 아이의 발달 능력은 이해하지 못한다. 또한 열정과 성취를 인정받고 싶어 하는 아이의 욕구에도 무심하다. 이런 태도는 유쾌한 감정으로 가득 찬 풍선을 펑 하고 터트리는 것과 같다. 데모스 박사가 말하는 어떤 엄마와 15개월 된 딸 사이에 있었던 상황을 살펴보자. 아기는 마당의 모래 상자에서 놀고 있고 엄마는 근처 의자에 앉아 있었다. 이웃집 꼬마가 모래 상자에서 놀고 있는 아기에게 공을 던졌다. 아기는 공을 집어 들고 다시 '던져주었다.' 아기가 던져봤자 공이 얼마나 나가겠는가? 아니나 다를까 공은 바로 앞에 톡 떨어졌다. 그래도 아기는 자신이 대견한지 꼬마를 보고 활짝 웃으며 박수까지 쳤다. 이때 엄마가 말했다.

"박수를 벌써 치면 어떡해? 공이 모래 상자에 그대로 있잖아. 다시 해봐."

아기는 어리둥절한 표정을 지으며 공을 다시 던졌다. 이번에도 결과는 똑같았고, 아기의 기쁨도 그대로였다. 엄마는 다시 아기에게 '네' 목표를 채우지 못

흥미

했다며 다시 던지라고 다그쳤다. 세 번째도, 네 번째도 결과는 마찬가지였다. 아기의 얼굴은 점점 더 시무룩해졌고, 더는 박수도 치지 않았다. 아기는 곧 공 던지기에 관심을 잃고 다른 장난감을 가지고 놀기 시작했다. 아기의 관점에서 공을 집어 꼬마에게 '던져주는' 놀이는 자신의 팔을 움직여 공을 놓아버리는 것에 불과했다. 그렇게 꼬마의 동작을 제 능력껏 흉내 낸 것이다. 아기가 공을 던지고 좋아서 활짝 웃으며 손뼉 치는 것을 보면, 아기 나름의 목표는 달성한 셈이다. 반면 노력이 아닌 성과만 생각하는 엄마는 아기의 그런 기쁨을 받아들이지 않았다. 그 결과 아기는 당황스러웠고, 지지받지 못한다는 느낌을 받았다. 왜 실패했는지, 어떻게 하면 엄마를 기쁘게 할 수 있는지를 몰라 아기는 금세 포기해버렸다.

아기의 관심에 맞추는 법

아기의 관심거리를 알고 싶으면 마음대로 놀이 시간을 가져라.(제10장 참조) 몇 가지 놀이만으로도 아이 세상으로 들어갈 수 있다. 아기가 부엌으로 기어가 냄비와 프라이팬을 가지고 논다고 하자. 그러면 당신도 아기를 따라 부엌으로 기어가라. 아기의 눈높이에서 그곳이 얼마나 매력적인지 보게 될 것이다. 바깥세상의 사물과 만나는 아주 사소한 순간이 아기의 상상 속에서 얼마나 큰 역할을 하는지 깨달을 것이다. 아기가 세상을 경험하는 속도도 느낄 것이다. 아기의 탐구심을 자극하고 자신감을 키워주고 싶은가? 그렇다면, 아기의 시간 감각을 존중하라.

아이와 보내는 시간은 질과 양이 모두 중요하다. 아기와 함께 있는 시간에 이벤트나 정해진 시간표대로만 움직이려고 하지 마라. 그러면 아이는 자유롭게 세상과 교류하며 자기 속도에 맞춰 하루를 보낼 수 없다. 빨래를 할 때나, 독서를 할 때나, 잡다한 일을 처리할 때나, 그냥 빈둥거리고 놀 때나 아이와 함께 시간을 보내라. 이런 일상 속에서도 아이는 특별한 관심을 표현하고, 당신도 쉽고 자연스럽게 아이를 관찰하고 아이와 상호작용할 수 있다.

아이의 관심거리에 간섭해야 한다면 어떻게 해야 할까

아이가 흥미를 느끼도록 최대한 격려하는 일도 중요하지만, 필요할 때는 중단도 시켜야 한다. 이런 상황에 적절하게 대처하지 못하면 부모와 아이 모두 스트레스와 분노를 폭발하게 된다. 아이와 마트에 갔다고 하자. 아이는 마트에서 일어나는 온갖 일에 매료되어 있다. 생선을 다듬고 고기를 써는 사람, 여러 손님들, 진열대에 들어 있는 희한하게 생긴 음식들. 하지만 한 코너에서 물건을 다 고르면 당신은 다른 코너로 옮겨가야 한다. 아이가 앉아 있는 카트를 다른 통로로 끌고 가면 아이는 마트가 떠나갈 듯 울음을 터트린다. 거기서 계속 물건과 사람들을 지켜보고 싶은 것이다. 하지만 당신은 다른 코너로 가야만 한다. 이럴 때는 우선 아이의 스트레스를 알아차리고 공감해주는 일이 중요하다.

"방금 보았던 물건을 보는 게 정말 좋았구나, 그렇지?"

아니면 번거롭더라도 좀 전의 코너로 다시 돌아가 이렇게 말해줄 수도 있다.

"저기 고기 파는 아저씨가 있네. 저기 네가 좋아하는 칠면조도 있고. 여기서 더 놀고 싶지? 그렇지만 다른 코너에는 뭐가 있는지 궁금하지 않아?"

그런 다음 아이에게 다른 관심거리를 마련해주면 아이가 스트레스를 극복하는 데 도움이 된다. 노래를 불러주거나 장난감을 주거나 (아이의 담요나 곰 인형 같은) 마음에 안정을 주는 물건으로 아이의 관심을 돌려라. 다음 코너에는 어떤 재미있는 물건이 있는지 보러 갈 거라고 말해줘도 된다. 아니면 의도적으로 고기 파는 사람에게 장황한 작별 인사를 나누며 자연스럽게 정육 코너를 떠날 수도 있다.

아이의 관심을 인정해주고 스트레스를 표현하게 한 후, 다른 활동으로 넘어가라. 그러면 아이는 긴장조절법과 만족을 뒤로 미루는 습관을 배운다. 아이가 세상의 중심이 아닐 때도 있다는 사실 또한 부드럽지만 확실하게 알려줘야 한다. 항상 자기가 우선이라고 생각했던 아이는 이런 상황을 받아들이려고 하지 않을 것이다. 하지만 아이의 관심을 조용히 다른 데로 돌리는 예와 같이 적절히 개입해주면 아이는 좀 더 자연스럽게 현실을 받아들일 것이다.

조기교육

아기가 뭔가에 관심을 보이고 탐구하는 모습을 보면 이런 의문이 들 수도 있다. 조기교육은 꼭 해야 하나? 얼마나 효과가 있나? 조기교육은 무척 중요하며 잠재적인 효과도 매우 크다. 하지만 애초에 부모가 염두에 두어야 할 중요한 사항이 있다. 부모가 아기의 흥미 신호를 제대로 이해하는가? 아기의 흥미 신호를 제대로 이해하는 부모는 그 아기의 호기심과 세상을 탐구하고, 시험하고, 즐기고, 집중하려는 성향 모두를 학습의 기회로 생각한다. 물론 어느 정도 한계 설정도 필요하다. 아기의 호기심과 열정을 훼손하지 않고도 위험으로부터 아기를 보호하려면 창의성을 발휘해야 한다. 무조건 아기의 탐구욕을 제한하거나 '잘못된 행동'으로 보려고 하지 마라. 아기는 생각하고, 말하고, 탐구하는 자유를 충분히 누려야 한다. 말을 배우면(제19장 참조) 감정이나 느낌을 말로 표현하도록 자극하라. 아기가 당신의 기준에서 '못된' 말을 하면, 그 말을 학습의 기회로 활용하라. 사전을 가져와 그 '못된' 말의 정의를 찾아보라. 사람들 앞에서 그런 말을 쓰면 다른 사람의 기분이 어떨지 함께 이야기를 나누어라. 무조건 금지하려 하지 말고, 자극하고 격려하라. 어릴 때부터 이런 식으로 아이에게 배움의 기회를 줘야 한다. 이것이야말로 진정한 '조기교육'이다!

계속되는 아이의 흥미 찾기

다른 신호와 마찬가지로 흥미도 형태가 고정되어 있지 않다. 경미한 호기심에서 열정과 흥분에 이르기까지 온갖 형태로 나타난다. 할머니가 손자에게 새 장난감 차를 선물했다. 아기는 차를 받아들고 멀뚱히 보다가, 내려놓다가, 다시 집어 든다. 무엇을 어떻게 해야 할지 모르는 눈치다. 하지만 잠시 후, 아기는 새로운 물건이 정말 근사하다고 생각하고는 장난감 차를 들어 머리 위로 흔든다. 관심이 흥분으로 커진 상태다. 아기는 장난감이 마음에 든다. 우연히 단추를 눌렀는데, 사이렌 소리가 난다. 처음에는 깜짝 놀라지만 전보다 더 흥분하며 좋아한다.

관심은 커지는 만큼 쉽게 식어버리기도 한다. 처음에는 관심을 보이지만 이내 시들해진다. 장난감 차를 자세히 살펴보니 별로 마음에 들지 않는다. 그러면 아무리 아이의 마음을 바꾸려 해도 소용없다. 자꾸 장난감 차를 가지고 놀게 하면 아이는 화를 낸다. 아이가 만약 눈물을 흘리거나 몸부림친다면 이런 신호를 보내는 것이다.

'내 말 못 들었어요? 나는 이거랑 놀기 싫어요.'

이럴 때는 장난감 차를 치우고 다른 장난감을 보여주거나, 주변에 아이의 관심을 끌 만한 다른 무엇이 있는지 살펴보는 게 좋다. 할머니가 직접 재미있는 동작을 보여줘도 된다. 그러면 아기는 할머니와 놀며 장난감을 잊을 수도 있다.

아이들은 지루함을 좀처럼 참지 못한다. 아이들은 늘 신 나고 재미있는 자극을 원한다. 그러지 못하면 스트레스가 쌓인다. 흔히 식당이나 쇼핑몰에서 아이들이 소란을 피우는 이유도 여기에 있다. 그런 상황에서 아이의 건강한 호기심을 채우고 원하는 자극을 주려면 장난감이나 퍼즐처럼 관심을 끌 대상이 많아야 한다.

아이의 흥밋거리를 알아차리고 적절하게 반응하라. 그러면 당신과 아이는 지금은 물론 앞으로도 좋은 관계를 이어갈 수 있다. 자신이 무엇에 흥미 있는지를 알고, 부모가 이를 지지해준 아이는 나중에 더 수월하게 좋아하는 일을 찾아간다. 그러면 당신 또한 행복해질 것이다.

제  장
즐거움

즐거움은 다양한 방식으로 나타난다. 아기는 미소를 짓거나 입을 활짝 벌린다. 웃음을 터트리기도 한다. 두 뺨에 작은 주름이 잡히고, 눈이 반짝반짝 빛난다. 높은 소리를 내거나 깔깔거린다. 즐거움은 즐거움과 희열 사이의 감정을 모두 포함한다.

어머니는 절 언제나 못된 아이라고 하셨어요. 제가 너무 까불거려서 그랬을 거예요. 나중에 알게 되었는데, 어머니는 즐거움을 죄악이라고 생각하셨어요. 그런 말씀은 한 번도 하지 않으셨지만 어머니는 분명히 그렇게 생각하셨어요. 그렇게 배우셨거든요. 즐기고 바보 같은 짓도 하면서 세상을 편하게 대하기까지 저는 오랜 시간이 걸렸어요. 아이를 낳고 보니 제가 어땠는지 알겠더라고요. 그래서 저는 아이들에게 얼마나 착한 아이인지 늘 말해줘요. 틈만 나면 재미있는 시간을 보내려고도 하고요. 저는 웃음이 끊이지 않는 집을 만들고 싶어요. 어느 정도는 돼가고 있는 것 같

아요. 이제 8개월과 20개월 된 두 아이를 보고만 있어도 절로 웃음이 나와요. 막내는 기분이 좋으면 웃긴 표정을 짓죠. 눈과 입을 활짝 벌리고 혀를 쑥 내밀고는 깔깔거리고 웃어요. 내가 그렇게 해도 좋아해요. 이럴 때면 문득 어머니 생각이 나 가슴이 아파요. 줄곧 이런 행복을 놓치고 삶의 기쁨도 누리지 못하고 사셨을 테니까요.

– 제인 K, 34세, 그래픽 디자이너

즐거움을 누릴 줄 아는 삶은 무척 중요하다. 즐거움을 느끼고 표현할 줄 모르면 행복하고 건강한 삶을 이어갈 수 없다. 그러므로 아기가 무엇에 즐거워하는지 잘 파악하고, 아기가 즐거움과 기쁨을 느낄 기회를 열심히 찾아 즐거운 순간이 끝난 후에도 좋은 기분이 이어지도록 도와야 한다.

아기는 주로 흥미와 즐거움의 신호를 번갈아 보낸다. 이런 흥미와 즐거움이 장난기와 기쁨이 된다. 예를 들어, 아기는 좋아하는 모빌이 빙글빙글 돌아가는 모습을 보고, 이때 나오는 친숙한 멜로디를 들으면 흥미와 즐거움에 옹알옹알 기분 좋은 소리를 낸다. 순간 당신이 모빌을 살짝 건드려 다른 식으로 돌아가게 하고 재미있는 노래를 불러주면, 아기는 모빌의 움직임과 당신의 노랫소리에 다시 한번 자극을 받

즐거움

는다. 아기는 또 한번의 즐거움을 경험하면서 당신이 자신의 즐거움을 알아차리고 긍정적으로 반응해주었다는 데서 좋은 감정도 느낀다. 당신이 모빌을 멈추게 하고 노래도 그치면 당신과 아기는 웃음이 터진다. 그 웃음으로 아기는 비록 짧지만 순수한 즐거움과 기쁨으로 충만한 감정을 경험한다. 그 순간이 지나도 내면의 행복감과 만족감은 쉽게 사라지지 않는다. 즐거움은 순간적인 감각일 수 있지만 그로 인한 효과는 오래 지속된다.

즐거움 신호 이해하기

연구 결과를 보면 자극이 감소하고 자극에 동반하는 뇌의 신경세포발화가 저하될 때 즐거움이 발생한다. 먼저 강렬한 자극이 일어난다. 그러다 이내 자극의 강도가 감소한다. 쉽게 말하면 개그 프로를 보는 것과 같다. 개그맨이 어떤 이야기를 하거나 상황을 보여주면 긴장이 점점 증가한다. 즉, 이야기에 자극되어 흥미를 느끼며 귀를 활짝 열고 듣게 된다. 그러다가 마지막 한 방이 나오면 모두들 박장대소하며 즐거워한다.

잔잔한 미소에서 박장대소까지, 유쾌한 기분에서 모든 감정을 날려버리는 강렬한 희열까지 즐거움에도 강약이 있다. 자극이 감소할 때 즐거움이 일어나기 때문에 흥미나 놀라움 심지어 두려움이 뒤따르기도 한다. 어떤 감정이 나타나느냐는 자극이 얼마나 증가하느냐에 달렸다. 무섭거나 고통스러운 자극이 멈추었을 때 느끼는 안도감(기쁨)을 떠올려보라. 아니면 순수하게 흥미를 끄는 뭔가를 경험할 때 최초에 솟구친 희열이 옅어진 후에도 느껴지는 즐거운 감정을 떠올려보라. 그러면 이번 장에서 제시하는 즐거움이 다른 신호, 특히 흥미 신호와 미묘하게 상호작용한다는 연구 결과를 이해할 것이다.

즐거움 키워주기

즐거운 기분은 덧없이 흘러간다. 그러므로 그 신호를 빨리 알아차리고 아기에게 이 감정을 경험할 기회를 많이 마련해줘야 한다. 아기가 세상과 자신을 돌보는 사람에게 좋은 감정을 느끼게 하는 데는 아이와 즐거운 순간을 공유하는 것만큼 좋은 방법은 없다.

월령에 상관없이 아기에게 즐거움을 주는 대상이 무엇인지 알아차리고 그 감정을 공유해주면 아기는 즐거움을 마음껏 표현한다. 아기에게 즐거운 경험을 계속할 기회를 주어라. 그런 경험을 말로 설명하고 소리로 표현해줘도 좋다. 그러면 아기는 즐거움을 어떻게 표현하는지 쉽게 배운다. 수잔은 딸 릴리에게 〈호두까기 인형〉의 〈사탕요정의 춤〉이 나오는 뮤직 박스를 선물로 주었다. 알록달록한 뚜껑을 들면 깜찍한 분홍색 치마를 입은 발레리나가 빙글빙글 돌며 춤을 추었다. 릴리는 그 장난감에 홀딱 반했다. 그래서 수잔은 릴리에게 옷을 입힐 때마다 뮤직 박스를 틀어주기로 마음먹고 딸에게 이렇게 말했다.

"릴리, 우리 발레리나 보러 갈까?"

수잔이 뚜껑을 들자 발레리나가 나와 음악에 맞춰 춤을 췄다. 수잔은 릴리의 손을 잡고 지휘하는 시늉을 하거나, 짝짜꿍을 하거나, 재미있는 가사를 붙여 함께 노래를 불렀다. 릴리는 까르르 웃고 손뼉을 치고 빙글빙글 돌아가는 발레리나를 넋이 나간 듯 바라보았다. 그런 과정을 통해 릴리는 자신이 좋아하는 것을 엄마도 함께 즐거워한다는 사실을 알았다. 즐거운 기분이 들면 말과 노래와 동작으로 표현할 수 있다는 사실도 깨달았다. 자칫하면 야단법석이 될 아기 옷 입히는 시간이 릴리와 수잔에게는 즐거운 일상이 되었다.

아기가 더 크면 즐거운 순간을 말로 표현해주면 좋다. 그렇다고 무조건 주변의 상황이나 아기의 기분을 책 읽듯 구구절절 말하라는 뜻이 아니다. 아기가 깔깔거리고 웃거나 옹알이를 하면 부드러운 말투로 당신이 관찰한 아기의 모습을 들려주어라.

"이게 마음에 드는구나, 그렇지?", "그 소리가 그렇게 재미있어?", "이렇게 큰소리를 내다니 정말 재미있겠다, 그렇지?", "이런 걸 다 찾아내고 정말 대단하다!", "우리 아기 정말 힘이 세네. 이것 봐. 네가 이걸 머리 위로 들어 올렸어."

순한 개를 만난 아들이 좋아서 어쩔 줄 모른다고 하자. 그땐 이런 식으로 아들의 기쁨을 표현해주어라.

"개를 보니까 정말 신이 나지? 털이 아주 부들부들해서 좋다, 그렇지? 개가 과연 네 얼굴을 핥아줄까?"

반면, 이런 식의 훈계는 어떨까?

"개한테 가지 마! 병균 옮아!", "만지지 마, 물어."

이러면 개를 보고 순간적으로 환희에 휩싸였던 아이는 당신의 개입에 어떻게 반응해야 할지 몰라 당황한다. 아이가 즐거움과 흥미를 느끼는 순간에 당신이 화를 내며 야단친 것이다. 이런 패턴이 다른 상황에서도 똑같이 벌어지면 아기 자신은 즐거움을 느낄 자격이 없다고 생각하거나, 자신은 너무 멍청해서 뭐가 즐거운 일인지 모른다고 생각하기 쉽다.

아기가 자칫하면 위험해질 수 있는 물건에 즐거움을 보일 때도 있다. 그럴 때도 아기의 즐거움을 해치지 않고 개입하는 방법을 찾아야 한다. 6개월 된 아기가 작은 단추가 든 상자를 마구 흔들어댄다고 하자. 아기는 흔드는 것도 모자라 열어보려고 한다. 그 모습에 놀라 느닷없이 상자를 빼앗으면, 상자를 흔들 때 나는 요란한 소리를 좋아해서는 안 된다고 알려주는 꼴이 된다. 이때는 상냥하고 긍정적인 분위기로 이렇게 말을 걸어라.

"재미있는 소리가 나네."

그러면서 똑같이 요란한 소리가 나지만 안전한 내용물이 들어 있는 열리지 않는 상자를 주어라. 그러면 아기는 자신이 얼마나 재미있어 하는지 부모도 안다고 느낀다.

아기의 즐거운 순간을 방해하고 있다면 왜 그러는지 그 동기를 돌아봐야 한다. 왜 아기의 즐거움을 짓밟고 있는가? 개가 무서운가? 무섭다면, 이유는 뭔가? 요란

법석을 피우지 않고 당신의 두려움을 물리치려면 어떻게 해야 할까? 어떻게 당신의 걱정을 다스리고, 아기를 보호하고, 그러면서도 여전히 즐거움을 지지한다는 긍정적인 메시지를 전할까? 다른 신호와 마찬가지로 아이의 즐거움을 다룰 때도 곰곰이 당신의 마음이나 행동을 돌아봐야 한다. 당신의 불안 또는, 즐거움을 제대로 표현하지 못하는 당신의 어색함이 아이와의 상호작용에 걸림돌이 된다는 사실을 깨달을 수도 있다. 즐거운 경험을 점점 더 늘리겠다고 자신과 약속하라. 아기를 보고 배우면 된다. 아기의 즐거운 순간을 찾아 함께 즐거워하라.

즐거움을 자극하는 간단한 방법들

- 아기는 움직이는 것을 좋아한다. 아기는 당신이 없으면 한곳에만 가만히 누워 있어야 한다. 자주 아기를 안아 올리거나, 빙 돌리거나, 머리 위로 들어 올리거나, 유모차에 태워 산책하러 나가거나, 팔에 안고 집을 한 바퀴 돌아라. 아기가 어떨 때 즐거워하는지 잘 관찰하고, 그 즐거움을 적극적으로 표현하도록 격려하라.
- 촉각, 청각, 시각을 자극하라. 단, 아기가 감당할 수 있도록 약한 자극부터 시작하라. 어떤 아기는 봉제 인형이나 담요에서 느껴지는 보드라운 감촉을 좋아한다. 고양이의 등을 톡톡 두드리는 것을 좋아하는 아기도 있다. 아기들은 대부분 좋아하는 음악을 틀어주거나 직접 노래를 불러주면 좋아한다. 또한 까꿍 놀이나 신 나는 시각 놀이도 좋아한다.

- 아기가 좋아하는 것을 적극적으로 표현하도록 격려하라. 어릴 때부터 아기들은 좋고 싫음이 분명하다. 당신은 아기에게 온갖 새로운 활동을 보여주고, 끊임없이 주변 세상에 대한 정보를 알려주고 싶을 것이다. 하지만 우선은 아기가 스스로 자신의 바람과 열정, 의견을 적극적으로 표현할 기회를 줘야 한다. 항상 아이가 보내는 신호를 유심히 살펴라.

즐거움은 장난기의 중요한 요소

장난기(제6장 참조)는 흥미와 즐거움, 놀라움이 결합된 결과다. 아이가 튀어 오르는 공을 보고 팔짝팔짝 뛰며 좋아하는 모습에 당신이 "통, 통, 통"이라고 한다면 당신도 장난기에 푹 빠졌다는 의미다. 아이에게 즐거운 순간은 마음껏 즐겨도 된다는 말이며, 아이에게 즐거운 일에 관심을 두고 뛰어들라는 자극이기도 한다. 당신이 직접 뛰어들어 공을 가지고 노는 다양한 모습을 보여줘라. 당신은 아이의 즐거움과 흥미를 인정하고 지탱해줄 기회를 쥐고 있다. 10개월 된 아기가 그네를 타면서 무척 좋아하고 있다면, 아기를 살짝 밀어주면서 이렇게 말해보라.

"이제 위로 올라간다!", "휘익!"

이런 식으로 아기가 기쁨을 느끼는 순간에 그 감정을 표현해주면, 아기는 당신도 함께 즐거워한다는 사실을 알고 긍정적인 감정을 키운다. 그네에 대한 흥미도 커진다. 어떤 행위에 대한 즐거움과 흥미를 인정받으면 아기는 자신이 무엇을 좋아하는지 알게 된다. 자신이 무엇을 좋아하는지 아는 아이가 자신감과 안정감을 키워나간다.

변해가는 즐거움

신생아의 욕구는 단순하다. 다양한 신호를 표현하는 능력은 태어나는 순간부터 발달한다. 이 무렵에 아기는 재빨리 기본적인 욕구만 충족해주면 금세 즐거움을 느낀다. 기저귀를 갈아주고, 젖을 물리고, 잠을 재우고, 사랑스럽게 쓰다듬어주고, 상냥한 말이나 부드러운 소리를 들려주고, 비교적 차분하고 정돈된 환경을 조성해주면 된다.

즐거움

아기가 조금 더 크면 즐거움은 훨씬 더 복잡한 자극과 연결된다. 아기는 시각이 더욱 발달하고 표정과 소리도 더 잘 읽는다. 처음에는 단순히 젖을 먹고 포근함과 사랑만으로 즐거움을 느꼈지만, 이제는 까꿍 놀이나 재미있는 소리처럼 시청각을 자극하는 놀이에도 즐거움을 느낀다. 물리적 감각도 즐거움을 더한다. 아기는 머리 위로 비행기를 태워주거나, 그네를 태워주거나, 무릎으로 말을 태워주거나, 배꼽을 '부'하고 불어주면 좋아한다.

첫돌이 되면 아기는 열심히 말을 하려고 한다. 물론 아직 말을 할 수는 없다. 하지만 잘 관찰해보면, 말하고 싶어 하는 아이의 욕구를 감지할 수 있다. 말로 꾸준히 아이와 의사소통하는 일은 무척 중요하다. 아기가 옹알거릴 때 그 소리를 귀담아들어라. 아무 뜻도 없어 보이던 소리가 점점 더 정교해지고, 아직은 말은 아니지만 나름의 말이 되어갈 것이다. 그 말에 있는 힘껏 대답해주어라. 무엇이 재미있는지, 흥미로운지, 바보 같아 보이는지 이야기를 나누어라. 감정과 생각을 탐험하라. 아기는 당신이 생각하는 것보다 훨씬 잘 이해한다.

즐거움을 키워주면 무엇이 좋을까

즐거움은 금세 지나가지만 행복하고 성공적인 삶에 꼭 필요한 성격을 구성하는 중요한 요소다. 즐거움 신호를 이끌어내고 격려해주면 아기는 적절하게 감정을 표현하고, 자신감 있게 세상을 대하고, 세상이 자신에게 호의적인 곳이라는 감각도 키운다. 그러면 세상을 자신이 원하는 것을 채워줄 따뜻한 곳이라고 생각하고 더 활력 있고 낙천적인 아이로 자란다. 아기는 자신이 좋아하는 것을 즐기면서 긍정적인 자아도 키운다. 아기가 즐거워할 때 맞장구를 쳐주어라. 아기는 자신의 감정을 인정받았다고 느낀다. 아기가 좋아하는 일에 적극적으로 동참하라. 아기는 자기가 좋아하는 것을 부모도 좋아한다고 생각한다. 아기의 경험을 부모가 알아주면 아기는 자신이 무엇을 생각하고 무엇을 느끼는지 조금씩 알게 된다.

즐거움은 지적 발달을 돕는다

배우고자 하는 마음은 세상과 마주하며 다양한 즐거움을 경험할 때 생긴다. 기를 꺾거나 겁을 주면 배움의 기회도 사라진다. 어떤 상황과 마주쳐도 긍정적인 방식으로 대처하도록 격려를 받고, 자기 주변에서 즐거움을 찾을 줄 아는 아이가, 자신의 관심거리를 찾아 그것을 추구하며 자신감 있게 자기 능력을 키워나간다.

즐거움을 잘 표현하면 사회적 관계도 잘 맺는다

아기와 서로 즐거움을 잘 표현하고 공유하면 아기는 다른 사람들과도 긍정적인 관계를 맺는다. 스스로 즐길 줄 알고 세상을 긍정적인 시각으로 표현할 줄 아는 아이가 집이나 유치원, 놀이터에서 훨씬 수월하게 사람들과 어울리며 자신의 위치를 찾아간다. 그러면 다른 사람들도 아이의 장난기와 열의에 긍정적으로 반응할 것이다.

즐거움을 잘 느끼면 회복력도 생긴다

즐거움은 흥미와 더불어 낙천적인 성격과 자존감, 자신감을 구성하는 중요한 요소다. 아이의 긍정적인 신호를 최대한 키워주면 아이는 안정된 정서를 지닌, 자신감 넘치는 사람으로 성장한다. 놀이터에서 괴롭힘을 당하거나 가장 친한 친구와 절교하는 등 시련이 닥쳐와도 아이는 안정된 정서와 자신감으로 어려움을 딛고 일어선다.

무엇을 할 때 즐거운지 알면 직업을 고를 때도 도움이 된다

아이가 무엇을 할 때 즐거운지 스스로 깨닫고 표현할 줄 알면 자극과 만족감, 성취감을 주는 관심거리를 추구할 줄 아는 성숙한 어른으로 자란다. 성공의 꽃을 피우기 위한 씨앗은 아기가 표현하는 즐거움 신호에 부모가 어떻게 반응하느냐에 따라 크게 달라진다는 말은 결코 과장이 아니다.

아이의 버릇을 망친다는 걱정은 하지 않아도 된다

아이의 '버릇이 나빠질까 봐' 걱정하는 마음에서 의도와는 달리 심한 말과 행동으로 아이에게 상처를 주는 부모를 자주 본다. 이런 부모는 뭐든 제 마음대로 할 수 있다고 여기거나 무엇이든 요구해도 된다고 생각하는 버릇없는 아이를 원치 않는다. 그래서 심한 말과 행동으로 다음과 같은 메시지를 전하는 것이다.

'강해져야 해. 징징거리면 안 돼. 울지 마. 언제나 네 맘대로 할 수는 없다는 걸 알아야 해. 현실을 직시해.'

나는 부모들이 잠시 이 점만은 생각해줬으면 좋겠다. 우리는 지금 아기에 대해 이야기하고 있다. 아기는 사랑과 격려, 지지, 관심, 시간, 인내심, 혹은 행복감을 아무리 많이 받아도 충분하지 않다. 충분하다니 말도 안 된다. 아기는 머지않아 세상에 나아가 호된 신고식을 치러야 한다. 그 뒤로도 온갖 어려움이 기다리고 있다. 그 누구도 이런 현실을 피해 갈 수 없다. 그런데 부모가 먼저 나서서 아이의 기를 꺾어놓을 필요는 없지 않은가. 앞으로 닥쳐올 어려움을 이겨낼 힘과 인내력, 자신감을 키워주려면, 태어나는 순간부터 아기가 자신의 감정을 잘 파악하고 적절하게 표현할 수 있는 토대를 마련해줘야 한다.

제 13 장
놀라움

아기는 놀라움을 표현할 때 눈썹을 치켜세우고, 눈을 껌벅거리며 휘둥그레 뜨고, 입을 동그랗게 벌린다. 고개를 갸웃하기도 한다. 자신을 놀라게 한 대상이 옆이나 뒤에서 튀어나왔다면, 이를 피해 몸을 돌리려고도 한다.

제니퍼는 걸핏하면 놀라요. 경적소리나 문이 쾅 하고 닫히는 소리에 너무 예민하게 반응하죠. 정확히 말하면 그런 소리에 겁을 먹어요. 제니퍼가 원인과 결과에 대해 좀 더 배우면 이런 모습도 사라지겠죠. 그때까지는 아이가 다치지 않도록 최선을 다해 지켜주겠다고 마음먹고 있어요. 도저히 안 되겠다 싶으면 그 상황을 뭔가를 배울 기회로 여기기로 했어요. 한번은 쇼핑몰에 갔는데, 마침 백파이프 연주를 하고 있었어요. 제니퍼는 단단히 겁을 먹었어요. 연주 소리가 들리자 아이는 펄쩍 뛰어오르며 얼굴을 찌푸리더군요. 어찌나 놀라던지. 나는 연주 소리를 피해 아무 매장이나 들어갔어요. 마침 연주를 하던 분이 잠시 쉬고 있기에 유모차를 밀고 그분에게 갔어요.

아기가 연주 소리에 놀랐으니 백파이프를 만져보게 해달라고 부탁했죠. 그러자 그분은 백파이프 부는 법을 알려주며 소리를 내주었어요. 제니퍼는 그제야 조금 안심하더니 호기심도 보이기 시작했어요. 그렇다고 제니퍼가 백파이프를 좋아하게 된 건 아니에요. 하지만 백파이프 소리가 들릴 때마다 소리를 마구 질러대는 아이를 데리고 매장을 전전하지 않아도 되었어요. - 벳시, 14개월 된 제니퍼를 비롯한 세 아이의 어머니

이 세상은 생각지도 못한 소음과 형태, 사건들로 가득 찬 놀라운 곳이다. 어른도 그렇지만 아기는 놀라운 일을 겪으면 더 혼란스러워한다. 느닷없이 들려온 시끄러운 소리에 심장이 튀어나올 것처럼 놀랐던 경험을 떠올려보라. 느닷없는 소음이나 사건을 경험해보지 못한 아기에게는 그런 사건이나 소음이 얼마나 불가사의한 일인지 상상이 갈 것이다. 놀라움의 일차적인 목적은 우리의 관심을 위협적이거나 곧장 관심을 기울여야 하는 대상으로 돌리는 데 있다.

연구 결과를 보면 놀랐을 때 우리 뇌는 활동이 급격히 증가한다. 이 현상은 인간에게 무척 이로운 진화의 산물로 외부의 잠재적인 위험에 주의를 기울이게 한다. 하지만 일단 놀라면 아이는 (어른도) 두려움이나 흥미를 같은 확률로 경험한다. 이 둘 중 무엇을 경험할

놀라움

지는 세 가지 상황에 따라 달라진다. 첫째, 놀라움의 질이다. 아이는 대부분 진공청소기를 갑자기 켰을 때보다 느닷없이 책장 전체가 굉음을 내며 무너질 때 더 놀란다. 둘째, 주위의 반응이다. 놀라운 상황에서 엄마나 아빠의 표정이 얼마나 침착한가? 셋째, 아이의 기질과 반응 수준이다. 앞서 나온 제니퍼처럼 다른 아이보다 더 잘 놀라는 아이도 있다.

놀라움을 조절하는 법

흥미나 즐거움과 달리 놀라움을 다룰 때는 반응을 크게 키워서는 안 된다. 놀라움은 통제하고 조절하고 재빨리 다른 감정으로 바꿔줘야 한다. 그래야 아이가 놀라움의 혜택을 최대한 누릴 수 있다. 놀라움 신호에 재빨리 반응하도록 노력하라! 놀라운 일은 원래 느닷없이 일어난다. 놀라움을 긍정적인 신호(흥미나 즐거움)로 바꾸는 두 가지 핵심 요소는 '인정과 행동'이다.

- 인정이란 아기가 정말 놀랄 만하다고 인정해주는 것이다. 당신이 적절한 행동을 취해 상황을 더 낫게 바꿀 것이라고 안심시켜주는 것이다. 놀란 아이를 보고, "왜 그래? 겁쟁이야?" 이렇게 반문하는 부모가 있다. 그러면 아이는 수치심만 느낀다. 수치심은 아이의 자신감 상실과 분노로 이어진다.
- 행동은 두 가지 방식으로 나타나는데, 아기가 놀랐을 때 당신이 어떤 행동을

취하느냐에 따라 아기의 정서에 큰 영향이 미친다. 당신은 놀라움을 주는 대상으로부터 아이를 보호해야 한다. 유모차에 아이를 태우고 가고 있다. 그런데 길가에 주차된 자동차가 느닷없이 경적을 울리면 아이가 심하게 놀란다. 어쩌면 금세 겁을 먹을지도 모른다. 그때 몸을 숙여 아기의 귀를 살짝 막으며 이렇게 속삭여주어라.

"어머나 정말 큰 소리다. 깜짝 놀랐네! 빨리 가자, 알았지?"

그리고 서둘러 유모차를 밀고 가면 아기는 자신이 얼마나 놀랐는지 당신이 알아줬다는 사실에 비로소 안정감을 느낀다.

하지만 어떤 부모는 아이를 위한다는 생각으로 머리를 쓰다듬으며 이렇게 말한다.

"소리도 별로 안 크네."

아기는 이 말을 어떻게 받아들일까? 자신의 놀란 마음을 당신이 몰라준다는 생각에 아기는 보호받지도 이해받지도 못한다고 느낀다.

당신이 적절하게 행동하면 아기를 압도하는 놀라움이 흥미로 바뀐다. 쇼핑몰에 아기를 데려갔는데, 모퉁이에서 별안간 광대가 툭 튀어나왔다고 하자. 광대는 아이에게 재미와 즐거움을 주려고 그랬다지만, 아기는 놀라다 못해 금세 두려움을 느낀다. 아기는 흔히 광대를 보면 겁을 먹는다. 아마도 얼굴이 뒤틀려 보이기 때문일 것이다.

놀라움과 흥미가 섞인 표정: 싱크대에 올라간 꼬마가 수도꼭지를 돌리자 와락 쏟아지는 물줄기를, 놀라움과 흥미가 섞인 표정으로 보고 있다.

아기가 많이 놀랐다면 침착하게 뒤로 물러나 광대에 대해 조용히 말해주어라. "이상하게 생겼지? 저 아저씨는 광대야. 저런 옷을 입고 있어서 이상하게 보이는 거야. 우리 저 아저씨를 다시 한번 볼까?"

아이를 안아 올려서 눈높이를 맞춰 광대를 함께 보며 광대에 대해 이야기를 나누는 것도 좋다. 그러다 보면 아이를 압도하는 놀라움이 긍정적인 경험으로 바뀐다. 아이는 이런 일이 또 있었으면 하고 생각할지도 모른다. 처음에는 조금 겁도 났지만 실은 재미있는 일이라고 생각한다.

놀라움을 잘 처리해주면 무엇이 좋을까

아이가 놀랐을 때 신속하고 적절하게 반응해주면 솔직한 감정이 들어설 여지가

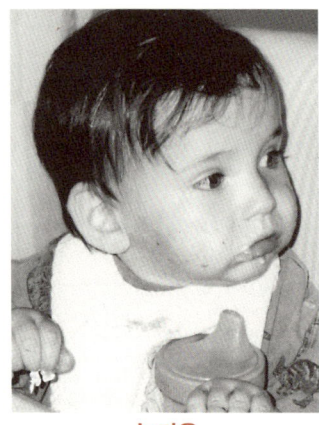
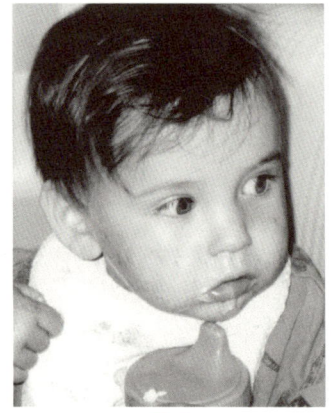

놀라움　　　　　　　　　흥미

이 아기는 뒤에서 갑자기 자신의 이름이 들리자 놀란다. 그러나 처음의 놀라움은 순식간에 흥미로 바뀐다. (눈썹을 보면, 놀랐을 때는 올라가지만 흥미를 느낄때는 살짝 내려간다)

생긴다. 아기의 감정과 잠재적인 스트레스를 인정하고, 도움을 주는 방향으로 반응하라. 그러면 아이는 부정적인 감정도 부담 없이 당신과 공유할 것이다. 또한 자신을 소중한 존재로 인식하고, 자신의 반응도 부모가 소중하게 생각한다고 느낄 것이다. 이런 느낌이 아이의 자존감으로 이어진다. 처음엔 놀라워 보이는 일도 실은 흥미로울 수 있다는 사실을 아이가 깨닫도록 도와라. 그러면 아이는 낯선 대상도 얼빈 마음으로 대한다. 이런 열린 마음에서 지식에 대한 건전한 관심이 자란다.

도움을 요청하는 신호
: 스트레스, 분노, 두려움, 수치심, 역겨움, 악취 혐오

도움을 요청하는 신호는 위험으로부터 아기를 보호하고 생존을 돕는다. 아기는 자신을 보호할 수단이 없다. 아기는 스트레스와 분노, 두려움, 수치심, 불쾌한 맛과 냄새를 싫어한다는 신호를 보내, 돌봐주는 사람에게 자신의 욕구와 불편함을 전한다. 좋은 부모가 되려면 이러한 신호가 전하는 강한 의사를 존중하고, 도와달라는 아기의 목소리에 가능한 한 빨리 반응해줘야 한다.

우선 아기가 부정적인 감정도 마음껏 표현하게 하라. 그런 후 스트레스를 주는 원인을 제거해줘라. 스트레스나 분노처럼 도움을 요청하는 신호는 공격이 아니라 '의사소통의 수단'이다. 부모가 이 신호를 자꾸 무시하면 아기는 감정 표현이 서툴러지거나 자신의 감정을 못 믿게 된다. 아이가 도움을 요청하는 신호에 부모가 관심을 기울이지 않으면 아이는 세상을 위험천만한 곳으로 느끼고, 자신의 욕구에 관심을 두고 의견이나 감정에 반응해줄 사람이 없다고 생각한다. 도움을 요청하는 신호에 적절하게 대처해야 아이에게 우울함과 분노, 절망이 아닌 낙천적인 마음과 회복력, 희망을 심어줄 수 있다.

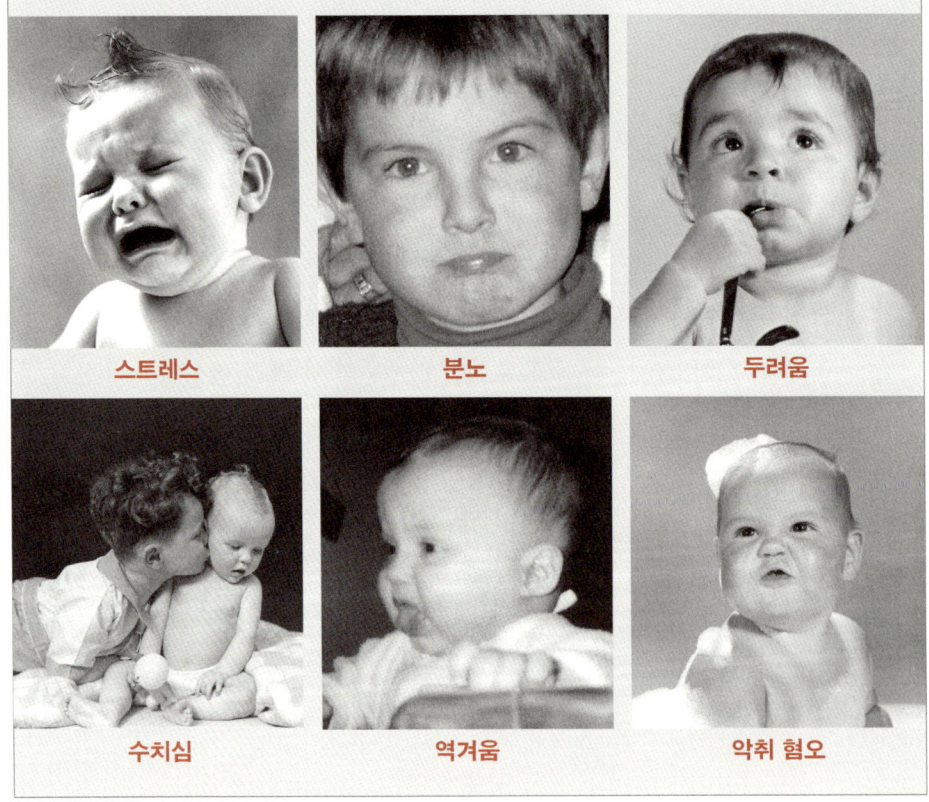

제 14 장
스트레스

스트레스 신호는 울음이나 아치 모양으로 치켜세운 눈썹, 처진 입술, 눈물, 흐느낌, 떼씀, 뚱한 표정으로 알 수 있다. 아기가 좀 더 크면 과격한 형태로 스트레스를 표현하기도 한다. 얼굴을 잔뜩 찌푸리고 팔을 마구 휘두른다. 더 큰 아이는 징징거리거나 손에 잡히는 것을 마구 던지며 부수기도 한다. 자라면서 스트레스를 표현하는 방식은 바뀔 수 있지만, 신호의 의미는 변하지 않는다. 그러므로 이 신호에 적절하게 반응해줘야 한다. 스트레스 신호는 스트레스에서 괴로움 사이의 감정을 모두 포함한다.

손녀딸 소피아는 평소에는 기분이 좋아요. 유모차를 태워주면 좋아하고 낯도 잘 가리지 않죠. 하루는 제 친구와 우리 부부가 소피아를 데리고 공원에 갔어요. 고작 9개월이지만 한눈에 봐도 사람들과 잘 지내려고 애쓴다는 걸 알겠더군요. 그런데 한동안 우리에게 잘 반응하던 아이가 이내 떼를 쓰기 시작했어요. 아기가 떼를 쓰니 우리

눈 우리대로 속이 타서 계속 말을 걸었어요. 유모차에서 꺼내 안아도 보고, 노래도 불러주고, 젖병도 주고, 과자도 주고, 유모차를 빨리도 밀었다가 천천히도 밀었다 별짓을 다 했어요. 하지만 소용이 없었죠. 콧잔등을 잔뜩 찌푸린 모습을 보니 어찌나 가엾던지. 소피아는 계속 꿈지락거렸어요. 똑똑하고 섬세한 우리 세 사람이 최선을 다해 아이를 달랬지만, 아이의 스트레스를 풀어주지 못했어요. 한 2시간쯤 지났을까, 우리는 공원 벤치에 앉아 있었어요. 나는 아기의 양말을 벗겨주었죠. 양말이 얼마나 갑갑할까, 그런 생각이 들었거든요. 아니나 다를까, 발목에는 빨간 고무줄 자국이 선명했어요. 양말을 다 벗겨주니까 그제야 소피아가 웃어요. 깔깔 웃었어요. 마침내 스트레스가 사라진 거죠. 그 꼬맹이가 무엇 때문에 그렇게 힘들어하는지 우리가 어떻게 금세 알아차리겠어요. 머릿속에 떠오르는 일은 다 해봤어요. 양말을 벗긴 건 순전히 운이었어요. 아이를 불편하게 하는 원인을 찾기란 참 어려운 일이에요.

— 캐서린, 52세, 할머니

스트레스 신호는 뭔가가 즉시 필요하다는 의사를 전달할 때 매우 유용한 신호다. 한마디로 SOS 신호다. 아기들은 배가 고프거나, 피로하거나, 아프거나, 불편하거나, 통증이 있을 때 스트레스를 느낀다. 스트레스는 뭔가가 잘못됐다는 신호다. 아기가 좀 더 크면 지겨움이나 외로움, 슬픔도 스트레스 신호로 표현한다. 게다가 스트레스는 조그마한 아기의 마음속에 강한 감정이 소용돌이치고 있다는 신호도 된다. 아이는 두려움이나 수치심, 혐오감을 격렬하게 느낄 때에도 스트레스 신호를 보낸다. 스트레스가 너무 고조되면 괴로움이 되고, 그 괴로움이 더욱 고조되면 분노로 발전한다.(제15장 참조)

스트레스가 강렬해지면 부모는 아이가 과민하게 반응한다는 생각에, 곤란해하거나 짜증을 낸다. 그래서 아이가 그렇게 행동하는 원인을 빨리 찾아내지 못한다. 스트레스처럼 도움을 요청하는 신호는 결코 부모에 대한 공격이나 버릇없는 아이라는 증거가 아니다. 단지 의사소통의 수단일 뿐이다.

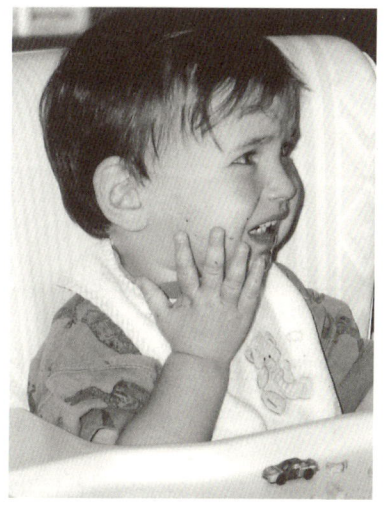

스트레스

스트레스를 유발하는 10가지 원인

- 배고픔
- 통증
- 지속적인 시끄러운 소리
- 누군가와 떨어지는 일
- 악취나 불쾌한 맛
- 너무 밝은 빛이나 햇빛
- 원하는 물건이 사라짐

- 피로
- 더부룩함
- 더러운 기저귀

스트레스를 다루는 방법

첫째, 스트레스를 마음껏 표현하게 하라!

아기에게 스트레스를 표현하라고 하는 것은 다양한 감정을 마음껏 경험하라는 말과 같다. 또한 아기의 지금 감정이 옳다고 말하는 것과 같다. 이런 메시지는 이제 막 형성되는 자아와 자신감에 무척 중요한 역할을 한다. 물론 스트레스를 드러내는 아이는 부모에게 많은 어려움을 안겨준다. 특히 공공장소에서는 더욱 그렇다. 하지만 이럴 때도 아기의 스트레스 신호를 알아차리고, 인정해주고, 말로 그 감정을 설명해준 후, 원인을 제거해주거나 필요할 경우 다른 곳으로 옮겨가면 대부분 해결할 수 있다.

아이가 스트레스를 표현하는 소리가 듣기 싫은가? 당신은 그런 아이에게 "별로 아프지도 않잖아.", "남자는 우는 게 아니야.", "시끄러워, 그만해."라고 말하는가? 그렇다면 아이의 스트레스를 편하게 받아들이기 위해 알아야 할 사항이 있다. 명심하라. 특히 부정적인 감정을 잘 처리해야 긴장조절력이 제대로 발달한다.

갓난아기가 느끼는 감정에도 나름의 이유가 있다. 그러므로 아기의 스트레스를 부정하며 감정을 짓밟지 마라. 아동발달 전문가들은 부모에게 다음과 같은 말은 하지 말라고 조언한다.

"넌 지금 짜증 난 게 아니야.", "넌 이 접시를 가지고 놀고 싶은 게 아니야."

아이는 '정말' 짜증이 났다. 아기는 '진심으로' 그 접시를 가지고 놀고 싶다. 아기에게 지금 느끼는 감정이 사실이 아니라고 자꾸 말하면 아기는 좋은 자아상을 확립하지 못하거나, 세상에서 자신의 위치를 찾아가지 못한다. 당신은 다음과 같이 아기가 느끼는 감정이 정당하다고 인정해줘야 한다.

"도대체 왜 화가 났니? 왜 기분이 나쁜지 알아볼까? 기분이 다시 좋아지려면 어떻게 하면 좋을까?", "접시가 정말 예쁘구나. 여기 올려놓자. 그러면 이렇게 잘 볼 수 있잖아. 아니면 양탄자 위에 놓을까? 그러면 깨트리지 않고 잘 가지고 놀 수 있을 거야."

"징징거리고 떼쓴다."라는 행동이 대개 스트레스의 표현이다. 부모들은 종종 아이가 느끼는 스트레스를 보면서 "징징거린다."라거나 "때를 쓴다."라는 비판적인 용어로 자신이 느끼는 불편함을 없애려고 한다. 실제로 부모의 눈에는 아이가 너무 예민하게 반응하는 것처럼 보일 때가 있다. 아이가 넘어졌다고 하자. 당신이 보기에 살짝 넘어졌고 다친 곳도 없다. 그러니 아무 문제 없다고 생각한다. 그런데 아이는 넘어지면서 온갖 감정을 경험한다. 놀랍고, 창피하고, 당황스러우며, 보호받지 못했다고 느낀다. 이런 감정을 무시한 채 '아이가 겉으로 아무렇지도 않다'는 사실에만 관심을 쏟으면 당신의 의도와는 달리 아이는 수치심이나, 넘어질 때보다 더 큰 불만과 스트레스를 느낀다.

데모스 박사는 정서 표현과 반응 순서라는 관점에서 이 문제를 바라보았다. 예를 들어, 아기와 엄마가 즐겁게 놀고 있다고 하자. 장난감을 잃어버렸거나, 집에 갈 시간이 다 되어 그만 놀자고 했더니 아이가 눈물을 와락 터트린다. 그때 엄마가 말한다.

"괜찮아. 대신 이 장난감으로 놀면 돼.", "나중에 또 와서 놀자."

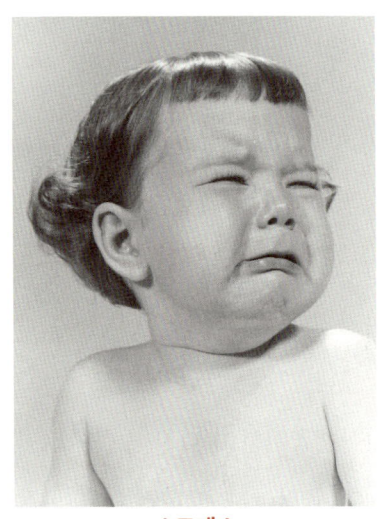

스트레스

엄마가 이렇게 반응해주면 대개 아이의 스트레스가 줄고 속상한 마음이 치유되면서 긍정적인 정서가 회복된다. 이때 아기의 정서는 긍정적-부정적-긍정적으로 변한다. 반대로 엄마가 아기의 부정적인 정서를 비난하고 야단친다고 하자.

"그만 좀 징징거려!", "조용히 안 할래? 시끄러워 죽겠네, 정말!"

그러면 아기는 처음에 받은 상처도 달래지 못한 채 또다시 상처를 입는다. 이때 아기의 정서는 긍정적-부정적-부정적으로 바뀐다. 데모스 박사는 이런 패턴이 매우 위험하다고 지적한다. 왜냐하면 속이 상한 상태에서 부정적인 정서가 꼬리를 물고 이어지기 때문이다. 이런 일이 지속되면 아이는 만성적인 분노와 절망감에 휩싸인다.

몇 년 전에 아들과 마트에 갔던 일을 나는 절대 잊지 못할 것이다. 나와 아들은 마트에서 엄마와 함께 온 아이가 넘어져 와락 울음을 터트리는 장면을 보았다. 아이가 느닷없이 우는 바람에 엄마는 당황해서 아이의 감정을 살피지 못했다. 엄마는 아이에게 살짝 넘어져 다치지 않았다고 말하며 남자는 우는 게 아니라고 다그쳤다. 아이는 고개를 들어 엄마를 바라보았다. 아이의 얼굴에는 당황한 기색이 역력했다. 아이는 엄마가 달래주기를 바라며 엄마를 향해 양팔을 뻗고는 더 크게 울었다. 아이가 울고불고 난리를 치자 엄마는 당황한 나머지 아이를 안고 그대로 마트를 나가버렸다. 카트에 든 물건은 챙기지도 않은 채 말이다. 나는 당시 다섯 살이었던 아들에게 물었다.

스트레스에 반응할 때 자신의 속마음을 잘 살펴라

부모들은 종종 자신의 마음을 달래기 위해 아이의 고통을 최소화하는 경향이 있다. 아이에게 "하나도 아프지 않아." 혹은 "그렇게 화낼 이유가 없어."라는 말이 자꾸 입에서 나온다면, 실은 아이가 아무 데도 아프지 않다고 당신 스스로 믿고 싶은 마음에서 하는 말일 수 있다. 부모라면 아이가 아파서 어쩔 줄 모르는 모습에 마음이 편치 않다. 지켜보는 부모의 마음은 아이보다 더 아플 것이다. 그렇다고 부모가 아이에게 지금 느끼는 스트레스가 거짓이라고 말하면, 아이는 이런 의문을 갖는다. '내 실제 감정은 잊어버리고 엄마가 느끼라는 대로 느껴야 하나? 내 스트레스와 고통은 엄마와 함께할 수 없나? 지금 내 감정을 아예 없는 것처럼 행동해야 할까?' 아이가 이렇게 생각하기 시작하면 감정에 혼란이 생기고 긴장을 조절하는 데도 문제가 생긴다. 이 모두는 결국 낮은 자존감으로 이어진다.

"저 아줌마는 왜 저럴까?"

아들은 어렸지만, 정곡을 찌르는 말을 했다.

"저 아줌마는 자기 아들의 마음을 아무것도 몰라요. 저 아줌마는 하루 종일 말썽을 부릴 거예요."

둘째, 아이의 감정을 인정하라

당신의 아이가 넘어져 운다고 하자. 그러면 이렇게 말해주어라.

"아이쿠, 넘어졌구나. 속상하지? 그래도 기분 좋게 일어나자!"

당신이 상황을 받아들이고 아이의 기분을 이해해주면 아이는 마음 편히 울 수 있다. 그게 그 아이의 솔직한 심정이기 때문이다. 아이는 자신의 감정 반응이 정당하다는 확신도 갖는다. 아이는 자신이 받은 스트레스를 당신이 공감해줬다는 사실에 안정을 되찾는다. (아이에게 공감하는 법을 가르치는 일은 매우 중요하다. 대부분 당신을 보고 배운다) 일어난 일과 아이의 감정을 말로 차근차근 설명해주어라. 아이는 자신의 감정을 인정받으면서 긴장조절법도 배운다. 자신의 감정이 정당하다고 인정받은 아이는 훨씬 수월하게 스트레스를 극복하고 안정을 되찾는다. 그러다 보면 어느새 이런 식의 상호작용을 내면화해 스트레스 상황에서도 자신을 다독이고 긴장을 조절한다.

셋째, 스트레스의 원인을 제거하라

아이에게 스트레스를 주는 원인은 배고픔이나 피로, 소음, 불편함, 통증 등 무수히 많다. 아기가 기고 걷기 시작하면 대부분 지루함과 분리불안 때문에 스트레스를 받는다.

지루하다는 것은 흥미나 즐거움을 주는 자극이 없다는 말이다. 아이는 지루하면 초조해하고 갑갑해하며 불행하다고 느낀다. 물론 혼자서도 재미있게 잘 노는 아기도 있다. 하지만 아기 대부분은 좀 더 클 때까지는 혼자 재미있게 놀지 못한다. 아기에게 차분한 태도를 가르치고 싶다면 조용하지만 아기의 관심을 끌 수 있는 자극을 계속 줘야 한다. 그런 점에서 타인과의 상호작용이 무엇보다 중요하다.

1950년대 정신분석가 르네 스피츠Rene Spitz는 영아를 연구한 결과, 아기가 아무리 먹을 것이 충분하고, 지낼 곳이 있고, 깨끗한 환경에서 자라도 충분한 자극을 받지 못하면 사망한다는 사실을 알아냈다. 그 후 50년간 이루어진 다양한 연구에서도 연구자들은 영아 시기의 어떤 시점에서 적절한 자극을 주지 않으면 뇌가 완전하게 발달하지 못한다는 사실을 확인했다. 지능과 언어력, 인지력, 사고력을 비롯한 다양한 능력이 떨어진다. 하지만 아기는 지독한 지루함만이 아닌 사소한 지루함에도 부정적인 영향을 받는다.

평소에도 아기는 지루함을 느끼면 소외된 기분이 들거나 만성적으로 떼를 쓴다. 조금 큰 아이는 지루하면 안절부절못하고 뭔가 재미있는 자극을 받기 위해 필사적으로 온갖 일에 참견하기도 한다. 더 커서 청소년이 되면 지루함 때문에 자기 파괴적이거나 범죄 성향을 보이거나 실제로 범죄를 저지르기도 한다.

나는 많은 시간을 동네 패밀리 레스토랑에서 책을 읽거나 글을 쓰며 보낸다. 그러다 보니 지루함을 느끼는 아이들의 행동을 자주 본다. 아기는 지루함을 달래려고 빨대로 우유를 불어 거품을 내거나, 포크를 바닥에 떨어뜨리거나, 유리잔을 요란하게 깨뜨린다. 아니면 야단법석을 떨거나 그런 행동을 제지하려는 사람을 때리며 울음을 터트리기도 한다. 한번은 걸음마를 시작한 귀여운 아기가 어른 네 명과 함께 앉아 있었다. 아기는 어른들의 관심을 끌려고 크게 소리를 냈는데, 아무도 봐주지 않았다. 그러자 자기 앞에 놓인 팬케이크를 조각조각 찢고, 시럽을 자기 몸에 끼얹더니 커피 잔을 뒤엎어버렸다. 이 모든 일이 순식간에 벌어졌다. 함께 있던 어른들은 화들짝 놀라 어찌할 바를 몰랐다.

"너 왜 그래?"

한 사람이 다그치듯 물었다. 그때 아기가 말을 할 수 있었다면, 이렇게 대답했을 것이다.

"아줌마, 아저씨들이 너무 무례하잖아요. 내가 계속 말을 걸고 관심을 가져달라고 했는데, 나를 본 척도 안 했잖아요! 그러니 날 보고 어쩌라는 거예요?"

말 못하는 아기는 소리가 날 정도로 팔을 한 대 얻어맞고는 화장실로 끌려갔다. 아마 박박 씻기고 혼이 났을 것이다.

아이의 지루함이나 스트레스가 위에서 본 수준까지 올라가면 부모는 대부분 아이의 괴로운 외침을 못된 행동으로 오해한다. 부모는 아이에게 관심거리를 마련해주는 대신 혼내려고만 한다. 그러면 부모와 아이 사이의 충돌이 격해지고 불만만 쌓인다. 때로는 서로 소리를 지르며 폭력을 휘두르기도 한다. 결국 아이의 감정 발달과 부모와 자식 관계 모두 피해를 입는다. 온화한 부모라 해도 신호를 이해 못 하는 부모라면 쉽게 아이의 신호를 소란 피우는 것으로 오해한다. 이들은 이렇게 생각한다.

'저 애는 자기를 봐주지 않으면 못 견딘다니까.'

아니면 이런 말로 아이를 모욕한다.

"넌 왜 그렇게 못되게 구니? 좀 얌전하게 굴면 안 돼?"

그러면 아이는 정당한 감정 표현을 하지 못하고 자존감에 상처를 입는다.

공공장소에서 못되게 구는 아이는 대부분 버릇이 없어서가 아니라 호기심을 채울 만한 뭔가가 없어서 그렇게 행동한다. 다시 말해 어른들이 대화나 식사를 잠시 중단하고 아이에게 관심을 기울여야 한다는 의미다. 대부분 흥밋거리를 주면 아이의 태도가 훨씬 나아진다.

병원 대기실에서 아이와 한참이나 기다려야 한다고 하자. 그땐 장난감을 가지고 함께 놀거나, 책을 읽어주거나, 대기실을 함께 걸으며 벽에 걸린 것들을 살펴보면 좋다. 식당이라면 유모차에 좋아하는 장난감을 넣어주고, 아기에게 수시로 말을 걸어주고, 필요하다면 아기를 안아주고, 백화점이라면 물건 사는 일에 아이를 끼워주면 된다. 아기가 지루하지 않도록 신경을 써주면 아기는 적당한 자극을 받아 지능과 언어력, 사고력, 인지력이 정상적으로 발달한다. 실제로 아기가 심심해하기 쉬운 상황을 좋은 학습의 기회로 바꿀 수도 있다.

"어디 보자, 이 파스타는 한 상자에 2,000원이네. 그럼 2상자를 사면 모두⋯⋯.", "와, 저기 표지판에 뭐라고 쓰여 있나 볼까? '무게를 다시오.'라고 쓰여 있네. '무게를 달다.'라는 말이 무슨 뜻일까? 이 말은 어떤 물건이 얼마나 무거운지 알아본다는 거야. 그럼 네 몸무게도 달아볼 수 있겠다!"

살다 보면 어쩔 수 없이 겪게 되는 분리불안도 스트레스의 일반적인 원인이다. 특히 아기는 더하다. 누군가와 떨어져야 하는 상황은 도저히 막을 수 없다. 언제가 됐든 결국 엄마와 아빠는 방을 나가거나, 출근을 하거나, 볼일을 보러 가거나, 샤워를 하기 마련이다. 부모가 여행이나 출장을 가거나, 이혼이라도 하면 아이는 좀 더 심각한 분리불안에 대처해야 한다. 일상에서든 특별한 상황에서든 아기는 누군가와 떨어지면 금세 자신이 버림받았다고 느낀다. 그래서 쉽게 상처받고 무기력해진다. 그럴 땐 무엇보다 아이의 감정을 인정해주는 일이 중요하다. 엄마가 볼일을 보러 나가자 아이가 기가 팍 죽었다고 하자. 그땐 아빠가 이렇게 말해주면 좋다.

"엄마 보고 싶지? 사랑해, 우리 아기. 엄마는 곧 돌아올 거야. 그동안 여기 곰 인형하고 놀아. 인형을 꼭 안으면 기분이 좋아질 거야. 아니면 엄마가 입었던 스웨터를 안고 있을까? 여기 엄마하고 같이 찍은 사진도 있네!"

아기가 아직 말을 할 순 없지만, 말하는 사람의 어조와 전반적인 의미는 알아듣는다.

분리불안을 느끼는 아이는 분노를 표출하기도 한다. 아이의 곁에 있는 사람과 아이를 떠난 사람 모두가 분노의 대상이 된다. 이런 분노에 감정적으로 대처하지 마라. 아이는 그저 한껏 고조된 스트레스를 표현하는 것뿐이다. 자신을 위로하고 달래달라고 부탁하는 것뿐이다. 당신이 할 수 있는 일이 아무것도 없다고 여겨져도 다시 한번 생각해야 한다.

애착과 분리불안 문제는 무척 복잡하다. 그래서 이 두 주제에 관한 연구도 활발하게 이루어지고 있다. 아이는 제멋대로 하고 싶은 마음과 누군가에게 애착과 안정감을 느끼고 싶은 마음 사이를 오간다. 아이는 뭐든 제 마음대로 하려고 하면서도 가까이에서 자기를 지켜주는 엄마와 아빠의 포근함을 갈구한다. 원래 낯을 가리지 않던 아이가 갑자기 부모에게 달라붙어 떨어지지 않고 소심하게 굴 때도 있다. 베이비시터를 무척 좋아했던 아이가 처음 보는 사람처럼 굴기도 한다. 좋아했던 할머니와 할아버지가 자기 부모를 대신하면 화를 내기도 한다. 아이의 관심은 낯섦과 익숙함 사이를 오간다. 독립적으로 되기까지 남보다 더 힘든 아이도 있다. 통과의례와 같은 이런 발달 단계를 지나느라 애쓰는 아이를 야단칠 이유는 어디에도 없다. 이것만 기억하라.

'말하고, 설명하고, 대체물을 주고, 주의를 분산시켜라.'

이것이 분리불안 스트레스를 줄이는 주문이다.

프랭크에게는 15개월 된 아들 존이 있다. 한번은 아내가 나흘간 집을 비워야 했다. 아이는 너무 불안해하고 힘들어했다. 프랭크의 말을 들어보자.

"아이를 안심시키려고 별별 짓을 다 했어요. 기저귀를 갈아주는데, 존이 너무 어색한 표정을 짓더라고요. 그래서 이렇게 말했어요. '나도 알아. 너도 낯설어서 어리둥절하지? 그런데 우리끼리도 재미있게 지낼 수 있어. 엄마는 며칠 후면 올 거야. 걱정하지 마. 아빠가 다 알아서 해줄게.' 어쩌면 제 상상일지 모르지만, 존이 그 말을 듣고 웃으며 스르르 긴장을 푸는 걸 느꼈어요. 우리는 앉아서 아내의 목욕 가운을 꼭 안았어요. 목욕 가운은 무척 부드럽고 아내 냄새가 나요. 그래서 존은 목욕 가운을 무척 좋아해요. 그러고 있으면 제 엄마와 같이 있는 기분이 드나 봐요."

이런 종류의 과도기 물건은 아이를 무척 포근하게 해준다. 프랭크는 아빠로서 아주 잘 대처했다.

엄마든 아빠든 집을 비운 동안 아이에게 전화를 거는 것도 좋은 방법이다. 아이들은 안 보면 금세 잊는다고 생각하는 어른들이 많다. 하지만 누군가와 떨어지는 상황에 잘 적응하는 아이도 충분히 내면에는 감정의 혼란과 불안이 도사리고 있을 가능성이 있다. 집을 비운 동안 아이와 아예 접촉하지 않는 편이 낫다고 생각하는 부모는 이렇게 말한다.

"잘 지내는데, 뭐하러 분란을 일으켜요?"

이런 말은 스트레스를 명확하게 드러내지 않는 아이의 숨겨진 감정 상태를 모르고 하는 말이다. 전화했더니 아이가 와락 눈물을 터트린다면 갑자기 슬퍼진 것이 아니다. 지금껏 꾹 참아왔던 스트레스의 물꼬가 터졌기 때문이다. 스트레스를 표현하게 하고 마음을 달래주는 편이 아이의 정서적 건강에 더 좋다. 물론 엄마와 아빠의 마음은 아프겠지만 말이다.

분리불안 스트레스는 물건을 잃어버렸을 때도 생기는데, 이런 상황을 오해하면 더 큰 문제로 발전하기도 한다. 얼마 전 나는 아들과 함께 기차를 탔다. 우리 좌석 근처에는 다섯 살 난 여자아이와 부모가 앉아 있었다. 상황을 보니 아이는 기차역까지 타고 온 택시에서, 얼마 전 축제 때 산 반짝거리는 팔찌를 놓고 내린 듯했다. 아이는 잃어버린 팔찌 때문에 계속 속이 상해 있었다. 그런데 엄마는 아이의 마음을 몰라주고 화를 내며 이렇게 말했다.

"팔찌를 빼서 가지고 놀면 잃어버린다고 분명히 엄마가 말했지? 다 네 잘못이야. 앞으로는 엄마가 말하면 좀 들어!"

꼬마 숙녀는 더 시무룩한 표정을 지으며, 울지 않으려고 입술을 꼭 다물었다. 그 모습을 본 아들이 내게 귀엣말을 했다.

"저 아줌마는 저 아이가 왜 저러는지 잘 모르는 것 같아요, 그렇죠?"

나는 아들을 보고 물었다.

"저 가족과 이야기를 좀 해볼까?"

아들이 고개를 끄덕였다. 무슨 일이 있었는지 이야기를 들어본 후, 나는 그 엄마에게 이렇게 말해주었다.

"따님이 팔찌를 잃어버려서 무척 스트레스를 받고 있어요. 정말 안타깝군요. 부모는 아이가 물건을 잘 챙기지 않고 잃어버리고 망가뜨리면 솔직히 짜증이 나죠. 하지만 따님은 지금 무척 속이 상한 것 같아요. 그러니 야단치지 말고 아이 마음을 공감해주면 좋을 거예요."

그제야 그 엄마는 생각을 가다듬고 이렇게 말했다.

"네가 팔찌를 잃어버려서 엄마도 정말 속이 상해."

그러자 아이의 눈에서 닭똥 같은 눈물이 뚝뚝 떨어졌다. 그 모습을 보고 당황한 엄마는 이렇게 말했다.

"얘가 보통은 이렇게까지 속상해하지 않는데."

나는 우는 건 괜찮다고 안심시켜주었다. 꽉 막혀 있던 스트레스가 터져 나오면서 이해받았다는 안도감을 자연스럽게 표현한 것이라고 말이다. 그때부터 어른들끼리 계속 이야기를 나누고, 아이들도 어울려 놀기 시작했다. 그렇게 두 가족의 기차 여행은 무척 즐겁게 끝이 났다.

이 경우에는 많은 상황이 동시다발적으로 일어났다. 한마디로 표현하기에는 무척 복잡한 상황도 있었다. 하지만 요점은 간단하다. 아이가 스트레스를 표현하도록 부모가 도와줘야 하고, 부모의 스트레스와 분노도 누군가는 인정하고 받아줘야 한다는 점이다.

스트레스에 관심을 기울이면 좋은 점

우선 아이의 스트레스를 완화해주면 아이와 부모 모두 충돌을 피할 수 있다. 달래도 말을 듣지 않고 소란 피우는 아이는 다루기가 쉽지 않다. 그런 아이를 달래다 보면 신경이 온통 곤두선다. 부모 자격이 없다는 생각이 들거나 죄책감을 느끼기도 한다. 이런 상황을 피하기 위해 아이의 스트레스를 줄여주면 당신과 아이는 함께 있는 시간이 더 즐거워진다.

장기적으로도 스트레스에 적절하게 대처해주면 아이에게 여러 면으로 좋은 영향이 미친다. 아이는 긴장조절력을 배운다. 지금 아이의 마음을 달래주면 언젠가는 혼자서도 자기 마음을 달랠 수 있다. 낙천적인 마음과 회복력도 커진다. 아기의 스트레스에 적절하게 반응해주면 아기는 세상이 좋은 곳이라는 안정감을 얻는다. 아기는 이렇게 느낀다.

"난 안전해. 이곳은 무섭지 않아. 내가 필요한 걸 알고 도와줄 거야"

이런 분위기에서 아이의 유능감이 자란다. 즉, 아기는 자기의 감정이 진실이며 타당하다고 느낀다. 자신이 상황을 정확하게 판단하고 있다고 느낀다. 그러면 아이는 자신의 안과 밖에서 벌어지는 일에 대한 자신의 판단을 신뢰하고 감정을 솔직하게 표현한다. 이 모두가 결국 아기의 건강한 자존감으로 이어진다. 아기가 심심해하거나, 뭔가를 잃어버렸거나, 아파할 때 관심을 기울여라. 그런 당신에게서 아이는 이런 메시지를 읽는다.

"네 감정을 무척 소중하게 생각한단다. 그러니까 당연히 네 마음을 이해하고 네 기분을 더 좋게 하려고 애쓰는 거야."

제 15 장
분노

분노는 잔뜩 힘이 들어간 턱, 꽉 다문 입술이나 입술이 뒤로 밀려 드러난 이, 붉어진 얼굴, 찡그린 표정, 가늘게 뜬 눈, 벌렁거리는 콧구멍, 경직된 목 근육, 울기, 고함치기, 때리기, 차기, 물기 등으로 나타난다. 토라져서 상대를 노려보는 것도 분노의 신호다. 분노는 분노와 격노 사이의 감정을 모두 포함한다.

저는 '우리 찰리도 화를 낼 수 있구나'라고 처음 깨달았던 때를 지금도 기억해요. 정말 화를 내더라고요. 아마 아이가 5개월이었을 거예요. 낮잠을 자다가 다리가 이불과 요람의 문살에 낀 적이 있어요. 그전에 보채는 소리가 났지만 별일 아니겠지 싶었죠. 그냥 두면 다시 잠들곤 했거든요. 하지만 아이는 계속 보채더니 결국에는 울음을 터뜨렸어요. 방에 가 보니 화가 이만저만 난 게 아니더군요. 조그만 얼굴이 벌겋게 달아오른 데다 인상을 찌푸리며 입을 앙다문 모습을 보니 화가 잔뜩 났더라고요. 아마 뭐라도 부수고 싶었을 거예요. 정말 미안했어요. 아기가 보챌 때 정말 스트레스를 받는 줄 몰랐거든요. 그 일로 아기도 필요한 도움을 받지 못하면 화를 낸다는 사실을 똑똑히 배웠어요. - 수잔, 26세, 이제 13개월 된 찰리의 어머니

분노는 다루기 가장 어렵고 자주 오해하는 신호다. 아이가 화를 내면 이성적으로 침착하게 달래기가 쉽지 않다. 그러므로 한 걸음 물러나 어떤 분노인지, 왜 그러는지, 그 상황이 무엇을 의미하는지부터 살펴야 한다.

분노는 뇌에 단단히 박혀 있는 신호라는 점을 기억하자. 아기든 좀 더 큰 아이든 일단 화가 나면 어떻게 할 수가 없다. 분노를 제어하는 능력은 타고나지 않는다. 아기는 당신의 태도와 반응을 보면서 서서히 분노를 조절하는 법을 익힌다. 아기는 자라는 동안 분노가 무엇인지 이해하고 적절하게 표현하는 법을 반드시 배워야 한다. 물론 시간이 걸린다. 그때까지 당신은 아기가 표현하는 감정의 강렬함에 놀라고 당황할 수도 있다.

분노는 스트레스와 같은 부정적인 신호가 지속되고 과도해질 때 나타난다. 아기는 분노를 통해 이렇게 말한다.

"스트레스가 너무 심해 도저히 참을 수가 없어요."

아기가 분노를 드러낼 때마다 스스로에게 물어라.

"무엇이 아기에게 스트레스를 주었을까?"

그러면 해결의 실마리를 찾아 적절하게 대처할 수 있다. 아기의 분노에 반응하지 말고 그 원인을 찾아 해결하라.

발가락이 차였을 때의 상황을 생각해보자. 스트레스가 분노로 진행되는 과정이 더 쉽게 이해될 것이다. 침대 모서리에 발가락이 세게 차였다고 하자. 처음엔 통증과 스트레스를 느낀다. 그러다가 통증이 점점 심해지면 화가 나기 시작한다! 욕을 하거나 물건을 집어 던져 분풀이를 할지도 모른다. 흥미롭게도 스트레스를 받은 아기나 좀 더 큰 아이도 비슷한 반응을 보인다. 아이가 넘어져 테이블에 부딪혔다고 하자. 처음에는 큰 소리로 엉엉 운다. 그러다가 당신이나 테이블에 화풀이를 한다.

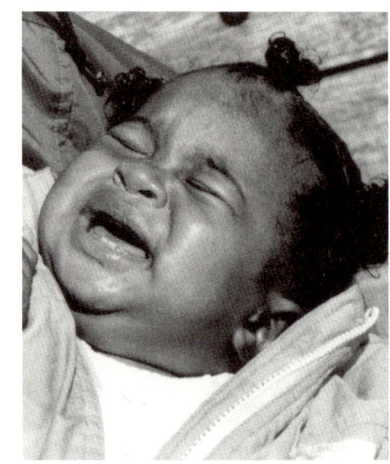

분노: 분노의 울음

분노는 두려움 같은 부정적인 신호가 증가할 때도 일어나지만 즐거움이나 흥미 같은 긍정적인 신호가 방해받을 때도 일어난다. 이런 상황이 스트레스로 이어지고 결국 분노로 발전한다.

아이가 스트레스를 느껴 화를 내고 있다면 무엇보다 감정을 달래줘야 한다. 아이와 다투지 마라. 아이의 분노를 무조건 억누르려고 하지 마라. 왜 아이가 화를 내는지부터 살펴라. 화가 난 아이를 달래다 보면 분통이 터질 때도 있다. 이럴 때일수록 당신도 자신의 감정을 잘 파악하고 자제해야 한다.

분노를 인정하고, 원인을 찾아 해결하려 하고, 감정을 자제하는 당신의 모습을 보며 아이는 긍정적인 변화를 예감한다. 아이는 통제력을 잃고 야단법석을 부릴 필요가 없다는 사실을 깨닫는다. 처음부터 잘할 수는 없다. 하지만 이 과정을 잘 따르면 아이가 어떤 방식으로 분노를 드러내더라도 잘 대처할 수 있다. 그 모습에서 아이도 자신의 분노를 다스리는 법을 배운다.

나는 동료 팸에게서 낸시라는 엄마와 그녀의 18개월 된 아들 제리의 이야기를 들었다. 제리는 한번 떼를 쓰기 시작하면 아무도 못 말리는 아이였다. 팸은 그 두 사람을 신생아부터 3세까지 다니는 어린이집에서 처음 만났다. 제리는 어른용 눈삽을 가지고 놀고 있었다. 마침 다른 아기가 삽의 날에 너무 가까이 다가갔다. 그 모습을 본 선생님이 제리에게 다가와 상냥하지만 단호한 태도로 삽을 빼앗아 커튼 뒤로 숨기며 말했다.

"이건 너무 위험해요."

그러자 제리는 분통을 터트렸다. 고래고래 소리를 지르며 울고, 바닥에 드러누워 발버둥을 치고, 머리를 바닥에 마구 박았다. 아이는 도무지 그칠 기미를 보이지 않았다. 낸시는 제리에게 다가갔지만, 당황한 나머지 고개만 절레절레 흔들었다. 그리고 말했다.

"그냥 내버려 둬요. 그러면 곧 그치거든요."

그러더니 작은 소리로 이렇게 중얼거렸다.

"쟤는 늘 저래요. 미치겠어요."

잠시 후 제리가 진정되었다. 팸이 보니 아이의 얼굴은 창백하고 멍하니 기진맥

진한 것 같았다. 팸이 알기에 낸시와 제리는 밝고 영리한 모자다. 하지만 낸시는 이 상황이 얼마나 잘못된 방향으로 가고 있는지 모르는 듯했다.

일주일 후 낸시가 팸을 찾아와 이렇게 말했다.

"지난주에 제리 보셨죠? 저도 좋은 엄마가 되고 싶은데, 애가 왜 그러는지 모르겠어요." 팸은 낸시에게 제리의 행동에 대해 더 자세히 물어보았다. 낸시의 이야기를 들어보니 문제는 두 가지였다. 첫째, 제리는 아주 어릴 때부터 곧잘 짜증을 부렸다. 자라면서 횟수도 늘고 강도도 심해졌다. 둘째, 낸시는 화내는 걸 싫어해서 아이의 화를 용납하지 않았다. 그녀는 화는 최대한 빠르고 효과적으로 억제해야 한다고 믿었다.

"화내서 좋을 게 없잖아요."

낸시는 자신이 생각하는 최악의 악몽인 화로 가득한 아이가 현실이 될까 봐, 전전긍긍하는 것이 분명했다.

여느 부모처럼 낸시도 자기 아이를 사랑하고 잘 키우고 싶어 했다. 팸은 낸시에게 무엇보다 유아기에 대한 기본적인 정보와 아홉 가지 신호부터 알려줘야겠다고 마음먹었다. 분노란 흥미가 방해받아 과도한 스트레스를 받을 때 본능적으로 나오는 반응이라는 사실을 알면, 낸시도 스트레스를 덜 받을 테니 말이다. 동시에 낸시가 제리의 문제를 겪으면서 자신의 자존감마저 흔들리는 문제도 해결할 것으로 생각했다.

팸은 낸시에게 분노는 아기가 보여주는 당연한 반응 중 하나라는 연구 결과부터 설명했다. 두 사람은 흥미를 나타내는 신호에 대해 이야기를 나누었다. 아기가 얼마나 자극이 필요하고 호기심이 많은지 알려주었다. 재미있고 즐거운 경험을 방해받으면 어김없이 분노를 일으킨다는 이야기도 했다. 제리가 눈삽을 빼앗겼을 때처럼 말이다. 제리는 재미있게 놀다가 느닷없이 방해를 받았다. 그런데도 아무도 이유를 설명해주거나, 자극과 흥밋거리를 대체할 만한 다른 물건도 주지 않았다. 팸은 삽을 치운 이유를 제리에게 잘 설명해줘야 했다고 말했다. 삽을 뺏긴 제리의 심정이 어땠는지 그리고 삽 대신 가지고 놀 물건에는 어떤 것들이 있는지도 알려주었다. 제리가 엄마의 말을 다 알아듣지 못하더라도 상관없다. 제리는 주위 어른들이 자신의 욕구를 잘 이해하고 있으며, 분노를 조절하고 관심을 다른 곳으로 돌리는 법을 잘 가르쳐줄 것이라고 느낄 테니 말이다. 팸은 낸시에게 이렇게 말해보라고 제안했다.

"아가야, 미안하지만 삽은 치워야 해. 날이 너무 날카로워 다른 사람이 다칠지도 몰라. 속상하지? 그래도 삽은 치워 두자. 대신 저기 있는 헬리콥터 구경할까? 싫어? 재미없어? 그럼 뭐 하고 놀고 싶어?"

아니면 이렇게 말해줘도 된다.

"엄마랑 같이 삽 구경할까? 날이 얼마나 날카로운지 보자."

낸시와 제리의 관계가 금세 개선되지는 않았다. 하지만 몇 주가 지나자 엄마와 아들의 의사소통이 훨씬 매끄러워졌다. 낸시가 말했다.

"분노에 대한 이야기가 정말 맞았어요. 지금은 분노를 일종의 신호로 보고 원인을 찾아서 문제를 해결하려고 노력하고 있어요. 아이의 분노를 감정적으로 대하지 않으려고 하니까 그런 상황이 덜 무섭게 느껴져요."

낸시는 그동안 자신이 형편없는 엄마인 것 같았다고 속내를 털어놓았다. 제리가 화를 내기 시작하면 낸시는 그만큼 엄마의 자격을 의심했다. 아들이 자신에게 말하려는 것도 보지 못했다. 팸과 이야기를 나눈 후, 제리의 분노에 좀 더 적절하고 건설적으로 대처하면서 제리의 버릇은 점점 좋아지기 시작했다. 낸시도 엄마로서 자신감을 얻었다. 반년 후 팸은 낸시를 다시 만났다. 낸시는 그 후로도 제리와 잘 지내고 있으며 분노를 비롯해 다양한 감정을 다룬 책을 많이 읽었다고 했다. 관련 서적을 많이 읽으니 제리뿐만 아니라 자신의 감정도 잘 다스리게 되었다고 했다.

어른이라면 자신의 분노를 인정하고 그 원인을 적절하게 처리할 수 있어야 한다. 아이도 분노를 깨닫고 그 감정을 말로 표현하는 일이 무척 중요하다. 그래야 당신이 원인을 찾아 제대로 처리해줄 수 있기 때문이다. 분노는 무조건 억누르려고만 해서는 안 된다. 분노를 부정하면 사라지지 않고 속에서 꽉꽉 차오른다. 어린 아이도 분노를 제대로 발산하지 못하면 우울해하거나 부루퉁해 있거나 비관적이 되거나 툭하면 남에게 화풀이를 한다.

무엇이 분노를 불러일으키는가?

- 신생아는 배가 고프고, 피로하고, 통증이 있고, 아플 때 스트레스를 표현한다. 좀 더 큰 아이는 좌절감이나 지루함 등 좀 더 다양한 이유로 스트레스

를 느낀다.
- 말을 배우는 시기에는 더 복잡하고 심리적인 이유로 스트레스를 느낀다. 실망감과 수치심, 부끄러움, 두려움, 외로움, 버려진 느낌, 긴장감 등이 스트레스를 부른다.
- 나이와 상관없이 어떤 신호가 너무 강렬해지거나 과도하게 지속되는 스트레스로 이행되면 분노가 일어난다. 흥미로운 일을 방해받아도 분노가 일어난다. 그래서 아이가 재미있게 놀고 있을 때, 그만하라고 하면 유난히 화를 내며 말을 안 듣는 것이다.

분노에 대처하는 법

아이의 분노를 다스리려면 우선 당신의 감정부터 다스려야 한다. 분노는 전염성이 매우 강한 감정이다. 화는 화를 부른다. 그래서 아이가 화를 내면 부모도 덩달아 화를 내기 쉽다. 분노에 분노로 답하는 것이다. 부모는 종종 분노가 특별한 자극에 대한 자연스러운 반응이라거나, 스트레스의 외침이라는 사실을 인식하지 못한다. 그래서 아이의 분노를 개인적인 공격으로 받아들여 자신을 방어하는 데만 온 신경을 쓴다. 하지만 분노를 터트리는 아이를 대할 때 자신의 분노를 잘 다스리면, 분노를 인정하고, 원인을 찾아 해결하려 하고, 감정을 자제하는 당신의 모습을 보며 아이는 긍정적인 변화를 예감한다. 아이는 통제력을 잃고 야단법석을 부릴 필요가 없다는 사실을 깨닫는다. 그러면서 서서히 자신의 감정을 다독이고 긴장조절력을 키운다.

물론 말처럼 쉽지 않다. 아이들이 화를 낼 때마다 덩달아 화를 내며 이렇게 쏘아붙이는 엄마가 있었다.

"좋아, 이제 더는 못 참아."

그녀는 아이들의 가방에 각자의 옷을 담아 준 후 아이들을 차에 태우고는 이렇게 말했다.

"고아원에 데려다 줄 거야."

그러자 아이들은 금세 기가 꺾여 엄마에게 사과하면서 엄마가 이 세상에서 제일 좋은 엄마이고, 다시는 엄마에게 화를 내지 않겠다고 눈물을 흘리며 빌었다. 그제야 엄마는 아이들을 데리고 들어가며 좋은 교훈을 얻었을 것으로 생각했다. 하지만 아이들은 엄마가 생각한 교훈을 얻지 않았다. 아이들은 자신들이 화를 내면 엄마가 망가지고 자신들을 향한 사랑도 사라진다는 사실만을 배웠다.

아이의 분노에 대한 이런 극단적인 반응은 자존감이 낮거나 감정을 제대로 이해하지 못하는 부모에게서 흔히 나타난다. 이런 부모는 아이가 화를 내면 자신을 형편없는 부모라고 생각한다. 그래서 그 고통스러운 감정의 원인을 제거하려고 한다. 아이의 분노는 부모를 향한 공격이 아니라 스트레스의 표현이라는 사실을 기억하라. 그러면 감정을 다스리기가 훨씬 쉬워진다.

이와는 전혀 다르게 행동하는 부모도 있다. 이들은 분노를 두려워한다. 속으로

꾹 참고 분노가 사라진 것처럼 행동한다. 분노의 신호와 그 의미를 제대로 살피려고 하지 않는다. 또 다른 부모는 자신의 분노를 잘 통제하지 못해 겉으로 드러내기를 두려워한다. 만약 당신이 이런 상황에 놓여 있다면, 잠시 자리를 피해 마음을 가라앉히는 것이 좋다. 다시 한번 강조하지만, 불을 끄려면 기름이 아니라 물을 부어야 한다. 단, 그 자리를 떠나기 전에 당신의 감정과 상황을 잘 설명해줘야 한다.

"있잖아. 엄마는 지금 너무 화가 나서 이 문제는 나중에 생각하고 싶구나. 그렇다고 널 사랑하지 않는 게 아니야. 이런 행동에 화가 났는데, 어떻게 마음을 다스려야 할지 잘 모르겠어. 잠시 머리를 식히지 않으면 나중에 후회할 말이나 행동을 할 것 같아. 그래서 시간이 필요하단다."

스스로에게 물어보라. 나는 화가 나면 어떻게 행동하는가? 분노에 대해 어떻게 느끼고 생각하는가? 만약 자신의 분노가 불편하거나 통제하기 어렵다고 느껴지면 분노의 원인을 잘 분석하고 이해하도록 노력해야 한다. 어렸을 때 내 가족이 분노를 대하는 방식은 어땠는가? 어른이 된 지금 나는 인간관계에서 느끼는 분노를 어떻게 표현하는가? 이렇게 스스로에게 묻다 보면, 분노에 대한 당신의 반응과 아이의 감정 폭발 사이에 존재하는 흥미로운 상관관계가 보일 것이다. 이러한 상관관계를 이해하면 자신의 감정도 잘 조절하고, 아이의 분노에도 적절하게 대응할 수 있다.

당신은 아이의 롤모델이 되어 감정을 현명하게 처리하는 법을 가르쳐줄 수 있다. 아이는 당신을 보고 배운다. '동일시'를 다룬 제7장에서 살펴보았듯이, 아이는 앞으로 경험하게 될 수많은 복잡한 상황에 어떻게 반응하고 감정을 표현할지를 당신을 보고 배운다. 길이 막힌다고 소리 지르며 화내지 마라. 아이도 똑같이 보고 배운다. 피곤하다거나, 기분 나쁘다거나, 배고프다거나, 불쾌할 때마다 크게 소리 지르면, 아이도 그런 상황에선 그렇게 행동해야 하는 것으로 생각한다. 반대로 당신이 감정의 원리를 이해하고, 자신의 정당한 감정을 입증하고, 좌절했을 때 낙천적인 태도를 취하고, 고난을 이겨낼 다양한 방법을 찾는다면, 아이도 그 모습을 저절로 닮아간다.

앞으로는 아이가 화를 내면 자기조절력을 가르칠 황금 같은 기회라고 생각하라. 기억하라. 분노는 과도한 스트레스에서 시작된다. 아이의 불편함을 줄여주려는 노력이야말로 아이의 고통이나 좌절을 인정한다는 말이며, 세상에 대한 아이의 인식이 옳다는 확인이기도 하다. 무엇보다 침착하게 대처하는 본보기를 보여 아이가 문제를 해결하는 법과 자기를 조절하는 법을 배우게 하라. 그러면 아이는 관찰하고 조절하는 능력을 내면화해 문제가 생겨 스트레스나 분노가 시작되어도 그 원인을 찾아 해결할 수 있다는 자신감을 얻는다.

당신의 감정은 물론 아이의 감정도 말로 표현하라. 당신 스스로도 긴장을 조절하는 데 도움이 되고, 아이에게도 좋은 본보기가 된다. 아이가 분노를 폭발하면 그에 대해 이야기를 나누어라. 아이가 땅콩버터 샌드위치를 바닥에 내던진다고 하자. 그러면 배가 고프지 않은지? 기분이 나쁜지? 버터가 마음에 들지 않는지? 다른 것을 원하는지? 아이에게 물어보라. 그러다 보면 아이가 샌드위치를 던지는 행동에서도 도움이 될 만한 정보를 얻을 수 있다. 그런 후 마지막으로 아이의 상태를 파악해야 한다. 아이가 배가 고픈가? 피곤한가? 기저귀 갈 때가 되었나? 아프거나 몸이 불편한가? 해당 사항이 없다면, 아프거나 이가 나고 있는 것은 아닌지 생각해봐야 한다. 아이의 분노를 감정적으로 받아들이지만 않는다면 덩달아 화를 낼 일도 없다.

아이가 분노를 드러낼 때 그 사실을 인정하면 감정이 훨씬 누그러든다. 그러므로 아이의 분노를 억제하지도, 부정하지도, 비난하지도, 비웃지도 마라. 분노를 불러일으킨 원인을 열심히 찾아라. 아이를 식탁에 앉히고 장난감 자동차를 주었다고 하자. 아이는 밥을 먹으면서 자동차를 가지고 논다. 그런데 그만 자동차가 바닥에 떨어지자 아이는 울먹이기 시작한다. 아이가 금세 밥을 먹겠거니 생각한 당신은 그 반응을 무시한다. 아이는 계속 징징거린다. 당신이 상냥하게 말한다.

"그러지 말고 고구마 어서 먹어."

말이 떨어지기가 무섭게 아이는 울음을 터트리며 고구마가 놓인 접시를 내려친다. 자동차를 주워주지 않았기 때문이다. 참다못한 당신이 한마디 한다.

"왜 그래? 어서 먹어. 자동차는 그만 가지고 놀아."

그 말에 아이는 분을 참지 못한다. 얼굴을 벌겋게 하고 주먹을 꽉 쥔 채 소리를 질러댄다. 마침내 장난감 자동차의 중요성을 깨달은 당신이 장난감을 주워주며 부드럽게 타이른다.

"알았어. 자동차 여기 있어."

당신의 목소리는 야단치는 기색이 아니라 부드럽고 달래는 듯하다. 그제야 아기는 울음을 멈출 기회를 잡았다. 아기는 자신의 마음을 '말했고' 그 마음이 전해졌다.

만약 자동차를 주워주지 않으면 어떻게 될까. 당신과 아이 사이의 기 싸움이 시작된다. 당신은 뭐든 자신의 뜻을 반드시 관철하려고 하는 300킬로그램짜리 고릴라가 되고(명심하라. 아이의 눈에는 당신이 그렇게 보인다) 아이는 자신이 이해받길 원하며 스스로 도저히 해결할 수 없는 상황(의자에서 내려 자동차를 집을 수 없으므로)을 당신의 도움으로 해결하려고 있는 힘껏 싸울 것이다.

어떤 상황이든 다른 해결책이 있다는 사실을 명심하라. 아이의 흥미 표현을 막아야 하는 상황이라면 얼마든지 또 다른 흥미를 일으킬 만한 다른 활동이나 물건이 있다. 상황에 무조건 반응하지 말고 융통성을 발휘하라.

그런데 이런 지침들을 완벽하게 따른다 해도 아무 소용이 없을 때가 있다. 분노는 터트릴수록 가속도가 붙는다. 좌절감이 쌓이고 쌓여 마지막으로 '지푸라기라도 잡는 심정'으로 터트리는 반응일 수 있기 때문이다. 아이가 느끼는 스트레스의 원인이 복합적이라면 단순한 방법으로는 달랠 수 없다. 분노는 쉽게 분노를 부르고, 한번 불붙은 아이의 마음은 쉽게 가라앉지 않는다. 어느 쪽이든 안정을 되찾기까지는 시간이 필요하다. 아이가 물건을 물거나 던지면 일단 아이의 마음부터 달래라. 아이가 그런 행동을 보이는 이유는 그다음에 찾아도 된다. 아이를 무릎에 앉혀 안아주거나 이렇게 다독여주어라.

"잠시 혼자 있게 해줄게. 여기 네가 좋아하는 인형이야."

아이가 진정되면 그때 가서 무슨 일이 있었는지 이야기를 나누어도 늦지 않다.

제 16 장
두려움

두려움의 신호는 여러 방식으로 나타난다. 아이는 시선을 고정한 채 눈을 휘둥그레 뜨고 얼굴이 창백해진다. 몸이 차가워지거나 식은땀을 흘린다. 얼굴과 손, 다리를 떨기도 한다. 머리카락이 곤두서고 움직이지 못하거나 울음을 터트리기도 한다. 아주 어린 아기는 종종 자기 세계로 빠져들거나 느닷없이 잠이 들어버린다. 두려움은 두려움과 공포 사이의 감정을 모두 포함한다.

아들이 8개월이었을 때 우리 부부는 아이를 야구 경기가 끝난 후 하는 불꽃놀이에 처음으로 데려 갔어요. 아기가 화려한 불꽃을 보고 좋아할 거라는 생각에 우리는 잔뜩 신이 났죠. 하지만 아이는 첫 번째 불꽃이 터지자 깜짝 놀라더니 두 번째 불꽃이 터질 때는 완전히 겁에 질렸어요. 곧바로 엄마를 꼭 끌어안고는 얼굴을 가슴에 파묻기까지 했죠. 불꽃이 펑펑 터지는 소리가 너무 무서웠던 거예요. 괜찮다며 예쁜 불꽃을 보라고 아이를 어르고 달랬지만, 아무런 소용이 없었어요. 우리는 너는 아이를 힘들게 해서는 안 되겠다 싶어 그 자리를 얼른 떴어요. 나오는 중에도 계속되는 소리에 아이는 잔뜩 얼어붙더니 멍해졌다가 그대로 잠이 들어버리더군요. 지금 생각하면 아이가 자기를 보호하기 위해 잠이 들었던 것 같아요. 차를 타고 그곳을 떠나 조용해진 후에도 아이는 한동안 잠에서 깨지 않았죠. 그날 우리는 가족 나들이에 특별히 신경을 썼어요. 하지만 처음부터 아이 감정을 존중해주지 못했죠. 그냥 이렇게 말해줬으면 됐을 텐데. "정말 시끄럽다. 자 이렇게 귀를 막아봐. 걱정하지 마. 금방 괜찮아질 거야." 그리고 차를 타고 그곳을 떠났으면 됐을 거예요. 부모가 되면 언제나 아이가 우선이죠. 아이가 두려움에서 벗어나려고 하면 무엇보다 아이의 감정을 인정하고 적절하게 대응해줘야 해요. 그 일이 있고 몇 년이 지나 텔레비전에서 불꽃놀이를 보게 되었는데, 우리는 아들에게 우리 가족이 처음으로 불꽃놀이를 보러 갔던 이야기를 들려주었어요. 그리고 실제로 다시 한번 불꽃놀이를 보러 갔어요. 아이가 정말 좋아하더군요. 지금도 아이는 불꽃놀이를 아주 좋아해요. – 폴 C. 홀링어

두려움은 자연스럽고 꼭 필요한 반응이다. 두려움을 느끼면 인체에 경보가 울리고, 스트레스 호르몬이 치솟는다. 몸과 마음이 혹시 있을지 모를 위기에 대처하기 위해서다. 두려움을 느끼고 반응하는 능력이 없으면 누구도 살아남을 수 없다. 아기도 예외는 아니다. 두려움은 경고 신호이며 아이일수록 더 크고 확실하게 울린다. 아이는 특히 자신의 몸을 지킬 수 없어 누군가의 도움이 필요하기 때문이다.

두려움을 느낄 때 뇌에서는 어떤 일이 벌어질까. 두려움을 느끼면 신경발화가

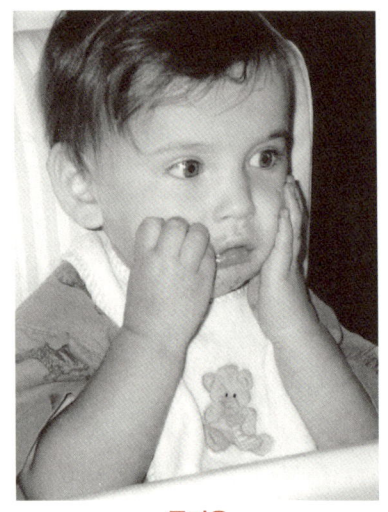

두려움

비교적 급작스럽게 일어난다. 강도도 가파르게 증가한다. 흥미보다 더 급작스럽게 일어나고 가파르게 증가하지만, 놀라움보다는 덜하다. 두려움은 독성이 있어 신체와 뇌는 그 독성이 유발하는 생화학적 반응을 오랫동안 견디지 못한다. 하지만 일회성 사건으로 발생한 두려움은 아이에게 그다지 해를 주지 않는다. 문제는 반복적으로 발생하지만, 그 근원이 해결되지 않는 두려움이다. 그래서 아이가 느끼는 두려움의 원인을 효과적으로 잘 찾아 해결해주는 일이 무엇보다 중요하다.

똑같은 대상을 놓고도 어떤 아이는 겁을 먹고 어떤 아이는 흥미를 느낀다. 특정 감각적 정보에 더 예민하게 반응하며 더 쉽게 놀라거나 겁을 먹는 아이도 있다. 세상은 너무나 낯선 곳이어서, 아이가 두려움을 느낄 만한 일들이 도처에 도사리고 있다. 처음으로 그네를 타거나, 모르는 개와 갑자기 마주치거나, 큰 소리가 갑자기 울리거나, 밝은 빛이 갑자기 비치는 등 언제라도 마주칠 수 있는 일에 아이는 놀라움과 두려움을 느낀다. 아이들이 핼러윈 가면이나 광대를 보고 겁을 집어먹는 것을 보라. 얼굴은 감정 신호를 전달하는 주요 무대인데, 가면이나 광대의 얼굴이 일그러져 보이기 때문에 아이들은 겁을 먹는다.

어른이 보기엔 별일 아닌 일도 아이들에겐 두려움의 대상이 된다. 예를 들어, 큰 개가 성큼성큼 다가온다. 당신의 아기가 겁을 먹고 어떻게든 해달라는 표정으로 당신을 바라본다. 그런데 당신은 아이가 열심히 보내는 신호를 알아차리지 못한다. 또는 개가 아이를 해치지 않는다고 확신한다. 그렇다면 어느 쪽이든 아이 마음을 제대로 읽기 어렵다. 당신은 아이에게 말한다.

"착한 개야. 안녕하고 인사해봐."

아이는 잔뜩 겁에 질려 있는데 당신은 그런 아이를, 주둥이를 쫙 벌린 사나운 야수를 향해 밀어붙이고 있다. (당신이 개보다 덩치가 작다고 생각해보라) 곧 아이는 두려움이 극에 달해 당신 품에 안겨 벌벌 떤다. 두려운 개에 당신의 둔감함이 더해져 아이는 개를 점점 더 무서워하고 개 앞에서 무력해진다. 대개 이런 식이다. 이런 상황이 반복되고 그때마다 출구나 해결책을 구하지 못하면 두려움은 어느새 아이 성격의 일부가 된다.

아이는 자신의 분노나 스트레스를 이기려고 애쓰는 과정에서도 두려움을 표출한다. 두려움이나 스트레스 조절이 능숙하지 않은 아이는 이런 감정을 외부로 투사해 걸핏하면 겁을 내고 위험하다고 느낀다. 이제 막 걷기 시작한 아기나 어린아이는 공포에 찬 행동을 하거나 악몽을 꾸기도 한다. 한번은 한 아이가 동물 인형이 살아나고, 가장 좋아하는 인형이 반으로 잘리는 꿈을 꾸었다. 그 아이는 악몽을 꾼 후 잔뜩 겁에 질려 그 후로도 계속 울며 불안해했다. 이 문제의 해결책은 그리 단순하지 않았다. 부모가 분노에 대해 제대로 알지 못하고 불편해하는 것도 아이의 증세를 부채질했다. 부모는 딸이 화를 낼 때마다 엄하게 야단치거나 착한 아이는 화를 내지 않는다고 가르쳤다. 그러나 자신들의 행동이 아이에게 어떤 영향을 미치는지 알고 난 후, 분노를 표현하도록 배려하기 시작했다. 그 결과 아이는 자신의 화를 좀 더 편안하게 표현했고, 무시무시한 악몽도 점차 사라졌다.

꿈속이든 대낮이든 아이의 두려움에 관심을 기울여라. 두려움은 외부에서 시작될 수도 있고, 휘몰아치는 감정과 긴장을 조절하지 못해 내부에서 시작될 수도 있다. 이렇듯 스트레스와 분노도 종종 두려움의 원인이 된다.

때로는 심각한 트라우마나 반복되는 부정적인 경험에서 생긴 두려움이 우리에게 악영향을 미친다. 만성적인 두려움이나 정신적인 상처에서 비롯된 두려움은 독약처럼 우리 몸과 마음을 죽인다. 특히 어린아이에게는 그 영향이 훨씬 크게 미친다. 만약 아이가 지속적으로 학대나 폭력을 경험하거나, 부모 사이의 학대나 폭력을 목격한다면, 아이의 두려움이 극에 달할 수 있다. 그러면 머지않아 그 아이의 행동과 감정 발달에 장애가 일어날 위험성도 그만큼 커진다.

두려움에 대처하는 법

두려움은 적절하게 처리하기 어려운 신호다. 두려움은 반드시 필요하며 건강한 반응이지만 언제든 악영향을 미칠 수 있기 때문이다. 부모라면 겁에 질린 아이의 모습을 보고 싶어 하지 않는다. 아기가 두려움을 느끼면 최대한 빨리 그 신호를 부정하려고 한다.

"괜찮아, 저건 무섭지 않아."

하지만 다른 신호처럼 두려움도 무조건 부정만 해서는 안 된다. 감정에 관한 기본 원칙을 되새겨라. 두려움을 표현하게 하고, 그 감정을 말로 설명한 후, 원인을 제거하라. 아이는 두려워할 권리가 있다. 이 사실을 인정하는 것만으로도 아이가 두려움을 처리하고 자신의 내면과 외부 세계를 정확하게 인식하고 정리하는 데 큰 도움이 된다. 아이의 두려움을 말로 설명해주는 것이 가장 쉬운 방법이다. 사람이 꽉 찬 엘리베이터에서 아이가 겁을 먹었다면 이렇게 말하라.

"이 엘리베이터를 무서워하는구나, 그렇지? 모르는 사람들이 많아서 그래? 아니면 엘리베이터가 덜컹거려서? 금방 내릴 거니까 걱정하지 마."

이때 당신의 두려움을 아이에게 전해서는 안 된다. 예를 들어, 당신이 폐소공포증이 있어 엘리베이터를 무서워한다고 하자. 이런 폐소공포증을 괜히 아이에게 말해서 같은 두려움을 각인시키지 마라. 당신의 목적은 아이의 두려움을 키우는 것이 아니라 아이의 두려움에 반응하는 것이다.

평소에 아이가 두려움을 표현하면 그 감정을 인정하라. 아이를 위해 말로 설명하고 확인해주어라. 두려움을 억누르거나 무시하지 마라. 아이가 대머리 남자나 선글라스를 낀 사람을 무서워하는 일이 이상해 보일 수도 있다. 하지만 전혀 이상한 일이 아니다. 아이를 안심시키고, 상황을 설명해주어라. 필요하다면 자리를 옮겨도 좋다. 아이는 자신의 반응을 통제지 못한다. 아이가 무서워하고 싶어서 무서워하는 게 아니다. 무서워한다고 성격이 나약한 것은 더더욱 아니다.

아이의 두려움을 흥미로 바꿔주는 방법도 있다. 아이가 개를 보고 무서워하면 아이를 안아 올리며 이렇게 말해보아라.

"이 개가 커다랗고 무시무시해 보이지? 하지만 이렇게 널 안아 올렸으니까, 개가 덤비지 못할 거야. 이제 개를 한번 살펴볼까. 털이 정말 예쁜 갈색이네, 그렇지? 저것 봐. 개가 꼬리를 살랑살랑 흔들고 있어."

곰 인형이나 담요처럼 아이의 마음을 안정시키는 과도기 물건도 도움이 된다. 이런 물건을 일부러 빼앗을 필요는 없다. 아이가 원할 때까지 그냥 내버려 두어라. 때가 되면 아이는 알아서 이런 물건과 헤어진다.

절대로 아이의 두려움을 수치심으로 해결하려고 하지 마라. 예를 들면, 이런 말이 아이에게 수치심을 준다.

"너 왜 그래? 바보같이. 무서운 것도 없는데, 참 겁도 많네."

그러면 아이는 두려움을 부정하고, 강한 척 행동하려 할 것이다. 아이를 '강하게' 키운다고 강한 아이가 되는 건 아니다. 한동안 나는 부모가 좋은 의도로 그랬다지만, 겁을 먹은 아이에게 냉담한 태도로 쏘아붙이는 말을 모아본 적이 있다.

"이제 그만해.", "진정해.", "입 다물어.", "그만 울어, 안 그러면 더 혼내줄 거야.", "네 문제는 네가 알아서 해, 내 문제도 산더미야."

이런 말은 아이에게 세상을 제대로 인식하고 있는지에 대한 의문과 아무도 자신을 보호하고 안전하게 돌봐주지 않는다는 느낌을 준다.

"문제가 있다.", "나쁘다.", "멍청하다.", "아기처럼 군다."

이렇게 수치심을 주는 비난의 말로 아이를 다그치지 마라. 아이는 자신의 감정에 혼란을 느끼고 애초에 느꼈던 감정이 틀린 것은 아닌지 의심한다. 이는 결국 아이의 정체성과 자존감의 뿌리를 완전히 잘라내는 결과를 불러온다. 아들이 불꽃놀이를 무서워하자 곧장 그 자리를 뜬 내 행동처럼, 아이의 반응에 토를 달지 말고 무조건 이해하고 말로 설명하고 재빨리 두려움을 달래줘야 한다.

두려움을 최소화하기 위해 당신의 훈육 방식에서 아예 두려움 항목을 없애버리는 것도 좋은 방법이다. 길게 보면 두려움은 좋은 동기부여 장치가 아니다. ("콩 먹어. 안 그러면 엉덩이를 때려줄 거야.") 두려움을 느끼면 아이는 공포와 불안에 휩싸인다. 공포와 불안은 자극을 추구하는 타고난 본성을 제한하고 배움의 기회를 앗아 간다. 아이는 새로운 사람과 경험을 두려워하고, 세상은 아이에게 위험한 곳이 된다. 두려움은 아이의 거짓말도 부추긴다. 아이는 무슨 일이 생길지 모르는 불안한 상태에서, 사실대로 말해 무서운 결과를 보느니 차라리 거짓말로 그 순간을 모면하려 든다. 두려움은 매우 강한 감정이다. 당신은 아이의 두려움이 자리하는 과정에 막대한 영향을 미치는 존재임을 명심하라.

아이가 위험할지도 모르는 행동을 하려고 할 때 부모는 적절히 대처하는 데 많은 어려움을 겪는다. 아이가 도로에 무작정 뛰어든다면 부모는 어떻게 해야 할까? 많은 부모가 두려움을 이용해 그런 행동을 못하게 하려 든다. 그것만이 유일하고 효과적인 해결책이라고 믿기 때문이다. 이들은 아이의 팔을 거세게 쥐고 엉덩이를 때리며 말한다.

"또 그러면, 잘못하다가 죽을 수도 있어."

하지만 이런 상황에서도 아이를 때리거나 위협하는 대신, 단호하지만 동정 어린 어조로 위험성과 행동 규칙에 대해 설명해주는 편이 훨씬 효과적이다. 이렇듯 '낯선 위험'도 부모가 아이의 행동을 바로잡으려고 두려움을 이용하려다 역효과를 보는 또 다른 무대가 된다. 아이는 세상을 알아가며 위험한 상황과 사람들을 경계할 필요가 있다. 하지만 아이를 위험한 상황에 놓이지 않게 하려고 아이가 새로운 상황과 사람들을 만날 때마다 경계하게 하는 일은, 비현실적일뿐더러 자칫 아이에게 공포심만 심어준다. 그렇게 되면 아이가 세상을 탐구하고 학습하는 능력 또한 한계에 부딪히고 만다.

학대나 폭력에 대처하는 법

당신이나 아이가 학대나 폭력을 당하거나 타인의 학대나 폭력을 지켜볼 수밖에 없는 상황에 있다면, 아이와 당신 자신을 보호하고, 그 상황에서 벗어나는 일이 무엇보다 중요하다. 이런 상황은 보기보다 훨씬 복잡해 벗어나는 일이 말처럼 쉽진 않다. 하지만 주위를 둘러보면 쉼터나 친구들, 친척들, 사회복귀시설, 이주 등 다양한 대안이 있다. 적극적으로 찾아 시도해야 한다. 심리적 외상을 동반한 지속적인 폭력은 아이의 행복에 큰 해를 가져온다는 사실을 명확히 인식하라. 폭력과 학대를 경험한 아이는 결코 건강한 정서 발달을 이룰 수 없다.

혹시 성질을 이기지 못해 학대와 폭력을 휘두르는 당사자가 당신이라면 한시라도 빨리 필요한 도움을 받아라. 충동적인 성격을 통제하고 아이를 사랑과 이해로 대할 때까지 아이가 안전한 곳에서 지내도록 조치를 취하라. 물론 이렇게 한다고 해서 앞으로 아이에게 절대로 화내지 않는 사람이 된다는 말은 아니다. 자식을 키우다 보면 속이 썩어나고 진이 빠지는 일이 많을 테니 말이다. 부모라면 누구나 한 번쯤은 아이에게 분노를 느낀다. 하지만 절대로 아이에게 물리적인 상처를 주어 위협하거나 위험에 놓이게 해서는 안 된다.

체벌은 공포의 한 형태다. '맴매'라는 말은 체벌을 귀엽게 부르는 말에 지나지 않는다. 자신도 모르게 어느새 아이의 엉덩이를 때리고 있다면, 그 상황에 대처하는 다른 방법이 머릿속에 떠오르지 않는다는 뜻이다. 그러므로 감정과 신체 반응 목록을 늘릴 필요가 있다. 체벌은 올바른 행동을 하게 하는 자극제가 못 된다. 역효과만 가져온다. 맞은 아이는 겉으로는 당신 말을 잘 듣는 듯해도 내면은 분노와 불안으로 가득 찬다. 내가 아는 어떤 부모는 아이를 훈육한다고 평소에 벨트로 아이를 때리며 키웠다. 그 결과 아이는 말수도 적어지고 맞을지도 모른다는 두려움에 아무런 감정도 드러내지 않았다. 자아가 황폐해진 것은 말할 것도 없다. 이렇게 아이가 꾹꾹 눌러 둔 분노는 언제 터질지 모르는 활화산이 되어, 어른이 된 후의 정신세계나 인간관계에 악영향을 미친다. 그 아이의 아버지는 도움을 받은 후에야 아들과 심각하게 대립할 가능성이 커지고 있다는 사실을 알았고, 제대로 된 부모의 역할이 무엇인지도 깨달았다. 그 후 두 부자의 관계는 점차 회복되기 시작했고, 내면의 상처도 치유되었다.

두려움을 잘 처리해주면 무엇이 좋을까

아이가 두려움에 잘 대처하도록 도와주고 훈육 방식에서 두려움 항목을 없애버리면, 아이는 자신감 있게 사고하고 주변을 탐색하며 여러 사람들과도 잘 어울린다. 부적절한 두려움이 없는 아이가 훨씬 낙천적이고 강한 회복력을 발휘한다. 즐거움도 더 강하게 느끼고 자기 내면의 감정도 부끄러워하지 않는다. 아이의 두려움을 인정하고 적절하게 처리해주면, 아이는 현명하게 자신을 보호하고 감정에 솔직하게 행동한다.

제 17 장
수치심

아기는 수치심을 느낄 때 시선을 내리깔고 어깨를 축 늘어뜨린다. 고개를 힘없이 떨어뜨리기도 한다. 고개를 돌리거나 아래만 볼 수도 있다. 눈꺼풀이 아래로 축 처지고 얼굴을 붉히기도 한다. 수치심은 작은 수치심에서 강한 굴욕감까지의 감정을 모두 포함한다.

어린 시절을 떠올리면 부모님이 제 인격을 깎아내리고, 놀리고, 제가 형편없는 아이라고 느끼게 한 순간들이 기억납니다. 부모님은 제가 음식을 흘리거나 물건을 떨어뜨리면 자주 이런 말을 했어요. "이제 네가 아무것도 아니란 걸 깨달았지, 안 그래?" 또는 이렇게 말할 때도 있었어요. "하나님이 보고 계시니까 착하게 구는 게 좋을 거야. 내가 없어도 하나님은 다 보고 계시다가 널 잡아갈 거야!" 고작 네 살이었던 저는 왜 부모님이 제가 못된 짓을 한다고 생각하는지 늘 궁금했어요. 부모님이 저를 창피하게 여긴다고 생각했죠. 제 어머니가 지금 이런 말을 들으면 놀라실 거예요. 어머니는 제게 어떤 상처를 줬는지 아무것도 모르시니까요. 어머니는 옛날 분이세요. 어머니 말씀대로라면 애들은 절대 '오냐오냐' 키워서는 안 되죠. 어머니는 아이들이 눈에 보일 수는 있어도 소리가 들려서는 안 된다고 믿으셨어요. 저는 평생 죄책감과 수치심, 회의감과 싸워야 했어요. 제 아이들에게는 '아이 짓'을 해도 인격을 깎아내리거나 자신을 못된 아이로 생각하지 않게 하려고 얼마나 조심하는지 몰라요. 대신 아이들을 지지하고 칭찬해주려고 애써요. 이런 양육법이 결국에는 기적 같은 변화를 만들어냈죠. – 스티븐, 33세, 두 살과 네 살 아이를 둔 아버지

아이에게 세상은 발견과 탐험을 위한 거대한 놀이터다. 반면 부모에겐 어디서 무슨 일이 일어날지 모를 위험천만한 곳이다. 부모의 처지에서는 아이가 표현하는 흥미나 즐거움이 쏟아진 음식과 엎질러진 우유, 찢어진 책, 산산조각 난 접시와 같은 혼란의 전주곡처럼 보일 때가 많다. 고삐 풀린 망아지에 버릇을 들이려는 부모의 당연한 마음이 더해지면 결국 수치심이 만들어진다.

흥미와 즐거움 + 간섭과 불허 = 수치심

수치심은 태어날 때부터 존재하는 복잡한 신호다. 수치심의 근원과 수치심을 느끼기 시작하는 시기에 대한 논란은 현재도 진행 중이다. 그러므로 나까지 여기서 그런 논란에 가세하고 싶진 않다. 나는 단지 아이가 어떻게 수치심을 표현하고,

수치심이 다른 감정과 어떻게 연결되는지 설명하고자 한다. 그런 지식을 통해 수치심의 해로운 측면을 불러일으키는 실수를 범하지 않기를 바란다.

수치심은 사람이 타고난 아홉 가지 신호 중 하나다. 수치심은 축 처진 어깨와 아래로 향한 시선과 살짝 돌린 고개로 알 수 있다. 수치심은 흥미와 즐거움 같은 긍정적인 감정이 방해받거나 억제될 때 일어난다. 아기의 기대와 돌보는 이의 반응이 일치하지 않을 때도 일어난다. 아기가 일부러 우유를 쏟았다고 하자. 아기는 그런 행동으로 이렇게 말한다.

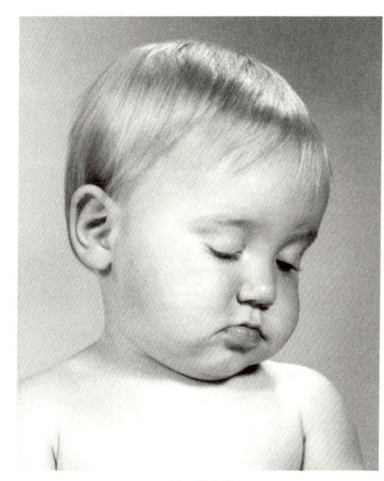

수치심

"엄마! 우유가 의자에서 바닥으로 폭포처럼 근사하게 떨어져요. 바닥에 튀기는 것 좀 보세요! 진짜 끝내줘요!"

엄마는 이렇게 대답한다.

"너 뭐 하는 짓이야? 그만해. 또 하기만 해봐. 이게 다 뭐니. 이거 다 엄마가 닦아야 하잖아!"

심리적으로 볼 때 수치심은 열등감과 죄책감, 부끄러움, 좌절감의 바탕이 된다. 수치심은 아기의 흥미를 망치고, 스트레스에 기름을 붓고, 심하면 분노를 불러온다. 자신이 무능하거나 열등하다는 생각이 종종 수치심과 결합한다. 앞서도 지적했듯이 아기는 부모나 돌보는 이가 흥미와 즐거움을 허락하지 않거나 오해할 때 수치심을 느낀다. 흥미와 즐거움은 긍정적인 자아 발달에 꼭 필요한 요소다. 하지만 잦고 부적절한 수치심은 아이의 자존감 발달에 문제를 일으킨다.

수치심을 일으키는 일반적인 원인

아이의 자연스러운 충동과 흥미가 외부 세계의 제약이나 규칙, 가치관과 충돌할 때 아이는 수치심을 느낀다. 수치심은 그 자체로는 나쁘지 않다. 정신분석가인 마이클 바쉬의 말처럼, 가벼운 수치심은 사회적으로 용납되지 않는 행동이 뭔지를 알게 해준다. 즉, 수치심은 아이에게 이렇게 말하는 것과 같다.

"멈춰. 그리고 지금 상황과 네 행동을 잘 생각해봐."

그런데 부모가 아이의 행동에 제한을 두는 과정에서 과도한 수치심을 불러일으킬 때가 있다. 이런 수치심은 부모가 아이의 부적절한 행동이 아닌 아이 자체를 비난할 때 일어난다. 이때 아이는 자신에게 원래 문제가 있다고 생각하고 흥미나 즐거움을 표현하고자 하는 자신의 욕구를 성격상 결함으로 여긴다.

이렇듯 과도한 수치심은 아이의 자존감에 깊은 상처를 남긴다. 하지만 다행히 수치심이 아닌 흥미와 즐거움 같은 긍정적인 감정을 활용하면 당신이 바라는 아이의 행동 변화를 이끌어낼 수 있다. 아이가 자꾸 바닥에 우유를 쏟으면 이렇게 말해보자.

"이것 봐, 정말 신기하네. 바닥에 쏟아진 우유를 봐. 이상한 무늬가 생겼네. 그런데 엄마는 네 행동이 그렇게 좋지만은 않단다. 너를 많이 사랑하지만, 우유는 쏟아 버리라고 있는 게 아니야. 잘 봐, 어떻게 하는지 보여줄게. 이렇게 흘리지 않게 양손으로 컵을 쥐어, 그리고 입에 대고 마시는 거야. 이렇게 하는 거야. 자, 이제 여기를 깨끗이 닦자. 휴지가 우유를 어떻게 빨아들이는지 한번 볼까?"

아이의 신호를 아무리 잘 다루는 부모라도 결국 자신도 모르게 아이에게 수치심을 심어줄 때가 있다. 이것도 삶의 한 부분이다. 수치심을 느끼고 표현하는 능력은 흥미와 즐거움이 방해받을 때 나타나는 고유 반응이다. 아기의 배변을 예로 들어보자. 아기는 배변이 어떤 것인지 알고 나면, 배변은 근사한 일이지 혐오스럽거나 당황스러운 일이 아니라고 느낄 것이다. 오히려 즐거워해야 할 일이라고 말이다. 그런데 기저귀를 갈고, 변을 버리고 엉덩이를 닦아주면서 기저귀가 더럽다는 둥 냄새난다는 둥 괜한 말을 하면 아이의 마음속에 신체 활동에 대한 수치심이 싹튼다. 아기를 문화인으로 만드는 이런 과정이 어떤 면에서는 수치심에 대한 사회적 기준을 주입하는 과정이기도 하다. 우리 사회에서는 신체를 가리기 위해 옷을 입는다. 아이에게는 부자연스러운 이런 행위가, 수치심의 근원이 될 수 있다. 한편 옷을 최소한으로 걸치고 사는 문화권에서는 노출에 대한 수치심도 그들이 걸친 옷만큼이나 적을 것이다.

수치심을 불러일으키지 않으려면 흥미나 즐거움을 억제하지 않는 선에서 한계를 정하고, 예의범절과 옳고 그름을 가르쳐야 한다. 도저히 실행 불가능한 과제가 아니다. 바람직한 행동을 위한 지시와 아이를 향한 비난을 확실히 구분해야 한다는 점을 명심하라. 아이가 책장에서 당신 책을 꺼내 찢고 있다고 하자. 그럴 땐 책이 재미있는 물건이라는 점을 가르쳐주고, 아이가 볼만한 책을 한 권 보여주어라. 그러는 사이 아이를 책장과 떨어지게 해야 한다. 책은 읽는 것이지 찢는 것이 아니라고 타이르면서 아이와 함께 앉아 책을 보면 된다. 결과적으로 아이는 한계를 배웠지만 책에 관심을 둔 일이 나쁘다는 말은 듣지 않았다.

내가 아는 어떤 여성은 어린 시절 바닥에 쏟은 음식을 놓고 엄마와 벌인 신경전을 잘 기억하고 있었다.

"제가 음식을 바닥에 쏟을 때마다 엄마는 이렇게 말씀하셨어요. '어서 집어. 균이 묻으면 안 되잖아!' 엄마는 무슨 균이든 매우 위험하기 때문에 가까이해서는 안 된다고 가르치셨어요. 하지만 저는 바닥에 쏟은 음식을 보면서 도대체 균들이 어떻게 움직이는지 보려고 했어요. 만약 음식이 바닥의 균들 위로 떨어졌다면 벌써 균이 음식에 묻었을 텐데 빨리 집어 올린다고 무슨 소용이 있을까 하고 생각했었죠. 그런데 엄마 생각대로 바닥에 음식이 오래 떨어져 있을수록 더 많은 균이 묻는다면, 멀리 있는 균들도 음식이 떨어졌다는 소식을 듣고 바닥을 가로질러 모였다는 얘기잖아요. 저는 그 과정을 보고 싶었어요. 그래서 균들의 움직임을 기대하며 뚫어지게 떨어진 음식을 보았던 거죠. 당연히 이런 생각을 말로 표현하진 못했어요. 엄마 눈에는 이런 제가 엄마 말을 무시하는 것처럼 보였을 거예요. 그래서 엄마가 불같이 화를 내셨던 거고요. 도대체 뭐가 옳은지 그른지 모르겠더라고요. 그 일은 절대 잊히지 않아요. 하지만 덕분에 아이가 세상을 알아가는 방식에 대해 더 깊이 생각하게 됐죠. 저는 항상 아이에게 사물의 이치를 잘 설명해주려고 노력해요. 어떤 일을 시킬 때도 그 이유를 잘 설명하려고 애쓰고요. 아이들의 머릿속에도 온갖 생각이 요동치고 있어요. 당연히 그런 생각들을 존중해줘야죠. 설령 엄마가 늘 말씀하셨던 멍청한 균들처럼 눈에 보이지는 않지만요."

수치심을 유발하는 흔한 상황은 또 있다. 아이가 바닥에 음식을 쏟고, 쏟은 음식의 신기한 모양이나 색깔을 보며 즐거워한다고 하자. 그 모습에 당신은 부정적인 반응을 보이며 말한다.

"이게 뭐야? 이런 멍청한 녀석.", "못된 아이네. 다시는 그러지 마!"

아이는 음식에 기울인 관심과 자기 본성을 동시에 비난받았다. 음식을 바닥에 쏟는 전 과정은 아이에게 경이로움 그 자체인데, 당신은 그 사실을 인정하지 않았다. 아이는 쏟은 음식의 모양과 쏟을 때 나는 소리 혹은 액체가 사방으로 방울방울 흩어지는 모습을 좋아한다. '또 봐야지!' 아이는 이렇게 생각하고 바닥에 다시 음식을 쏟는다. 아이는 새로운 음식과의 만남을 온몸으로 즐긴다. 아이에게 즐거움을 주는 이 뜻밖의 일이 당신에게 고의적인 행동으로 비치는 순간 당신의 인내도 한계에 달한다. 아이는 음식이 덕지덕지 달라붙은 손을 내밀며 좋아서 웃음을 터트린다. 아이는 이렇게 말하고 있다.

"이것 봐요! 내가 대단한 일을 했어요!"

하지만 당신은 아이가 경험한 이 경이로운 모험을 무시한 채 버럭 화를 낸다.

"이게 뭐니? 음식 가지고 장난을 치다니, 혼 좀 나야겠다."

그 순간 남들도 자기처럼 좋아할 거라는 아기의 기대와 당신의 반응 사이에는 엄청난 괴리가 생긴다.

음식을 쏟는 이런 일상적인 사건이 자기혐오와 수치심으로 발전한다. 이런 상황에서 스트레스와 분노가 일어나고 나아가 부모와 자식 사이의 충돌이 일어난다. 아이는 마음에 상처를 입고 부모는 골칫거리를 떠안는다. 이렇듯 수치심은 긍정적인 감정을 강하게 억누르고 부정적인 감정을 불러일으킨다.

아이를 낯선 사람에게 소개할 때도 같은 상황이 종종 벌어진다. 이때는 아이만 수치심을 느끼는 것이 아니라 부모도 수치심을 느낀다. 톰킨스가 지적했듯이, 아이가 낯선 사람을 만났을 때 부끄러움을 느끼면 부모도 흔히 그런 기분을 느낀다. 예를 들어, 아이를 당신 친구에게 인사시킨다고 하자. 이왕이면 아이가 귀엽고 싹싹하게 굴면 좋을 텐데, 당신 뒤에 숨거나 다리 사이로 얼굴을 파묻는다. 그러면 아마 당신은 이렇게 나무랄 것이다.

"뭐가 쑥스럽다고 그래? 예쁘게 인사해야지."

그리고 친구에게는 이렇게 변명한다.

"얘가 원래는 무척 활발한데, 오늘은 왜 이러는지 모르겠네."

잠시 후 수치심이 잦아들자 아이는 새로 만난 사람에게 흥미를 보이며 뚫어지게 쳐다본다. 당신은 그런 아이를 보고 당황한다. 당신은 아이가 부끄러운 줄도 모른다는 사실에 부끄러움을 느낀다.

"너, 지금 뭐 하는 거야?"

이렇게 말하며 화를 낸다. 이제 아이는 어떻게 행동해야 할지 갈피를 잡지 못한다. 그동안 처음 보는 사람 앞에서는 얌전해야 한다고 해서 처음에 그렇게 했더니, 지금 그렇게 한다고 야단을 맞았다. 다시 낯선 사람에게 관심을 보이라고 해서 그렇게 했더니, 이번에는 관심을 보인다고 창피를 준다. 아이는 뭐가 뭔지 이해할 수 없다.

부모가 아이와 훨씬 더 즐거운 시간을 보내기 위해서는 아이가 무엇에 스트레스를 받고 무엇에 흥미를 느끼는지를 제대로 알아야 한다. 그땐 수치심이라는 카드를 꺼내 들 필요도 없다.

아이의 행동 바로잡기

다음은 아이의 수치심을 줄이고 행동을 바로잡기 위해 참고할 만한 내용이다.
- 수치심을 훈육이나 처벌의 도구로 이용하지 마라. 충분히 설명하겠지만, 아이가 문제 행동을 한다면 당신이 해야 할 일은 한계를 정하는 일이다. 아이의 자아를 공격해서는 안 된다.
"너는 정말 골칫덩이야. 거기서 당장 손 떼지 못해!"
이런 반응보다는 다음과 같은 말로 한계를 정하는 편이 훨씬 건설적이다.
"너를 정말 사랑해. 하지만 선반에 올라가는 건 안 돼."

- 비난을 줄이고 칭찬을 늘려라. 비난해서 나쁜 행동을 못 하게 하는 것보다 칭찬으로 착한 행동을 격려하는 편이 훨씬 효과적이다. 아이는 원래 착하게 행동하는 것을 좋아한다. 아이의 행동을 인정해주는 부모의 눈빛은 아이에겐 산소와 같다. 부모가 수치심을 이용하면 아이는 금세 스트레스를 느낀다. 결국 아이는 시무룩해지고 분노와 우울함을 느낀다.
- 아이를 나무랄 때는 아이의 자아나 흥밋거리가 아닌 잘못된 행동에 집중하라.

"너를 사랑하지만 이런 행동은 옳지 않아."

이렇게 아이의 긍정적인 특성을 살리고 실수를 반복하지 않도록 하는 데 집중하라. 그럴 때 아이는 더 행복하고 가정은 더욱 화목해진다. 음식으로 장난치는 아이의 행동도 수치심을 자극하지 않고 바로잡을 수 있다.

"정말 신기한 모양을 하고 있네, 그렇지? 하지만 음식은 먹는 거야. 바닥에 쏟는 게 아니라 네 입으로 들어가야 하는 거야. 그러니까 이런 행동은 하지 말아줄래? 여기 우유도 있네. 양손으로 컵을 잡아봐. 우유는 바닥에 쏟으라고 있는 게 아니야! 우유 말고 물장난을 하고 싶으면 밥을 다 먹은 후에 욕실로 가자."

그리고 아기의 손에 컵을 꼭 쥐여주고, 아기의 입으로 가져다주어라. 금세 우유 마시는 법을 배울 수는 없다. 당연하다. 겁을 주거나 강한 수치심을 불러일으키면 당장은 아이가 말을 들을 수도 있다. 하지만 이런 피상적인 결과를 얻자고 아이가 치러야 할 대가가 너무 크다. 아이는 원래 주위를 어지럽히고 엉망으로 만든다. 그런데 그런 충동을 강압적으로 막으면 아이는 세상을 탐구하려는 욕구가 좌절되어 언제나 뚱하고 겁에 질려 지내게 된다.

수치심은 다른 감정에 어떻게 영향을 미치나

수치심은 다른 방법으로도 아이의 건강한 정서 발달을 방해한다. 예를 들어, 아이를 이렇게 야단친다고 하자.

"강해져야 해! 감정을 드러내지 마. 용감한 아이가 돼야지. 입술에 힘 꽉 줘. 뭐가 속상하다고 그래? 계집애처럼 굴지 마!"

당신이 이렇게 다그치면 아이는 자연스러운 감정 표현을 수치스러운 일로 여기고, 칭찬받기 위해서는 감정을 억눌러야 한다는 충동을 느낀다.

이런 훈육의 결과는 참담하다. 문제는 당신이 아이의 감정을 인정해줘야 한다는 사실을 망각했다는 데서 그치지 않는다. 아이는 당신으로부터 소외감을 느끼고 자아와 자존감에 깊은 상처를 입는다.

톰킨스가 말하는 사례를 보면, 수치심이 전체적인 감정 신호 체계에 어떤 혼란을 가져오는지 알 수 있다. 로버트라는 소년이 있었다. 로버트는 매우 상냥하지만, 다소 소심한 아이였다. 어린이집에서 다른 아이들이 자신을 괴롭혀도 화내는 일이 없었다. 화는 고사하고 겁에 질릴 때가 많았다. 그러던 어느 날 로버트가 두려움을 이기고 자신을 괴롭히는 아이에게 덤벼들었다. 급기야 이 사실이 가정통신문을 통해 로버트의 집으로 전해졌고, 이를 본 아빠가 화를 내며 말했다.

"착한 아이는 싸우지 않아. 정말 창피하다. 도대체 네 머릿속엔 뭐가 들었니? 네가 이런 아이였어?"

로버트는 괴로움에 울기 시작했다. 수치심이 너무 강렬해 참을 수가 없었다. 그러자 아빠는 운다고 또 나무랐다.

"왜 우는 거야? 네가 아기야? 그만 울어."

로버트는 울음을 그치고 저녁을 먹으려고 식탁에 앉았다. 제일 먼저 과일 요리가 나왔다. 로버트가 싫어하는 음식이었다. 아이는 온갖 인상을 썼다. 부모에게 과일 요리를 얼마나 싫어하는지 보여주기 위해서였다. 그러자 이번에는 엄마가 화를 내며 말했다.

"식탁에서 그런 표정 짓지 마. 우리가 언제 그런 표정을 진 적 있니?"

로버트는 다음 음식을 기다리며 고개를 숙였다. 이번에는 제일 좋아하는 소고기구이였다. 문득 좋아하는 음식을 먹을 수 있다는 기쁨에 마음이 들떴다. 로버트는 손을 내밀어 큰 접시에 담겨 나온 작은 고기 조각을 집으며 말했다.

"나는 소고기구이가 정말 좋아요."

로버트가 이렇게 말하자, 아빠가 콧구멍을 벌렁거리며 최대한 못마땅한 표정을 지으며 소리쳤다.

"로버트!"

로버트는 시선을 내리깔며 고기 조각을 그대로 두었다.

끝날 것 같지 않은 시간이 흐른 후, 마침내 로버트의 접시에도 고기가 놓였다. 맛있는 고기를 한입 먹고는 로버트는 자신도 모르게 소리쳤다.

"정말 맛있다!"

이번에는 아이에게 예절을 똑바로 가르쳐야 한다는 의무감이 엄마에게 밀려들었다.

"로버트, 일주일은 굶은 사람 같구나."

아빠의 눈빛도 그렇게 말하고 있었다. 로버트는 즐거운 표정을 숨긴 채 수치심에 고개를 푹 숙였다. 그런 로버트가 몸을 움츠린 채 한동안 고개를 들지 않았다. 수치심에 완전히 무너진 모습이었다. 이때 엄마가 말했다.

"로버트, 자세가 그게 뭐니? 예의 없는 아이나 식탁에서 그렇게 앉는 거야!"

그러자 로버트는 몸을 똑바로 세우고 앉았다. 혹시나 부모를 기분 나쁘게 할까 봐, 아무런 표정도 짓지 않으려고 애썼다. 그러자 엄마가 다시 말했다.

"좀 더 주의 깊게 행동할 수 없어? 뭐라고 말 좀 해봐!"

아이를 지탱하고 있던 마지막 끈이 뚝 끊어지는 순간이었다. 로버트는 조금 전까지 어떤 감정 신호든 그것을 표현하는 것은 수치스러운 일이라고 배웠다. 그런데 이제는 표현을 제대로 하지 않는다고 뭐라고 한다. 이제껏 아이가 드러낸 모든 감정 신호는 비난받고 거부당했다. 로버트의 부모는 고의는 아니었지만 결국 모든 종류의 감정적 혼란을 일으키는 계기를 만들었다. 아이의 감정에 대한 이런 비난과 공격은 결국 스트레스와 만성적 분노를 일으키고, 흥미와 즐거움의 상실을 가져온다.

기억하라. 아이가 잘못된 행동을 할 때 부모가 흥미와 즐거움을 이용해 아이의 행동을 바로잡아 주면 충돌 없이 모두가 행복해진다. 한 예로, 내가 아는 세계적인 물리학자는 음식으로 장난칠 때마다 실제로 자신의 어머니가 사물의 현상에 대해 설명해주었다고 한다. 음식을 던질 때 어떻게 힘과 속도가 작용해 궤적이 그려지는지를 가르쳐주었고, 떨어진 음식이 튀는 모양에 대해서도 서로 이야기를 나누었다고 한다. 그래서 그는 어릴 때부터 원인과 결과를 이해하고 세상의 원리에 대해 마음껏 호기심을 품을 수 있었다고 한다. 아이의 문제 행동에 현명한 방법으로 개입하면서 그 어머니는 아들이 훗날 물리의 천재가 될 씨앗을 심어주었던 것이다.

수치심을 완화해주면 좋은 점

수치심과 모욕을 주지 않으면 아이의 자존감과 흥미와 즐거움이 쑥쑥 자란다. 칭찬하라. 아이의 좋은 행동에 반응하라. 그러면 아이는 실수만이 자신의 특성이 아님을 느끼고 마음껏 세상을 탐험하고 배워나간다.

제 18 장
역겨움과 악취 혐오

역겨움은 아랫입술을 늘어뜨리거나 입술과 혀를 쏙 내밀어 표현한다. 영유아는 음식을 뱉거나 구토를 해서 해로운 맛으로부터 자신을 보호한다. 악취 혐오는 윗입술과 코를 들어 올려 표현한다. 영유아는 고개를 위나 옆으로 돌리거나 코를 찡그려 해로운 냄새로부터 자신을 보호한다. 역겨움과 악취 혐오는 살짝 이상한 맛과 냄새부터 심하게 이상한 맛과 냄새까지의 반응 모두를 포함한다.

브랜든은 참 잘 먹는 아이였어요. 특별히 싫어하는 음식도 없었죠. 우리는 주로 채식을 하는데, 브랜든도 채소를 가리지 않고 잘 먹었어요. 그런 브랜든이 절대로 먹지 않는 음식이 있어요. 바로 참치와 머스터드 소스죠. 직접 만든 참치 샌드위치나 머스터드 소스를 뿌린 핫도그를 아무리 먹여보려고 해도 안 먹었어요. 그럴 때마다 아이가 화를 내는 바람에 금세 포기하곤 했죠. 요즘은 브랜든이 말을 조금 할 줄 아니까, 예전처럼 유난을 떨 필요가 없어서 좋아요. 요전 날 브랜든을 데리고 제 친구 집에 갔는데,

친구가 참치 샌드위치를 내왔어요. 브랜든이 저를 보면서 이렇게 말하는 거예요. "엄마, 이 냄새를 맡으면 멀리멀리 도망가고 싶어." 나는 웃음을 터트렸어요. 그리고 말했죠. "그러면 안 되지. 대신 참치 샌드위치를 멀리 보내버리자." 그런데 문득 이런 생각이 들더군요. '네가 아직 아기여서 말을 못하면 이렇게 싫어하는 걸 어떻게 알리겠니.' - 루스, 37세, 세 살 된 브랜든의 어머니

역겨움과 악취 혐오는 불쾌한 감각적 경험에 대한 본능적 방어 반응이다. 이 두 신호는 주위에서 흔히 볼 수 있다. 아기에게 으깬 완두콩을 먹였더니 천천히 입에서 뱉는다면 역겨움을 표현한 것이다. 당신이 내민 시금치에 아기가 고개를 돌린다면 악취 혐오를 표현한 것이다.

역겨움

악취 혐오

아기가 표현하는 역겨움과 악취 혐오를 당신은 쉽게 이해하지 못할 수도 있다. 당신에게는 완두콩 맛과 시금치 냄새가 좋게 느껴질 테니 말이다. 하지만 냄새와 맛에 보이는 아이의 이런 반응은 유별난 반응이 아니다. 아이가 마음껏 표현해야 할 내재된 신호일 뿐이다.

아이들 대부분은 채소를 좋아하지 않는다. 아이에게 채소는 어른들이 느끼는 것보다 훨씬 더 자극적이고 괴상한 맛이 난다. 특정한 맛과 냄새를 좋아하거나 적어도 참을 수 있기까지는 시간이 필요하다. 아이의 생물학적 시계를 막무가내로 앞당기려 하지 마라. 아이들은 긍정적인 분위기에서 제공된 다양한 음식을 맛보면서 차츰차츰 미각의 모험을 즐긴다. 채소를 좋아하는 부모가 그렇지 않은 부모보다 채소 맛에 대한 긍정적인 메시지를 잘 전한다. 새로운 음식을 맛보게 하는 것도 좋지만 강압적이어서는 안 된다. 아이가 싫어하는 음식을 먹일 때는 "한 번만 먹어봐."라는 말이 당신의 금과옥조가 되어야 한다.

맛과 냄새에 대한 당신의 반응을 생각해보라. 사람들이 젓갈이 별미라며 먹어보라고 하지만, 어른이 된 지금도 그보다 역겨운 맛은 없다고 느낄지 모른다. 어른이든 아이든 좋아하는 맛이란 언제든지 확장되고 변할 수 있다. 하지만 전제조건이 있다. 마음이 동해야 한다.

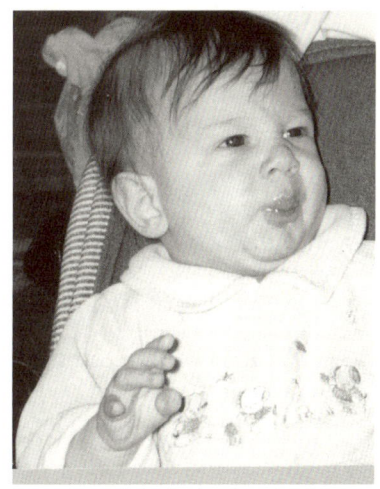

역겨움과 악취 혐오를 동시에 표현

동화 작가 닥터 수스Dr. Seuss의 《녹색 달걀과 녹색 햄Green Eggs and Ham》에는 주인공이 싫어하는 녹색 달걀과 녹색 햄을 친구들의 권유로 먹어보고 좋아하게 되는 과정이 나온다. 마이클 바쉬 박사는 이 책의 주제는 혐오 신호가 흥미 신호로 바뀌는 과정이라고 강조했다. 말할 것도 없이 이런 변화는 학습, 선입견, 인종주의와 관련해서도 매우 중요하다.

역겨움과 악취 혐오에 대처하는 법

아이가 역겨움과 악취 혐오 신호를 보이면, 그 사실을 인정하고 마음껏 표현하게 하라. 그런 다음 원인을 해결하도록 도와라.

"바보처럼 그러지 마. 바나나가 얼마나 맛있는데."

아이의 반응을 부정하는 이런 말은 스트레스와 분노 같은 부정적인 반응을 불러온다. 아이의 반응을 부정하는 것은 아이의 현실 감각을 부정하는 것이나 마찬가지다. 아이가 당신에게 현재의 '문제'를 털어놓지 못하도록 아예 입을 막아버리는 것이다. 아이는 스스로 뭔가를 할 수 있다는 자신감을 잃는다. 결정을 내려야 할 때 든든한 받침대가 되는 자아가 흔들리는 것이다. 아이가 자신의 판단에 믿음을 쌓으려면 맛도 자꾸 연습해야 한다. 그래야 어떤 맛은 흥미와 즐거움을 주지만 어떤 맛은 마음에 들지 않다는 것을 빨리 알아차린다. 솔직한 감정과 개성은, 좋고 싫은 대상을 정확하게 파악하는 능력에서 시작된다는 말은 아무리 강조해도 지나치지 않다. 그러므로 아이와 맛에 대해 의견이 다르다면 아이 편을 들어라. 아이의 개성과 독립성을 인정하고 존중하라. 맛과 냄새에 대한 반응은 부모와 자식이라도 다를 수 있다. 당신은 검은 머리인데, 아이는 갈색 머리일 수 있듯이, 어떤 면에서는 부모와 자식은 지금이나 앞으로나 다를 것이다.

신호가 은유로 바뀔 때

우리는 "냄새가 난다."라거나 어떤 관계에서 "뒷맛이 개운치 않다."라는 표현을 쓴다. 즉, 역겨움과 악취 혐오 신호를 상징적으로 사용하는 것이다. 이렇게 특정한 맛과 냄새의 표현을 심리적 의사 표현으로 바꿔 사용하는 모습은 서서히 나타난다. 아기가 처음에 느끼는 불쾌한 맛과 냄새에 대한 혐오감은 지극히 단순하다. 그러나 아기가 18개월 정도 되면 신호에 의견을 결부하기 시작한다. 불쾌한 맛이나 냄새에 대한 감정이 심리적 믿음으로 전개되는 것이다. 이렇게 순전히 물리적인 신호가 감정 반응으로 전환되는 과정은 아이가 앞으로 자기 성찰을 하고, 말을 배우고, 상징적 사고를 펼치는 데 중요한 역할을 한다. 그래서 아이의 신호를 유심히 살피고, 표현을 격려하고, 인정해주고, 이에 대해 많은 이야기를 나누어야 한다. 그래야 아이 자신이 좋고 싫은 것, 관심이 있고 없는 것을 파악할 토대가 쌓인다. 아이의 감정에 귀 기울이고 이야기하며, 아이가 스스로 의사 결정 과정을 익히도록 도와라. 그래야 단순히 음식이나 냄새뿐 아니라 사회생활을 하면서도 좋고 싶은 행동과 태도를 스스로 결정한다.

흥미롭게도 역겨움과 악취 혐오는 훗날 다른 감정들과 결합해 더욱 복잡한 심리 상태를 형성한다. 톰킨스는 분노가 악취 혐오와 결합하면 경멸이나 멸시의 감정이 생겨난다고 말한다. 즉, '누군가를 향해 코끝을 찡그리고 눈을 내리까는' 표현은 어린 시절 역한 냄새를 맡았을 때 취하는 신체적 행위가 어른이 된 후, 누군가 혹은 뭔가를 경멸하는 은유적 태도로 발전한 결과다.

이런 신호에 대한 당신의 반응이 아이의 성격에 미치는 영향은 기저귀 냄새에 사람들이 반응하는 모습에서도 볼 수 있다. "냄새 한번 지독하네!" 이렇게 아이의 배설물에 대해 유난을 떨거나 지극히 정상적인 신체 활동에 대해 부정적으로 반응하면, 아이는 역겨움과 악취 혐오를 자신의 몸과 결부해 자신은 부모에게 역겨운 존재라고 생각한다. 이러한 생각은 결국 아이에게 스트레스와 분노, 수치심을 느끼게 해 자신감 발달을 방해한다. 그래서 역겨움과 악취 혐오에 대해 논할 때는 어떤 식으로든 좋고 싫음과 자제력, 경계, 분리불안, 긴장조절 등의 문제를 복합적으로 고려해야 한다.

하지만 단순하게 음식만 놓고 볼 때도 부모는 아이의 태도에 상당한 영향을 미친다. 부모가 아이의 역겨움과 악취 혐오 신호를 존중하지 않고, 특정 냄새나 맛에 대해 자신의 취향을 아이에게까지 강요하면 훗날 아이는 긴장조절장애나 섭식장애와 같은 문제를 겪을 수도 있다. 음식은 사랑과 포근함, 양육을 의미하는 훌륭한 은유다. 그러므로 여러 종류의 욕망은 음식과 관련이 있다. 아이가 음식에 대한 자신의 느낌을 표현할 때마다 부모와 싸워 이겨야만 한다면, 훗날 음식을 둘러싼 어리석은 싸움의 씨앗이 이미 뿌려진 것일지도 모른다. 다시 한번 강조하지만, 아이가 음식이나 냄새에 보이는 역겨움에 대처하는 방법도 다른 신호와 다르지 않다. 아이가 신호를 표현하도록 격려하고, 인정해주고, 그 후에 다양한 음식과 냄새의 좋고 싫은 감정에 대해 이야기를 나누어라.

제 19 장
신호 이후의 시기
: 아이가 말을 배워 신호가 언어로 바뀔 때

> 말을 하면 현실과 환상을 구별할 가능성도 그만큼 커진다. 언어능력은 통합적 사고로 이어지고 다시 현실 평가로 이어진다. 만약 아이가 자신의 감정을 말로 표현할 줄 알면 행동을 늦추는 법도 배운다. - 애니 케이탄Anny Katan, 1961

아이가 자신의 감정을 말로 표현하도록, 즉 아홉 가지 신호를 말로 표현하도록 돕는 일은 매우 중요하다. 아이는 단어와 생각을 말로 표현하기 훨씬 전부터 어른의 말과 생각을 이해한다. 그래서 아이에게 혹은 아이 앞에서 하는 말이 엄청난 결과를 가져오기도 한다. 아이가 자신의 감정을 효과적이고 영리하게 말로 표현하길 바란다면, 무엇보다 아이에게 재미있는 단어를 사용하고, 지나가는 장면을 차근차근 설명하고, 화를 내거나 험한 말을 하지 말아야 한다. 평소에 아이들이 듣는 말이 아이가 하게 될 말의 토대가 되고, 언어 사용을 얼마나 편안하게 받아들일지를 결정한다. 하지만 능숙하게 단어를 사용하기까지는 시간이 필요하다. 처음에는 단어 사용이 무척 단순하다. '개'라는 단어가 아이에게는 고양이에서 코끼리까지 모든 동물을 지칭하는 단어일 수 있다. "아니, 싫어!"라는 표현이 아이에게는 "나 보고 저 완두콩 먹으라고 하지 마세요!"라는 뜻을 함축하고 있을지도 모른다. 사실 아이에게는 '싫어'나 명령조의 말이 자신을 표현하는 가장 빠른 방법이다. 하지만 부모 눈에는 아이가 심술과 억지를 부리는 것처럼 보일 수 있다. 아이가 말을 어떻게 배우고 어떻게 사용하는지, 말과 아홉 가지 신호가 어떻게 연결되는지를 잘 이해하면 말로 하는 아이와의 소통 과정이 훨씬 수월해진다.

말의 빛과 그림자

아이가 말을 시작하면 비로소 유용한 정보를 많이 제공할 것이다. 스트레스를 느끼는지, 흥미로운지, 말로 명확하게 설명할 테니 말이다. 말을 하면 감정을 처리하고 긴장을 조절하는 능력도 좋아진다. 이 책에서 기회 있을 때마다 감정을 말로 표현해야 한다고 강조한 이유도 여기에 있다.

아이가 말로 표현한 감정을 제대로 이해하려면 새로운 어휘를 신호와 감정으로 번역해야 한다. 마치 말을 하기 전에 표정과 몸짓을 신호와 감정으로 번역했듯이 말이다. 아이의 말에 귀 기울이며 스스로에게 물어라. 이 말에는 어떤 신호와 감정이 숨어 있을까? 스트레스? 분노? 두려움? 흥미? 즐거움?

숨은 뜻을 찾아내는 일이 항상 쉽지는 않다. 아기가 말을 시작하면 아이와의 관계에서 많은 부모가 어려움을 겪는다. 아이는 여전히 아홉 가지 기본 신호로 의사를 표현하는데, 부모는 그 사실을 종종 잊기 때문이다. 전에는 표정과 몸짓으로 신호를 표현했다면, 이제는 말로 표현하는 차이밖에 없다. 어른이 아이에게 쓴 말을 아이가 어른에게 쓰면 다른 의미로 다가오기도 한다. 말이란 언제든지 왜곡되고, 부정확하게 옮겨지고, 속일 수 있기 때문에, 어찌 보면 이런 혼란은 당연한 건지도 모른다. 어른의 말에는 평생에 걸친 경험과 감정이 녹아 있지만, 아이의 언어는 그렇지 않다. 이런 사실을 간과한 부모는 겉으로 보기에 심하거나 자신을 비난하는 듯한 아이의 말을 들으면 자신을 방어하는 데만 급급해한다. 말을 하기 전 아이의 신호를 다룰 때라면 그 안에 숨겨진 의도와 의미를 찾으려고 했을 텐데 말이다.

가끔 부모는 아이의 부정적인 말을 감정적이고 방어적으로 받아들인다. 이런 태도는 아이를 혼란스럽게 한다. 아이는 당신이 상처받은 줄도 모르고 있다가 당신의 반복된 반응을 보고나서야 상황을 이해한다.

부모는 흔히 스트레스나 분노를 강하게 말로 표현하는 아이를 보고 '징징거린다'거나, '버릇이 없다'거나, '부모를 존경하지 않는다'며 화를 낸다. 부모는 아이의 마음을 이해하지 못하고 있는 데다 아이가 표현하는 스트레스를 비난하고 있는 것이다. 그러면 아이는 점점 더 이해받지 못한다고 느끼고 더 분노하게 된다. 이게 바로 '이중고'가 아니면 무엇이겠는가. 아이가 도움을 요청하는 신호를 말로 표현할 때마다 버릇없다고 꾸짖는다면, 부모는 아이의 감정 표현을 금하는 것과 같다. 앞서 말했듯이, 아이는 주변 상황을 제대로 이해하고 적절하게 반응할 능력이 자신에게 없는 것은 아닌지 의심하기 시작한다. 자신의 감정 표현이 자꾸 거부당하고 비난받으면 아이는 스트레스와 분노를 느끼고 결국 외부와의 소통을 차단해버린다.

아이가 부모든 장난감이든 그에 대해 긍정적인 신호와 부정적인 신호 모두를 표현하는 것은 자연스러운 일이며, 감정적으로도 건강하다는 증거다. 이런 상황을 일컬어 '반대감정병존ambivalence('양가감정'이라고도 하며, 어떤 대상을 놓고 상반된 감정을 동시에 느끼는 현상-옮긴이)'이라고 한다.

아이가 당신에게 세상에서 가장 형편없는 부모라고 말했다고 하자. 아이는 반대감정병존의 부정적인 면을 표현한 것이다. 아이의 속마음은 이렇다.

'전 지금 일어난 일로 무시당하고, 오해받고, 배척당하고, 좌절당한 느낌이에요. 너무 혼란스러워요. 이런 기분에서 헤어나려면 도움이 필요해요.'

그러므로 반대감정병존의 긍정적인 측면인 애정과 흥미, 즐거움이 바로 코앞에 있는 셈이다.

아이들이 쓰는 "미워!", "싫어!", "안 좋아해!", "안 해!"라는 말은 분노나 스트레스, 역겨움과 같은 부정적인 신호를 전하는 한 방법이다. 그런데 부모가 이에 대해 "징징거린다.", "불평한다.", "버릇없다."라는 말로 대응하면 아이가 부정적인 신호를 표현하는 방법이 마음에 들지 않는다고 말하는 것과 같다.

이런 '대화'의 고통을 겪고 있다면, 아이가 신호를 보내는 과정이라는 점을 기억하라. 아이는 기본적인 아홉 가지 신호에 대해 뭔가를 전달하려고 애쓰는 중이다. 이때도 지켜야 할 행동 수칙은 똑같다. 모든 감정 표현을 허락하고 격려하라. 긍정적인 신호라면 더 키워주고 부정적인 신호라면 그 원인을 찾아 제거해주어라.

더 많은 도전과 기회

나쁜 말

말을 배우는 아이가 시리얼 통을 뜯다가 "젠장!"이라고 소리쳤다고 하자. 이때 자동적으로 "그런 말 하면 못써. 그건 나쁜 말이야."처럼 행동을 제한하는 말을 하지 마라. 대신 그런 말을 입에 담은 아이의 감정과 아이에 대해 더 많은 정보를 얻을 기회로 삼아라. 욕설에 대한 당신의 생각을 설명할 기회도 된다. 이렇게 말해보자.

"그것참 재미있네. 그런 말을 어디서 들었니? 학교에서? 아빠한테서? 아니면 엄마?"

그런 표현과 단어가 무슨 뜻인지 물어볼 수도 있다. 그런 다음 아이와 더 많은 정보를 교환하라. 욕설에 대한 당신의 생각을 말해주고, 집이나 밖에서 듣는 말과 다른 사람들의 기분을 상하게 하는 행동에 대해 이야기를 나누어라. 사전을 옆에 놓고 사람들이 무심코 뱉는 말의 정확한 뜻을 찾아보는 것도 좋다. 이렇게 아이와 토론하고 설명하다 보면 많은 정보가 오가며 대화가 이루어지고 긍정적인 분위기가 조성된다. 동시에 아이가 분통을 터트린 원인을 알아내 아이의 딜레마를 해결해줄 수도 있다.

안타깝게도 아이가 '나쁜' 말을 하면 비누로 입을 박박 닦아야 한다는 부모들이 아직도 있다. 이런 태도는 적어도 두 가지 문제를 안고 있다. 첫째, 스트레스와 분노, 두려움, 수치심을 불러일으킨다. 이는 동기를 부여하고 정보를 전달하는 데 아무런 도움이 안 되는 부정적인 감정들이다. 둘째, 학습의 기회를 날려버린다! 비누가 전달하는 메시지는 간단하다. "그런 말 하지 마!" 이런 접근법은 단어의 의미를 가르치고, 왜 그게 '나쁜' 말이며 다른 사람의 기분을 상하게 하는지 이야기하고, 밖에서도 사람들이 그런 말을 사용하는지, 사용한다면 누가 사용하는지 토론할 절호의 기회를 단숨에 날려버린다. 아이는 비누보다 이야기를 통해 더 많은 지식을 배우고 받아들인다. 다음에 아이가 '나쁜' 말을 쓰면 '비누가 아니라 사전을 가져와라!'

좌절해 속이 상한 아이의 기분을 풀어주라는 말이 아이의 요구를 다 들어주거나 제멋대로 굴도록 놔두라는 말은 아니다. 기분이 상한 원인을 알아내 스트레스를 말로 표현하게 하고, 원인을 제거해주라는 말이다. 그러면 아이는 속상한 마음도 달래고 당신의 도움과 보호도 받을 수 있다는 깨달음도 얻는다. 아이가 공격적인 말을 할 때마다 무조건 억누르거나 야단치지 마라. 그런 말을 입에 담은 원인을 찾아 해결하려고 노력하라. 그러다 보면 아이 스스로도 적절하게 행동하고 말하는 법을 배운다.

부모의 목표는 가정을 긍정적이든 부정적이든 감정을 솔직하게 말로 표현하는 안전한 장소로 만드는 데 있다. 아이가 화가 났다거나 부모의 어떤 점이 마음에 들지 않는다는 말까지도 털어놓을 수 있는 집안 분위기를 만들어라. 그런 후에 그런 감정을 부드럽지만 거리낌 없이 표현하는 방법을 찾도록 도와주면, 아이는 자신의 마음을 더 잘 이해하고 진정한 자신감을 얻는다. 그러면 밖에서 힘든 상황에 처해도 자신의 반응을 잘 통제하고, 조절한다. 즉, 분노를 자제하거나 적절한 방법으로 발산한다.

왜? 왜? 왜?

아이가 말을 배우면서부터 부모라면 누구나 겪는 귀찮은 상황이 또 있다. 바로 쉬지 않고 이유를 물어대는 아이의 질문 공세다. 왜 지금 저녁을 먹어요? 왜 도로로 달려나가면 안 돼요? 전화를 꼭 받아야 해요? 왜 하늘은 파란색이에요? 왜 출근을 해요? 왜? 왜? 왜? 가끔은 이런 상황이 계속 관심을 기울여달라는 투정보다 더 힘이 든다. 모든 것을 물어보고 싶어 하는 이런 충동은 흥미의 신호다. 이 신호는 아이의 지적·감정적 성장에 매우 중요한 역할을 한다. 뇌는 끊임없이 자극을 추구한다. 그러므로 아이의 뇌가 건강하게 발달하려면 이러한 질문 공세가 필요하다.

아이의 질문 공세에 "내가 그러라고 했으니까.", "이제 질문 좀 그만해."라고 말하기 전에 흥미로운 정보와 자극을 좇는 아이의 욕구가 얼마나 대단한 것인지를 생각해야 한다. 아이의 이런 모습을 자꾸 격려할 때 아이는 세상을 탐구하고 배우고 평가하기를 주저하지 않는 열린 자세를 배운다.

다음에 아이가 질문 공세를 펴면 이렇게 대답하라.

"그거 참 흥미로운 질문이네.", "답을 잘 모르겠는데, 집에 가면 함께 답을 찾아보자."

아이가 어릴 때부터 사전과 지도를 자주 활용하라. 부모의 이런 반응에서 아이는 당신이 얼마나 질문을 중요하게 생각하고 즐기는지를 알게 된다. 질문과 생각은 아이의 학습 의욕을 높이고 정보를 모으고 교환하는 습관을 길러준다.

입 다물어!

아이가 당신에게 "입 다물어!"라고 외치면 어떤 일이 벌어질까? 당연히 이렇게 호통칠 것이다.

"어디서 그런 말을 해? 우리 집에서는 '입 다물어'라고 안 해."

이럴 때는 호통부터 치지 말고 한 걸음 물러나 무슨 일이, 어떤 감정이 오가는지부터 살펴야 한다. 아이가 "입 다물어."라고 했다면, 분명 스트레스를 받고 화가 났다는 얘기다. 왜 이런 감정을 느끼게 됐을까? 십중팔구 누군가 아이에게 한 말이, 즉 들어온 자극이 아이에게 상처를 줬기 때문이다. 야단을 맞았든, 방 청소를 하라는 말을 들었든, 동생과 싸우지 말라는 말을 들었든 아이는 스트레스에 분노까지 느끼고 있다. 그래서 아이는 말로 되갚아주고 싶은 것이다. 자신과 똑같은 기분을 느끼라고 말이다. 안타깝게도 위에서 살펴본 대응으로는 둘 사이에 아무런 정보 교환도 이루어지지 않는다. 게다가 도움을 주는 과정도 그대로 멈춰버린다.

아이가 "입 다물어."라고 한 순간 감정은 확실히 드러났다. 물론 부모가 좋아하는 방식은 아니다. 제3장에서 어떤 감정과 신호든 겉으로 드러내도록 격려해야 한다고 했다. "입 다물어."라는 말에 "그런 말 하지 마."라고 대응하는 부모는 어린 시절의 기억을 되풀이하고 있는 건지도 모른다. 자신의 부모로부터 똑같은 말을 들으며 자란 것이다. 이 상황을 현명하게 대처하려면 어떻게 해야 할까?

사실 이런 상황은 당신과 아이 모두 뭔가를 배울 좋은 기회다. 당신이 먼저 정보교환을 시작하라. 이는 매우 중요한 과정이다. 당신에게는 아이의 현재 감정과 그에 대한 반응을 알 기회가 되고, 아이에게는 감정을 말로 표현하는 법과 사회가 용인하는 방식으로 스트레스를 표현하는 법을 배울 기회가 된다.

여유를 갖고 이렇게 말해보라.

"네가 지금 화가 많이 났구나. 그렇다고 '입 다물어'라고만 하면 엄마는 문제가 뭔지 알 수가 없어. 자, 문제가 뭔지 이야기해보자."

일단 마음을 가라앉히고 나서 아이의 기분에 대해 대화를 시도해보라. 이렇게 시작하라.

"'입 다물어' 말고 다른 말은 없는지 생각해볼까. 어떻게 된 일인지 잘 설명할 수 있는 말이 있을 거야."

분위기가 평온해지면 "입 다물어."라는 말을 했을 때 집에서만 아니라 밖에서 일어나는 문제에 대해서도 이야기할 수 있다. 다음부터는 아이가 "입 다물어."라고 하면 "무슨 일인지 이야기해보자."라는 말로 대화를 시작해보면 어떨까?

이와 비슷한 또 다른 이야기가 있다. 이제 4학년인 아들이 여름방학목표를 정하고 있다고 하자. 아이가 이렇게 써 놓았다. '나는 여자와 섹스를 하고 싶다.' 그 글을 본 순간 눈앞이 하얘지는가? 아니면 아이에게 아빠와 이야기해보라고 할 것인가? "이런 짓은 하면 안 돼."라고 말할 것인가? 흥미나 스트레스 혹은 혼란과 같은 감정의 표현으로 해석할 것인가? 이런 글은 특정한 의도가 아니라 단순한 생각과 감정의 표현이라고 생각하면 아이와 정보를 교환할 수 있다. 아이를 자극하지 않으면서 '여자와 섹스를 하고 싶다'가 무슨 뜻인지 물어보고 그 글을 좀 더 다듬어보라고 할 수 있다. 섹스가 뭐야? 왜 그런 마음이 들었는지 이야기해줄래? '여자와'라는 말은 왜 넣었니? 이런 질문들을 해보는 것이다.

감정 표현을 통해 당신은 아이에게, 아이는 당신에게 뭔가를 배우는 과정을 시작한다는 사실이 중요하다. 또한 아이가 '껄끄러운' 주제에 대해서도 항상 당신과 이야기 나눌 수 있음을 안다는 사실도 중요하다.

네 일이나 신경 써!

얼마나 우리가 자주 듣고 사용하는 말인가? 때로는 아이에게 한계와 자제를 가르치고 자기 일에 집중하도록 해야 할 때가 있다. 특히 형제들끼리 싸울 때는 더욱 그렇다.

그런데 부모는 건강한 호기심을 드러내는 아이에게도 무심코 "네 일이나 신경

써!"라는 말을 자주 한다. 대개 상황은 이런 식으로 전개된다. 아이가 흥미를 느끼고 질문을 한다. 그 질문에 약간 짜증이 났거나, 당황한 부모가 방어적인 자세로 "네 일이나 신경 써!"라고 쏘아붙인다. 다시 말해 부모는 이렇게 말하는 것이다.

"너랑 그 문제에 대해서 말하고 싶지 않아.", "그런 건 몰라도 돼!", "그 문제에 대해서는 관심 꺼주렴."

이렇게 아이의 흥미와 호기심이 좌절되면 어떻게 될까? 아이는 수치심을 느끼고 자존감에 상처를 입는다. 탐구의 기회도 날아간다. 아이는 뭔가에 대해 품은 흥미를 말로 표현하려 하고, 정보와 배움을 주고받을 기회의 문을 열려고 하는데 당신이 막아버린 것이다.

얼마 전에 내 친구도 이런 딜레마를 겪었다. 대기업에서 유능한 최고재무담당자로 근무하는 친구가 열한 살 딸과 대화를 하던 중이었다. 부녀의 대화는 가정의 재무 상태로 옮겨갔다. 딸은 아빠가 돈을 얼마나 벌고 집안의 재산이 어느 정도인지 물었다. "네 일이나 신경 써!" 아빠는 그 문제를 자세히 말하고 싶지 않아 이렇게 쏘아붙였다. 이렇게 좋은 기회를 한 방에 날려버리다니! 돈에 대해 딸과 정보를 나누고 가르칠 기회가 그냥 날아가 버렸다. 딸과 돈을 버는 일이나 투자를 하는 문제에 대해 대화를 나눌 수 있었을 텐데 말이다. 대기업의 재무를 담당하고 있으니 얼마나 잘 가르치겠는가! 그는 돈에 대해 많이 알고 있으니 중요한 지식을 전할 수 있었을 것이다. 어떤 사람들은 이런 문제를 놓고 가정의 사생활이 노출될까 싶어 걱정을 한다. 하지만 아이들은 이런 문제를 집 밖에서 이야기하지 말라고 타이르면 말을 잘 듣는다. 돈 문제와 신체 기능에 관해 아이들이 호기심을 품으면 부모들은 걱정부터 한다. 아이가 말을 배우면 언젠가는 그런 질문을 할 때가 온다. 이왕이면 일찍부터 그런 주제에 대해 정확한 지식을 가르쳐주는 것이 좋다. 아이의 흥미 신호를 이해하면 학습 과정을 강화할 수 있고, "네 일이나 신경 써!"라는 말도 재고할 여유가 생긴다.

아이의 말에 숨은 메시지 이해하기

나는 어린 아들을 차에 태울 때 절대 조수석에 앉히지 않는다. 아무리 짧은 거리라도 말이다. 그것은 에어백 때문이다. 그래서 가끔 아들이 화를 내며 이렇게 말한다.

"아빠는 정말 치사해요."

그러면 나는 이렇게 대답한다.

"난 널 너무너무 사랑해서 다치는 모습을 보고 싶지 않아. 사슴이 갑자기 도로에 뛰어들거나 사고가 나면 에어백이 터져서 네가 다칠 수도 있어. 그런 일이 일어나는 건 싫지? 널 뒷자리에 앉히는 건 널 사랑하고 걱정하기 때문이야."

그래도 아이는 여전히 조수석에 타고 싶어 한다. 하지만 안 되는 이유를 차분히 설명해주면 조금은 떼를 덜 쓴다. 그리고 나는 아이의 말에 숨은 메시지('아빠는 내가 아직 어려서 조수석에 못 탄다고 생각하는 거죠?')에도 답하려고 한다. 나는 이렇게 말한다.

"언젠가는 네가 아빠보다 키도 크고 덩치도 커질 거야. 어떤 면에서는 너도 이제 다 컸어. 언젠가는 원하는 만큼 운전석에 타게 될 거야."

이런 말을 들으면 아이는 아빠가 자신의 좌절과 성급함을 알아준다고 느끼고 언젠가는 원하는 대로 할 만큼 충분히 클 것이라는 희망도 품는다.

부모라면 이제 막 말을 배우고 걷는 아이의 기분이 어떨지 생각해봐야 한다. 아이는 자신이 작고 어리다는 걸 안다. 세상을 자신의 뜻대로 할 수 없다는 것도 안다. 아이는 어른이 될 때까지 이런 현실에 수긍할 수밖에 없다. 하지만 부모는 아이가 더 빨리 성숙하고 독립적으로 행동하길 바란다. 실제로도 아이에게 어른처럼 행동하라고 재촉하는 메시지를 많이 보낸다. 아이가 그런 부모의 뜻에 늘 부응할 수는 없다. 또한 부모는 종종 아이의 안전을 염려해 어른 같은 행동을 못 하게도 한다. 청소년기가 될 때까지 아이는 이중의 어려움에 갇힌 셈이다. 부모는 이런 사실을 잘 이해하고 이로 인해 발생하는 좌절감을 잘 다독여줘야 한다.

아이가 말을 열심히 배우도록 하려면

언어는 아이에게 빨리 알려줄수록 좋다. 항상 아기의 소리에 귀 기울이고 말을 걸어라. 젖을 먹일 때나, 기저귀를 갈아줄 때나, 목욕을 시킬 때나 언제라도 상관없다. 노래를 불러주고, 웃기는 소리를 내고, 어른의 언어로 또박또박 말을 걸어

라. 아이가 소리를 내면 무슨 말을 하는지 나름대로 생각해서 대답해주어라. 이 시기의 아기는 주로 옹알이를 하고 징징거리고 우는 소리를 낸다.

생후 몇 달은 아기에게 소리와 말의 경이로움을 알릴 절호의 기회다. 태어나자마자 아기는 표정과 소리로 다양한 신호를 보낸다. 여러 가지 울음소리로 배고픔과 분노, 고통을 전하고, 갸르릉거리고 옹알거리고 재잘거리는 소리로 유쾌함을 표현한다. 이때 아기의 캔버스는 바로 자신의 몸이다. 아기는 발가락과 손가락으로 몇 시간이고 논다. 몸에 대한 흥미를 이용해 아기의 발가락과 손가락, 무릎, 코 등을 부드럽게 만지며 이름을 들려줘도 좋다. 아기의 음성을 흉내 내며 놀아라. 자장가를 많이 불러줘라. 딸랑이처럼 재미있는 소리를 내는 장난감을 가지고 놀아라. 아기가 내는 소리에 귀 기울이고 말을 걸어라.

아이가 좀 더 자라면 함께 놀며 관계를 맺을 기회는 더 많아진다. 까꿍 놀이부터 시작하라. 주저하지 말고 말과 행동으로 아이와 상호작용하라. 주고받는 대화도 좋다. 아기에게 물건을 주고 그 이름을 부르며 다시 돌려달라고 하라. 이때 아기는 대부분 재잘거리는 소리를 내는데, 그 안에 자음과 모음이 들어 있다.

아기는 말을 하기 훨씬 전부터 당신이 하는 말을 대부분 알아듣는다. 아이에게 온갖 이야기와 생각을 들려주어라. 아이가 너무 어리지 않느냐는 생각은 하지 마라. 아이에게 질문하고 사물의 원리를 설명해주어라. 어제 일어났던 일이나 내일 할 일에 대해 대화를 나누어라. 당신이 본 모습을 상세하게 묘사해주어라. 아이에게도 '말'할 기회를 주어라. 아이의 말에 귀를 기울여라. 아이에게 말하는 것이 중요하다는 사실을 깨우쳐주어라. 인내심과 상상력만 있으면 아기의 말을 이해할 수 있다. 동시에 가능한 한 자주 말을 하도록 격려해야 한다.

아기는 좋아하는 책은 몇 번이고 읽어줘도 또 읽어주길 원한다. 하지만 그 책을 읽어주는 어른은 지루하기 짝이 없다. 그래도 아기에게는 너무나 즐거운 일이며, 단어를 익히고 글을 읽는 데도 큰 도움이 된다. 한편으로는 주고받는 개념을 가르칠 소중한 시간이기도 하다. 아이와 놀면서 생각과 말을 공유하고 주고받는 대화를 나누어라.

말은 대략 15개월에서 18개월 무렵부터 하기 시작하지만 반드시 그런 것만은 아니다. 발달 정도에 따라 더 빠를 수도, 늦을 수도 있다. 아기의 언어능력이 발달하는 동안, 책을 읽어주고 이야기를 들려주는 것이 좋다. 그림을 가리키며 생생한 표정과 소리로 단어를 알려주어라. 유아어와 새로 배운 말을 섞어서 이야기하도록 격려하라. 아기의 소리를 흉내 내며 그 소리가 의미가 되도록 사물과 동작의 이름을 정확히 알려주어라. 이 시기의 아기는 의사소통 수단으로 손짓과 발짓, 소리, 단어를 뒤죽박죽으로 섞어 기본적인 아홉 가지 신호를 표현한다. 아기는 차츰 '엄마'와 '아빠' 같은 간단한 단어를 말하고 간단한 지시에도 반응을 보일 것이다.

더 자라면 아이는 시간과 공간 감각을 확장한다. 12개월에서 36개월 사이의 아이에게는 과거에 일어난 일이나 앞으로 일어날 일을 이야기하는 것도 가능하다. 하루 동안 있었던 일에 대해 함께 이야기를 나누어라. 그러면 아이는 늘어난 어휘로 놀이터나 마트에서 느꼈던 감정을 말하기도 한다. 당신 또한 아이에게 이런저런 질문을 하면서 아이의 세계관을 엿볼 수 있다.

아이가 행동으로 감정을 표현할 때

아이가 혼자서도 잘 걷고 움직이는 시기가 되면 말은 물론 행동으로도 감정을 표현하기 시작한다. 행동과 말을 통해 감정을 표현하는 이 새로운 능력 덕분에 스트레스, 분노, 두려움, 수치심, 역겨움, 악취 혐오와 같은 도움을 요청하는 신호는 좀 더 공격적이고 대립적인 양상을 띤다. 때리고, 뱉고, 차고, 심지어 무는 아이를 보고 당신은 놀랄지도 모른다. 이런 행동은 억제하고 중지해야 한다. 하지만 무턱대고 억누르지 말고 문제 행동이 표현하고자 하는 신호를 알아내고 말로 설명해주는 편이 더 효과적이다. 아이가 더 어릴 때를 기억하라. 그때 아이가 신호를 보이면 당신이 어떻게 대응했는지를 떠올리면 된다. 감정을 표현하도록 하고, 재빨리 스트레스의 원인을 찾아 제거하고, 감정을 표현하는 다른 방법을 가르쳐주어라.

아이가 문제 행동을 하면 물리적인 행동을 대체할, 말을 가르칠 기회로 삼아라. "그러면 안 돼." 이런 말 대신 "내게 화가 잔뜩 났구나. 저녁 먹기 전에 과자를 먹으면 안 된다고 해서 그렇지?" 이렇게 행동과 감정을 말로 설명하면, 아이는 좀 더 성숙한 방식으로 자신의 감정을 처리할 수 있다.

가끔 아이에게 이런 질문을 하고 싶을 때가 있을 것이다. "너 도대체 왜 그러니?" 이런 질문으로도 유용한 대화를 시작할 수 있지만, 별 도움이 되지 않는다.

대부분 아이는 자신이 왜 그렇게 행동하는지 대답하지 못한다. 왜냐하면 그런 질문에 대답할 만큼 자의식이 발달하지 못했기 때문이다. 이럴 때는 대답할 만한 동기를 부드럽게 한두 가지 제시해주어라. 그러면 아이는 부모가 제시한 동기와 당시의 감정을 연결해 스스로 설명할 이유를 찾을지도 모른다.

제 20 장
훈육과 한계에 대하여

 어떤 면에서 보면 이 책은 훈육과 한계 정하기, 질서 세우기에 관한 책이다. 이 책에서 설명한 아홉 가지 신호를 잘 이해하고 제대로 반응하면 아이를 잘 훈육할 수 있다. 재미의 신호를 최대한 키워주고, 스트레스 신호를 잘 살피고, 모든 신호를 적절하게 표현하도록 격려해주면 된다.

 아직도 부모들이 훈육에 대해 많은 걱정을 한다. 좋은 훈육이란 어떤 것이며 언제 어떻게 아이를 엄하게 가르쳐야 하는지 걱정이 많다. 처벌을 통해서만 인생의 중요한 교훈을 가르칠 수 있다고 생각하는 부모도 있다. 아이의 감정 신호를 유심히 살피고 감정 표현을 격려하고 인정하면, 아이의 버릇을 망친다고 생각하는 부모도 있다. 하지만 훈육이란 뭔가를 주입하는 것이 아닌 아이가 긴장을 조절하고 세상을 알아가는 일종의 과정이다. 이런 과정에서 겉으로 보이는 행동뿐 아니라 내면의 감정도 똑같이 중요하게 다루어야 한다. 감정이 행동을 좌우하기 때문이다.

처벌로는 아이가 스스로 규율을 지키게 하고, 한계가 있다는 사실을 깨닫게 할 수 없다. 아이를 이해하고 상호작용하고 모범을 보여주는 길만이 정답이다. 당신이 올바르다고 생각하는 모습을 당신의 평소 행동과 아이를 대하는 모습에서 보여줘야 한다. 상냥함, 참을성, 관대함, 칭찬, 예의 바른 태도(부모라도 "해주겠니?", "고마워!"라고 말해야 한다), 실수를 인정하고, 제대로 사과하고, 말을 들어주고, 책임을 받아들이고, 감사하는 마음은 훌륭한 인격체가 갖춰야 할 중요한 덕목이다. 당신이 직접 이런 모습을 보일 때 아이도 당신을 따라 그렇게 행동하는 법을 배운다.

이것은 일반적으로 알려진 훈육의 정의와는 조금 다를지도 모른다. 모름지기 훈육이란 규율을 지키도록 강요하고 따르지 않으면 처벌하는 것으로 생각하는 사람들이 많기 때문이다. 하지만 식당에서 떠들고, 지루하다고 울고, 장난감을 혼자서만 갖겠다고 고집부리는 아이에게 소리 지르는 것이 훈육은 아니다. 체벌은 더더욱 도움이 안 된다. 가장 좋은 훈육은 아이의 감정을 당신은 물론 아이 자신이 깨달아 긴장을 조절하도록 돕고, 아이의 행동과 태도를 세상과 어울리도록 돕는 과정이다.

아이를 때리면 안 되는 이유

엉덩이를 때리면 덜 아플까? 덜 아프면 때려도 되는가? 어디를 때리든 때리는 것은 마찬가지다. 체벌이 나쁘지 않다면 뭔들 나쁜 것이 있겠는가. 아이의 말을 귀담아듣고, 행동이 아니라 말로 이야기를 나누고, 행동 뒤에 숨겨진 감정을 이해해줄 때, 아이는 행복하고 유능하며 책임감 있는 어른으로 자란다. 하지만 체벌로는 불가능하다.

평소에 모범을 보이지 않고 대화로 의사소통할 줄 모르는 부모가 엉덩이든 어디든 아이를 때리는 경우가 많다. 이들이야말로 훈육이 안 되어 있으며, 강렬한 감정은 이성으로 다룰 방법이 없다고 몸으로 가르치고 있는 것이다. 신체적 학대나 언어폭력으로 훈육하는 가정은 아이에게 여러 가지 부정적인 영향을 미친다. 아이는 공포에 사로잡히고, 의기소침해지고, 자신감을 잃는다. 또한 이런 가정에서 자란 아이가 역으로 부모의 행동을 본받아 상대적으로 약한 아이를 괴롭히고 불쾌하고 반사회적인 행동으로 타인에 대한 권력과 통제력을 키워나가기도 한다. 아이가 '엄격한' 교육에 어떻게 반응하든 이것만은 확실하다. 그 어느 쪽도 아이가 타고난 인성과 자질을 최고로 발휘하는 데 도움이 되지 않는다.

아이를 때리고 소리 지르면 다음과 같은 문제가 발생한다.

첫째, 아이가 당신과 당신의 행동을 모방한다. 부모를 동일시하는 아이의 속성 때문이다. 그래서 당신이 소리를 지르고 때리면 아이도 비슷한 상황에서 그렇게 행동한다.

둘째, 아이를 때리면 좌절이나 분노, 두려움, 수치심 같은 외부 혹은 내부의 어려움에 직면할 때, 아이는 폭력으로 반응하는 것이 적절하다고 여긴다.

셋째, 폭력은 설득력 있는 말 대신 행동에 호소하는 아이를 만든다. 아이의 건강한 감정 발달을 위해서는 행동이 아니라 이성적인 대화로 풀어가는 법을 가르쳐야 한다. 그러면 뇌도 다양한 감정과 좌절을 겪을 때, 행동이나 걷잡을 수 없는 분노 대신 상징, 즉 말을 먼저 떠올리게 된다. 강렬한 감정을 말로 설명하게 하면 아이는 자신을 표현하고 감정을 다스리는 다양한 방법이 있다는 사실을 깨닫는다. 이때 아이의 뇌도 다양한 상황에 훨씬 잘 적응한다. 물론 말과 생각을 강조하거나 구체적으로 표현하기 위해서는 행동으로 보여줘야 할 때도 있다. 그러나 아기와 아이들을 대할 때는 행동과 충동을 적절하고 설득력 있는 말로 바꾸는 법부터 가르쳐야 한다.

아이를 때리는 것보다 (혹은 소리를 지르는 것보다) 더 효과적이고 건전한 방법은 올바른 행동과 그렇지 않은 행동을 가르쳐 자제력을 키워주는 것이다. 충동을 통제하는 법을 가르치고 만족감을 조금 미루는 상황을 받아들이도록 가르쳐라. 건전한 자아를 형성하도록 도와라. 특히 청소년은 자아가 튼튼해야 또래의 부정적인 압박과 유혹을 이겨낸다.

이 모든 방법을 실천하기는 쉽지 않을 것이다. 하지만 잘 살펴보면 아이의 신호에 반응하는 방법과 전혀 다르지 않다. 감정 신호를 마음껏 표현하도록 격려하라. 재미의 신호는 최대한 키워주어라. 도움을 요청하는 신호는 원인을 찾아 제거하라. 자신의 말과 행동에 늘 조심하고, 아이가 당신을 보고 배운다는 점을 명심하라. 이 기본 원칙은 다양한 형식으로도 적용 가능하고, 다른 방법과 결합해 더 강화할 수도 있다. 예를 들면, 칭찬이 비난보다 효과적이다. 그러므로 착한 일을 할 때마다 칭찬하고 격려해주어라. '못된' 행동의 원인(지루함과 배고픔, 통증)을 찾아 해결해주어라. 더불어 아이의 감정을 잘 살피고 존중해서 자존감과 자신감을 키워주어라.

"안 돼!"가 정말 안 된다는 뜻일 때

부모는 처벌이 아니라 이해와 모범으로 아이를 가르쳐야 한다. 하지만 가끔은 아이를 보호하기 위해 신속하게 행동해야 할 때도 있다. 아이가 느닷없이 도로로 뛰어든다면, 우선 아이부터 막아야 한다. 하지만 이렇게 생사가 걸린 상황에서도 '도로로 뛰어들면 안 된다'는 메시지를 현명하게 전해야 한다. 아이에게 겁을 줘서 말을 듣게 할 수는 있다. 하지만 아이는 스스로 결정하는 능력에 자신감을 잃는다. 스스로 올바르게 행동할 중요한 토대가 훼손되는 것이다. 겁에 질린 아이는 흥미로운 자극 중에서 어떤 것이 위험하고 위험하지 않은지 구별하지 못한다. 아무리 어려도 위험한 순간이 지나고 상황이 안정되면 당신의 조치에 대해 설명해줘야 한다.

"도로에 뛰어들면 위험해. 심하게 다칠 수도 있어. 네가 다치는 건 정말 싫어. 네가 혹시 다칠까 봐, 너무 무서워서 화가 났던 거야. 도로와 자동차는 재미있어 보이지만 위험할 때도 있단다. 너를 다치게 할 수도 있는 거야."

소리부터 버럭 지르지 말고 설명하고 아이의 말에 귀를 기울여라. 어떤 메시지를 전하고 싶다면 때리지 말고 말로 전하라. 분명 좋은 결과를 얻을 것이다. 아이도 자신의 안전에 대해 더욱 책임감 있는 결정을 내릴 것이다.

정말 화가 날 때

아이는 걸핏하면 선반에 있는 물건들을 몽땅 끄집어낸다. 당신이 하지 말라고 해도 들은 척도 안 한다. 참다못해 고사리 같은 손을 찰싹 때리거나, 아기 침대에 넣어버리거나, 그만하라고 고함이라도 치고 싶을 것이다. 그러기 전에 다시 한번 생각하라. 아이가 버릇이 없어 그렇게 행동하는 것이 아니다. 잔잔한 수면 아래에는 많은 일들이 벌어지고 있다. 아이는 책에 대한 관심을, 집중해 바라보는 것으로 표현하는 것과 페이지를 북북 찢어서 표현하는 것의 차이를 모른다. 충동을 자제하는 능력은 매우 서서히 나타난다. 게다가 그 능력을 제대로 갖추게 하려면 부모 자신이 충동을 자제할 줄 알아야 한다. 아이는 고집이 세 부모가 일사불란하게 통제하기 어렵다. 아이는 자신이 어떤 존재이며, 이 세상에서 어떻게 자리를 잡아야 하는지 서서히 깨우친다. 아이는 한계를 시험하고 싶어 한다. 아이는 당신의 반응을 이끌어내고 싶어 한다. 어떤 반응을 보일지 궁금하다는 이유만으로 말이다. 아이에게 선반의 물건을 꺼내면 안 된다고, 고집을 피우지 말라고 야단을 치거나 소리를 지르고 싶은 마음이 굴뚝같아도, 그렇게 해서는 아이에게 옳고 그름을 가르칠 수 없다.

아이에게 우선 흥미와 즐거움의 신호를 표현하게 하라. 그런 후에 이런 신호를 표현하는 다른 방법이 있다고 알려주어라. 아기가 책을 찢고 있다면 이렇게 말해 보라.

"종이를 막 찢으니까 재미있지? 쫙쫙 소리가 나네. 그런데 책을 이렇게 찢으면 안 돼. 이 책은 저기 치워두자, 나중에 읽게. 자, 이젠 이 색종이 가지고 놀자. 책은 나중에 읽고 싶을 때 보게 저기 치워둘게."

방에 와 봤더니 아이가 이미 책을 다 찢어놓았다면 개입하기에는 이미 늦었다. 고래고래 소리를 쳐봤자 아이는 부모가 왜 그러는지 도무지 알 길이 없다. 아이를 혼자 두면 그런 사고는 늘 일어난다. 아이가 저질러놓은 일을 보면 짜증이 난다. 그것이 아이의 잘못인가? 항상 그런 것은 아니다. 아이의 뇌는 뭔가를 하도록 프로그램화되어 있다. 뇌는 원래 끊임없이 재미있는 자극을 추구한다. 당신이 잠시 자리를 비운 사이에 책을 찢어놓았다면 바른 행동을 가르칠 좋은 기회라고 생각하라.

"세상에, 이 책 좀 봐. 페이지가 다 뜯겨나가서 책을 못 읽게 되었네. 이 책은 찢는 게 아니라 읽는 거야. 네가 글을 읽을 때가 되면 책을 줄게. 다음에 종이를 가지고 놀고 싶으면 이 스케치북을 가지고 놀자."

뇌는 정보를 얻을수록 더 발달한다. 어른의 말을 다 알아듣지 못하는 아기라도 당신의 감정과 말의 요점은 안다. 그러므로 당신이 제안한 대체 놀이를 받아들일 것이다.

그래도 못 믿겠는가

이렇게 반문하는 부모들이 있다.

"무슨 말인지 알겠어요. 하지만 정말 고집불통인 아이라면요? 매일 집안을 어지럽히고, 하지 말라는 짓만 골라 하고, 걸핏하면 화를 내는 아이는 어떻게 다루죠?"

실제로 남보다 기질이 강한 아이도 있고, 좌절을 잘 받아들이지 못하거나, 자기 마음대로 해야만 직성이 풀리는 아이도 있다. 아이 대부분은 자극을 받으면 감정을 표출한다. 자신의 내부와 외부에서 벌어지는 상황에 반응을 보이는 것이다. 떼를 쓰고 말을 안 듣는 아이는 그런 식으로 스트레스와 분노 신호를 표출하는지도 모른다. 분통을 터트리는 아이를 달래고 싶다면 스스로에게 물어라.

"아이가 배가 고픈가? 피곤한가? 아픈가? 지루한가?"

원인을 알아냈다면, 그 원인을 해결해주면 된다. 야단부터 치지 말고 음식이나 잠, 다정한 보살핌, 장난감이 더 필요한지 살펴라. 바로 이런 것들이 문제를 해결하는 열쇠다.

처벌 대신 이해하는 마음으로 아이를 대하라고 하면 버릇이 없거나 나약한 아이가 될까 걱정하는 부모도 있다. 이런 부모는 다 아이를 위해서 벌을 주는 것이라고 말한다. 자신은 못된 부모가 아니라고 항변한다. 세상이 어떤 곳이며 살아남으려면 어떻게 해야 하는지 알려주려는 것이라고 주장한다. 그것은 잘못된 생각이다. 세상에 태어난 이상 언젠가는 자신에게 주어진 시련의 몫을 짊어져야 할 때가 온다. 그 누구도 예외일 수 없다. 왜 부모가 발 벗고 나서서 아이에게 인생의 짐을 조금이라도 더 일찍 지우려 하는가? 큰 사랑을 주고 이해와 인내심, 공감으로 키운 아이는, 심한 벌을 받고 자란 아이보다 긴장조절을 잘하고 적극적이며 시련에도 오뚝이처럼 벌떡 일어난다. 이런 아이가 예상 못한 상황과 어려움도 더 잘 이겨낸다.

더 많은 자기 성찰이 필요한가

아이가 말은 안 듣고 못된 짓만 하며 말썽을 피우는가? 그렇다면 스스로에게 이렇게 물어보라.

"내 행동 때문에 아이가 스트레스와 분노를 느낀 걸까? 내가 성마르고, 충동적이고, 자기중심적인가? 늘 야단치는 아이의 모습 속에 내가 있나? 아이가 하려는 중요한 말을 오해하고 있지는 않은가?"

자신을 되돌아보고 고민하고 있다는 사실을 아이에게도 알려라. 말을 하지 못하는 아기도 당신의 말과 행동에서 당신의 생각을 읽는다. 그러면 아기도 당신을 따라 스스로 이렇게 물을 것이다.

"내가 이 일의 원인일까?"

그러면 된 것이다. 아이는 자신의 행동을 되돌아보고 긴장을 조절하는 능력을 키우면서 문제 해결에 동참할 것이다.

보상으로 착한 행동 강화하기

착한 행동에 보상하라는 개념을 받아들이지 않는 부모와 전문가들도 있다. 하지만 보상을 현명하고 효과적으로 활용하면 된다. 아이가 방바닥에 낙서를 한다고 하자. 당신은 펜을 뺏으며 이렇게 말할 것이다.

"펜을 제대로 쓸 때까지는 가지고 놀지 마.", "펜은 종이에 글을 쓰라고 있는 거야. 방바닥이나 벽에 쓰라고 있는 게 아니야. 펜을 제대로 쓸 때까지 저기 치워두자."

보상 체계를 활용한다면 이렇게까지도 말할 수 있다.

"고맙게도 지난번보다는 낙서를 덜 했네. 그리고 다행히도 벽에는 낙서하지 않았구나, 정말 고마워."

사랑이 듬뿍 담긴 당신의 눈빛이야말로 아이에게 최고의 동기이자 자극이다. 아이가 펜과 종이에 대해 뭔가를 배우게 하려면 펜과 종이로 보상해줘야 한다.

"못된 녀석. 네 방으로 가."

이렇게 말하면 당신과 아이는 아무것도 배우지 못한 채 끓어오르는 분노의 감정만 주고받을 것이다

에필로그

아기가 자라면……

이 책은 곧 끝난다. 하지만 당신 아이의 인생은 이제 막 시작이다. 내가 지금까지 설명한 감정과 신호는 아이의 정서 생활의 토대다. 감정의 발생과 특징이 담겨 있는 이 토대를 잘 이해하면 다른 모든 것들도 자리를 잡아갈 것이다. 그래도 부모들은 여전히 묻는다. 아이가 말을 배우기 시작하면 어떻게 하죠? 걷기 시작하면요? 아동기가 되고, 청소년기가 되고, 어른이 되면요? 취직도 해야 하고, 결혼도 해야 하고, 애도 낳아야 하는데 어떻게 하죠?

아이의 발달 단계에 상관없이 기본 원칙은 똑같다. 아이가 자라도 한결같이 그 원칙을 고수하라. 아홉 가지 신호는 아이의 감정을 구성하는 기본 토대라는 사실을 명심하라. 감정을 자유롭게 표출하도록 자꾸 격려하라. 흥미와 즐거움에 초점을 맞추어라. 스트레스와 분노 같은 부정적인 신호를 유발하는 원인을 살펴라. 이 모든 감정을 말로 설명해주어라.

유전학의 관점에서 보면 아기는 태어나면서 이미 많은 것이 결정되어 있다. 하지만 태어난 후 부모와 환경도 아기의 발달에 엄청난 영향을 미친다. 최근에 나온 아동발달 연구를 보면, 아기는 이 책에서 다룬 아홉 가지 신호로 당신은 물론 세상과 소통한다. 이 아홉 가지 신호가 아기의 최초 감정을 이루고, 이 신호를 바탕으로 아기는 부모를 비롯해 여러 사람들과 관계 맺으며 기본적인 정서 세계를 구축해간다.

말을 배우기까지 아기에게는 많은 일이 일어나고, 그 후로도 많은 일이 일어난다. 노벨상을 받은 제럴드 에덜먼Gerald Edelman이 지적했듯이, 사는 동안 인간의 뇌는 활발한 변화를 겪는다. 생후 몇 년 동안 아기는 기본적인 감정과 행동 패턴 즉, 의식 저 너머에 존재하는 어떤 패턴이 형성되는 특별한 과정을 겪는다. 뛰어난 정신분석가인 존 게도John Gedo는 생물학적 상황이 인간의 심리에 미치는 영향을 자세히 연구했다. 그의 연구 결과를 보면 성격과 행동, 습관, 기분, 긴장조절력을 비롯한 다양한 특징이 의식적 기억에는 없는 초기 패턴과 관계있음을 알 수 있다. 이런 패턴들은 아기의 유전자와 기본 신호를 중심으로 부모와 아기의 관계가 복잡하게 상호작용한 결과물이다.

이 책에서 줄곧 감정과 행동 문제의 예방책에 대해 이야기했다. 아이의 나이와 상관없이, 말을 하든 못 하든 상관없이 감정 신호를 이해하고, 표정과 말을 활용해 그 감정에 적절하게 대응하면 된다. 아이가 타고난 잠재력을 키우는 방법에 대해서도 살펴보았다. 어떻게 하면 될까? 뇌는 항상 자극을 원한다는 사실을 기억하라. 두려움이나 수치심을 주어 아이의 감정과 생각, 행동을 제한하지 마라. 대신 선택의 기회를 넓히고 배우고자 하는 마음을 자극하라. 그러면 된다.

그러면 아이는 훌륭하게 인생을 시작하고, 당신은 아이의 잠재력을 강화하며 문제를 예방할 수 있다. 이 책에 나온 실천법은 모두 따라 하기 쉬우며, 아이의 정서 세계의 토대가 되는 아홉 가지 신호를 기본으로 한다. 감정을 자연스럽게 표현하도록 격려하라. 흥미와 즐거움의 긍정적인 신호에 주목하라. 부정적인 신호를 유발하는 원인에 귀 기울여라. 이 원칙들은 제대로 이해만 하면 실천에 옮기기가 결코 어렵지 않다. 게다가 아이가 어른이 될 때까지도 계속 활용할 수 있다. 모든 부모들이여! 행운을 빈다. 그리고 아이와 즐거운 인생을 함께하길 바란다.

도표

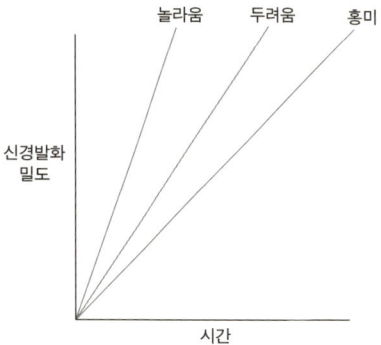

도표 ❶ 놀라움, 두려움, 흥미

어떤 자극이든 비교적 갑작스럽게 시작되어 신경발화 비율이 가파르게 증가하면 놀라움 반응이 저절로 활성화된다. 만약 신경발화 비율의 증가 속도가 그다지 빠르지 않으면 두려움이 활성화된다. 신경발화 비율의 증가 속도가 더 느리면 흥미가 활성화된다.

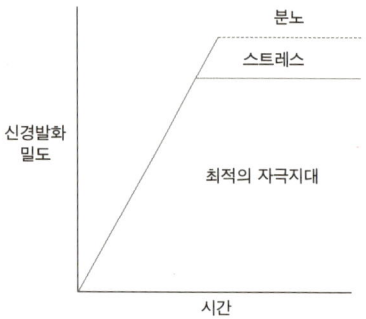

도표 ❷ 스트레스와 분노

큰 소리가 계속 들리는 것처럼 신경발화 수준이 계속 증가하면 스트레스로 울음을 터트린다. 그 소리가 점점 더 커지면 분노 반응이 시작된다.

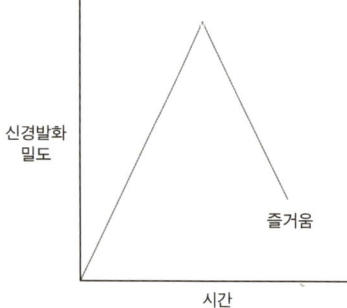

도표 ❸ 즐거움

소음이 갑자기 작아지는 것처럼 어떤 자극이 별안간 감소하면 신경발화 비율이 떨어져 즐거움에 미소를 짓는다.

참고 자료

Als, Heid. "A syntactive model of neonatal behavioral organization." *Physical and Occupational Therapy in pediatrics* 6(1986):3-55.

Altshul, Saul. *Childhood Bereavement and Its Aftermath*. Madison, CT: International Universities Press, 1988.

Barnard, Kathryn, Colleen Morisset, and Susan Spieker. "Preventive intervention: enhancing parent-infant relationships" In *Handbook of Infant Mental Health*, edited by C. H. Zeanah. New York: Guilford, 1993, pp. 386-401.

Basch, Michael F. "The concept of affect: A re-examination." *Journal of the American Psychoanalytic Association* 24(1976):759-77.

—. *Understanding Psychotherapy: The Science Behind the Art*. New York: Basic Books, 1988.

Benedek, Therese. "Parenthood as a developmental phase." *Journal of the American Psychoanalytic Association* 7(1959): 389-417.

Brazelton, T. Berry, and Stanley I. Greenspan. *The Irreducible Needs of Children*. Cambridge, MA: Perseus Publishing, 2000.

Campbell, S. B. "Behavior problems in preschool children: A review of recent research." *Journal of Child Psychology and Psychiatry* 36(1995): 113-49.

Cohen, Lawrence J. *Playful parenting*. New York: Ballantine Books, 2001.

Crittenden, P. M. "Peering into the black box: An exploratory treatise on the development of self in young children." In *Rochester Symposium on Developmental Psychopathology*, edited by Dante Cicchetti and Sheree Toth. Vol. 5, *Disorders and Dysfunctions of the Self*. Rochester, NY: University of Rochester Press, 1994, pp. 79-148.

Darwin, Charles. *The Expression of the Emotions in Man and Animals*. Chicago: University of Chicago Press, 1965(1872).

Demos, E. Virginia. "Differentiating the repetition compulsion from trauma through the lens of Tomkins' script theory: A response to Russell." In *Trauma, Repetition, and Affect Regulation: The Work of Paul Russell*, edited by Judith Ginn Teicholz and Daniel Kriegman. New York: Other press, 1998. pp. 67-104.

—. "Empathy and Affect: Reflections on infant experience." In *Empathy II*, edited by J. Lichtenberg, M. Bornstein, and D. Silver. New Jersey: The Analytic Press, 1984, pp. 9-34.

—. *Exploring Affect: The Selected Writings of Silvan S. Tomkins.* Cambridge, Eng.: Cambridge University Press, 1995.

—. "Links between mother-infant transactions and the infant's psychic organization." Paper presented to the Chicago Psychoanalytic Society, Chicago, May 1994.

—. "Facial expressions of infants and toddlers: A descriptive analysis." In *Emotion and Early Interaction*, edited by T. Field and A. Fogel, Hillsdale, Nj: Laurence Erlbaum, 1982, pp. 127-60.

Denham, Susanne A. *Emotional Development in Young Children*. New York: Guilford Press, 1988.

Dunn, J. *From One Child to Two*. New York: Fawcett Columbine, 1995.

Edelman, Gerald. *Bright Air, Brilliant Fire*. New York: Basic Books, 1992.

Ekman, Paul, ed. *Darwin and Facial Expression*. New York and London: Academic Press, 1973.

—. *The Expression of the Emotions in Man and Animals*, by Charles Darwin. New York: Oxford University Press, 1998. (Original work published in 1872.)

Fajardo, Barbara. "Constitution in infancy." *Progress in Self Psychology* 4(1988): 91-109.

Fonagy, Peter, György Gergely, Elliott Jurist, and Mary Target. *Affect Regulation, Mentalization, and the Development of the Self*. New York: Other Press, 2002.

Fraiberg, Selma. *The Magic Years*. New York: Scribner, 1959.

Fraiberg, Selma. ed. *Clinical Studies in Infant Mental Health*. New York: Basic Books, 1980.

Fraiberg, Selma, E. Adelson, and V. Shapiro. "Ghosts in the nursery: A psychoanalytic approach to the problems of impaired infant-mother relationships." *Journal of the American Academy of Child Psychiatry* 14(1975): 387-421.

Free, K., I. Alechina, and C. Zahn-Waxler. "Affective language between depressed mothers and their children: The potential impact of psychotherapy." *Journal of the American Academy of Child and Adolescent Psychiatry* 35(1996): 783-90.

Freud, Sigmund. *The Unconscious*. Standard Edition 14. London: Hogarth Press, 1915, 166-204.

—. *Inhibitions, Symptoms and Anxiety*. Standard Edition 20. London: Hogarth Press, 1926.

———. *New Introductory Lectures on Psycho-analysis.* Standard Edition 22. London: Hogarth Press, 1933.

Furman, E. "On feeling and being felt with." *Psychoanalytic Study of the Child* 47(1992): 67-84.

Gaddini, Eugenio. "On imitation." *International Journal of Psycho-Analysis* 50(1969): 475-84.

———. "Early defensive fantasies and the analytic process." *International Journal of Psycho-Analysis* 63(1982): 379-88.

Gedo, John E. *The Evolution of Psychoanalysis: Contemporary Theory and Practice.* New York: Other Press, 1999.

George, M. S., T. A. Ketter, P. Parenkh, B. Horowitz, P. Herscovitch, and R. M. Post. "Brain activity during transient sadness and happiness in healthy women." *American Journal of Psychiatry* 152(1995): 341-51.

Goodfriend, Marlene. "Treatment of attachment disorder of infancy in a neonatal intensive care unit." *Pediatrics* 91: 1993-52.

Gopnik, A., and A. N. Meltzoff. "Imitation, cultural learning and the origins of theory of mind." *Behavioral and Brain Sciences* 16(1993): 521-22.

Greenspan, Stanley I. *Developmentally Based Psychotherapy.* Madison, CT: International Universities Press, 1997.

———. *Infancy and Early Childhood: The Practice of Clinical Assessment and Intervention with Emotional and Developmental Challenges.* Madison, CT: International Universities Press, 1992.

Greenspan, S. I., and N. T. Greenspan. *The Emotional Partnership.* New York: Viking, 1989.

Gross, Deborah, Louis Fogg, and Sharon Tucker. "The efficacy of parent training for promoting positive parent-toddler relationships." *Research in Nursing and Health* 18(1995): 489-99.

Hadley, June L. "Attention, affect, and attachment." *Psychoananlysis and Contemporary Thought* 8(1985): 529-50.

———. "The neurobiology of motivational systems." In *Psychoanalysis and Motivation*, edited by Joseph D. Lichtenberg. Hillsdale, NJ: Analytic Press, 1989, pp. 337-72.

Harris, Irving B. *Children in Jeopardy: Can We Break the Cycle of Poverty?* New Haven: Yale University Press, 1996.

Holinger, Paul C. "Early intervention and prevention of psychopathology: The potential role of affect." *Clinical Social Work Journal* 28(2000):23-41.

———. "A developmental perspective on psychotherapy and psychoanalysis." *American Journal of Psychiatry* 146(1989): 1404-12.

———. *Violent Deaths in the United States: An Epidemiologic Study of Suicide, Homicide, and Accidents.* New York: Guilford Press, 1987.

Holinger, Paul C., Daniel Offer, James T. Barter, and Carl C. Bell. *Suicide and Homicide Among Adolescents.* New York: Guilford Press, 1994.

Hurn, Hal. "Synergic relations between the process of fatherhood and psychoanalysis." *Journal of the American Psychoanalytic Association* 17(1969):437-51.

Izard, Carroll E. *The Face of Emotion*. New York: Appleton-Century-Crofts, 1971.

Johnson, M. K., and K. S. Multhaup. "Emotion and MEM." In *The Handbook of Emotion and Memory: Research and Theory*, edited by S.-A. Christianson. Hillsdale, NJ: Lawrence Erlbaum, 1992, pp. 33-66.

Katan, Anny. "Some thoughts about the role of verbalization in early childhood." *Psychoanalytic Study of the Child* 16(1961): 184-88.

Kitzman, H., D. L. Olds, C. R. Henderson, C. Hanks, R. Cole, R. Tatelbaum, K. M. McConnochie, K. Sidora, D. W. Luckey, D. Shaver, K. Englehardt, D. James, and K. Barnard. "Effect of prenatal and infancy home visitation by nurses on pregnancy outcomes, childhood injuries, and repeated childbearing." *Journal of the American Medical Association* 278(1997): 644-52.

Kohut, Heinz. *The Analysis of the Self*. New York: International Universities Press, 1971.

Krause, Rainer. Book review of *Affect Imagery Consciousness: Volume III* by Silvan S. Tomkins in *Journal of the American Psychoanalytic Association* 43(1995): 929-38.

Krystal, Henry. *Integration and Self-Healing: Affect, Trauma, and Alexithymia*. Hillsdale, NJ: Analytic Press, 1988.

Kumin, Ivri. *Pre-Object Relatedness: Early Attachment and the Psychoanalytic Situation*. New York: Guilford Press, 1996.

Lane, Richard D., Eric M. Reiman, Geoffrey L. Ahern, Gary E. Schwartz, and Richard J. Davidson. "Neuroanatomical correlates of happiness, sadness, and disgust." *American Journal of Psychiatry* 154(1997): 926-33.

Lane, Richard, and Gary Schwartz. "Levels of emotional awareness: a cognitive-developmental theory and its application to psychopathology." *American Journal of Psychiatry* 144(1987): 133-43.

Levin, Fred. *Mapping the Mind*. Madison, CT: International Universities Press, 1991.

Lieberman, Alicia F., and Jeree H. Pawl. "Infant-parent psychotherapy." In *Handbook of Infant Mental Health*, edited by charles H. Zeanah. New York: Guilford Press, 1993, pp. 427-42.

Lieberman, Alicia F. *The Emotional Life of the Toddler*. New York: Free Press, 1993.

Meisels, S. J., Dichtelmiller, and F. R. Liaw. "A multi-dimensional analysis of early childhood intervention programs." In *handbook of Infant Mental Health*, edited by Charles H. Zeanah. New York: Guilford Press, 1993, pp. 361-85.

Meltzoff, Alexander N. "Foundations for developing a concept of self: The role of imitation in relating self to others and the value of social mirroring, social modeling, and self-practice in infancy." In *The Self in Transition: Infancy to Childhood*, edited by D. Ciccetti and M. Beeghly. Chicago: University of Chicago Press, 1990, pp. 139-64.

Nathanson, Donald L. *Shame and Pride*. New York: W. W. Norton, 1992.

—ed. *The Many Faces of Shame*. New York: Guilford Press, 1987.

Olds, D. L., J. Eckenrode, C. R. Henderson, H. Kitzman, J. Powers, R. Cole, K. Sidora, P. Morris, L. M. Pettitt, and D. Luckey. "Long-term effects of home visitation in maternal life course and child abuse and neglect." *Journal of the American Medical Association* 278(1998): 673-43.

Olds, D. L., C. R. Henderson. R. Cole, J. Eckenrode, H. Kitzman, D. Luckey, L. Pettitt, K. Sidora, P. Morris, and J. Powers. " Long-term effects of nurse home visitation on children's criminal and antisocial behavior." *Journal of the American Medical Association* 280(1998): 1238-44.

Olds, David L., and Harriet Kitzman. "Can home visitation improve the health of women and children at environmental risk?" *Pediatrics* 86(1990): 108-16.

Osofsky, Joy D. "Affective development and early relationships: Clinical implications." In *Interface of Psychoanalysis and Psychology*, edited by J. W. Barron, M. N. Eagle, and D. L. Wolitsky. Washington, DC: American Psychological Association, 1992, pp. 233-44.

Osofsky, J. D., D. M. Hann, and C. Peebles. "Adolescent parenthood: Risks and opportunities for mothers and infants." In *handbook of Infant Mental Health*, edited by C. H. Zeanah, Jr. New York" Guilford Press, 1993, pp. 106-19.

Paley, Vivian Gussin. *You Can't Say You Can't Play*. Cambridge, MA: Harvard University Press, 1992.

Panel Reports. *International Journal of Psychoanalysis* 81(2000): 141-65.

Panksepp, Jaak. *Affective Neuroscience: The Foundations of Human and Animal Emotions*. New York: Oxford University Press, 1998.

Papousek, H., and M. Papousek. "Cognitive aspects of preverbal social interactions between human infant and adults." In *Parent-Infant Interaction* (Ciba Foundation Symposium). New York: Associated Scientific Publishers, 1975.

Paradiso, S., R. G. Robinson, N. C. Andreasen, I. E. Downhill, R. J. Davidson, P. T. Kirchner, G. L. Watkins, L. L. B. Ponto, and R. D. Hichwa. "Emotional activation of limbic circuitry in elderly normal subjects in a PET study." *American Journal of Psychiatry* 154(1997): 384-89.

Parens, Henri. *The Development of Aggression in Early Childhood.* New York: Jason Aronson, 1979.

Plutchik, Robert. *The Psychology and Biology of Emotion.* New York: Harper Collins, 1994.

—. *Emotion: A Psychoevolutionary Synthesis.* New York: Harper and Row, 1980.

—. *The Emotions: Facts, Theories, and a New Model.* New York: Random House, 1969.

Rapaport, David. "On the psychoanalytic theory of affects." *International Journal of Psychoanalysis* 34(1953): 177-98.

Reiman, E. M., R. D. Lane, G. L. Ahern, G. E. Schwartz, R. J. Davidson, K. J. Friston, L. S. Yun, and K. Chen. "Neuroanatomical correlates of externally and internally generated human emotion." *American Journal of Psychiatry* 164(1997): 918-25.

Rutter, Michael. "The interplay of nature, nurture, and developmental influences." *Archives of General Psychiatry* 59(2002): 996-1000.

Schore, Alan N. *Affect Regulation and the Origin of the Self: The Neurobiology of Emotional Development.* Hillsdale, NJ: Lawrence Erlbaum, 1994.

Shapiro, Theodore. "The 41st international Psychoanalytic congress. Santiago, Chile 1999: Foreword." *International Journal of Psychoanalysis* 80(1999): 275-76.

Soref, A. R. "Narcissism: A view from infant research." *Annual of Psychoanalysis* 23(1995): 49-77.

Spitz, Rene A. *No and Yes: On the Genesis of Human Communication.* New York: International Universities Press, 1957.

Stern. Daniel. "Affect attunement." In *frontiers of Infant Psychiatry,* edited by J. D. Call, E. Galenson, R. L. Tyson. New York: Basic Books, 1984, pp. 1-14.

—. "The representation of relational patterns: Developmental considerations." In *Relationship Disturbances in Early Childhood,* edited by Arnold Sameroff and R. N. Emde. New York: Basic Books, 1989, pp. 52-69.

—. *The Interpersonal World of the Infant.* New York: Basic Books, 1985.

—. *The Motherhood Constellation: A Unified View of Parent-Infant Psychotherapy.* New York: Basic Books, 1995.

—. *The Diary of a Baby.* New York: Basic Books, 1990.

Taylor, G. J., R. M. Bagby, and J. D. A. Parker. *Disorders of Affect Regulation: Alexithymia in Medical and Psychiatric Practice.* New York: Cambridge University Press, 1997.

Thomas, Alexander, and Stella Chess. *Temperament and Development.* New York: Brunner/Mazel, 1977.

Tomkins, Silvan S. *Affect Imagery Consciousness (Volume I): The Positive Affects.* New York: Springer, 1962.

—. *Affect Imagery Consciousness (Volume II): The Negative Affects.* New York: Springer, 1963.

—. *Affect Imagery Consciousness (Volume III): The Negative Affects: Anger and Fear.* New York: Springer, 1991.

—. *Affect Imagery Consciousness (Volume IV): Cognition: Duplication and Transformation of Information.* New York: Springer, 1992.

—. In *The Many Faces of Shame*, edited by Donald L. Nathanson. New York: Guilford, 1987, pp. 133-61.

Tucker, S. J. "The long-term efficacy of a behavioral parent training intervention for families with two-year olds." Doctoral dissertation, Rush University, DNS Program (1996).

Webster-Stratton, C. "Stress: A potential disruptor of parent perceptions and family interactions." *Journal of Clinical Child Psychology* 19(1990): 302-12.

—. "What really happens in parent training?" *Behavior Modification* 17(1993): 407-56.

Westman, Jack. *Licensing Parents: Can We Prevent Child Abuse and Neglect?* New York: Plenum Press, 1994.

Winnicott, Donald W. *The Maturational Processes and the Facilitating Environment.* New York: International Universities Press, 1965.

Zeahah, Charles H., Oommen K. Mammen, and Alicia F. Lieberman. "Disorders of attachment." In *Handbook of Infant Mental Health*, edited by C. H. Zeanah. New York: Guilford Press, 1993, pp. 332-49.

Zima, B. T., K. B. Wells, B. Benjamin, and N. Duan. "Mental health problems among homeless mothers." *Archives of General Psychiatry* 53(1996): 332-38.

말하기 전 아이가 하는 말
아이가 보내는 아홉 가지 감정 신호

초판 1쇄 발행 2011년 12월 20일
초판 2쇄 발행 2014년 8월 20일

지은이 폴 C. 홀링어·칼리아 도너
옮긴이 이경아

펴낸이 이광복
교정·편집 이송이
북디자인 구화정 page9

펴낸곳 우리가
등록 2008년 12월 30일 제311-2008-000047호
주소 (122-869) 서울시 은평구 불광동 481-57 101호
전화 (02) 326-3270
팩스 (02) 6008-3279
이메일 uriga123@hanmail.net

ISBN 978-89-964663-1-4 03180

※ 잘못 만들어진 책은 바꾸어 드립니다.
※ 값은 뒤표지에 있습니다.

이 도서의 국립중앙도서관 출판시도서목록(CIP)은 e-CIP홈페이지(http://www.nl.go.kr/ecip)와 국가자료공동목록시스템(http://www.nl.go.kr/kolisnet)에서 이용하실 수 있습니다.
(CIP제어번호: CIP2011005455)